高等学校"十三五"省级规划教材
高等职业院校汽车类规划教材

# 汽车电器与辅助电子系统技术及检修

第2版

主　编　姚道如　高光辉
副主编　何其宝　安宗权
编写人员（以姓名笔画为序）
　　　　毛光峰　田　柳　安宗权　李子奇
　　　　何其宝　陈　颖　段　伟　姚道如
　　　　高光辉　操龙斌

中国科学技术大学出版社

## 内 容 简 介

本书按照国家专业教学标准要求及国家职业教育改革方案要求进行修订,是安徽省立项规划教材,也是安徽省地方技能高水平大学建设成果之一。

本教材内容共包括 10 个项目,系统地介绍了汽车电器设备结构、原理与维修,编写模式采用了理实交融的形式,引入了新技术,旨在培养学生的专业能力、社会能力和方法能力。

本教材可作为高等职业院校汽车类汽车检测与维修技术、汽车制造与试验技术、新能源汽车技术、智能网联汽车技术、汽车电子技术、汽车技术服务与营销等专业教材使用。

**图书在版编目(CIP)数据**

汽车电器与辅助电子系统技术及检修/姚道如,高光辉主编. —2 版. —合肥:中国科学技术大学出版社,2022.11

安徽省高等学校"十三五"省级规划教材

ISBN 978-7-312-05504-1

Ⅰ. 汽… Ⅱ. ①姚… ②高… Ⅲ. 汽车—电气设备—车辆修理 Ⅳ. U472.41

中国版本图书馆 CIP 数据核字(2022)第 170360 号

**汽车电器与辅助电子系统技术及检修**

QICHE DIANQI YU FUZHU DIANZI XITONG JISHU JI JIANXIU

| | |
|---|---|
| 出版 | 中国科学技术大学出版社<br>安徽省合肥市金寨路 96 号,230026<br>http://press.ustc.edu.cn<br>https://zgkxjsdxcbs.tmall.com |
| 印刷 | 合肥市宏基印刷有限公司 |
| 发行 | 中国科学技术大学出版社 |
| 开本 | 787 mm×1092 mm 1/16 |
| 印张 | 21.5 |
| 字数 | 550 千 |
| 版次 | 2014 年 6 月第 1 版 2022 年 11 月第 2 版 |
| 印次 | 2022 年 11 月第 5 次印刷 |
| 定价 | 48.00 元 |

# 前　言

《汽车电器与辅助电子系统技术及检修》自2014年出版以来，广受师生欢迎。根据近几年国内外汽车工业和汽车技术的发展及广大读者的期望，我们对本教材进行了修订。本次修订满足国家专业教学标准及国家职业教育改革方案要求，使本教材既是安徽省高等学校"十三五"省级规划教材，也是安徽省地方技能高水平大学、安徽省高职高水平汽车检测与维修技术专业、安徽省汽车维修实验实训中心的建设成果。

本次修订在保留了原教材优点的基础上，根据技术更新，重点对项目十进行了重新编写，对其他部分也进行了完善。

本书由安徽职业技术学院姚道如教授任主编并编写项目三、项目四、项目十任务二，芜湖职业技术学院安宗权教授任副主编并编写项目一，六安职业技术学院何其宝副教授任副主编并编写项目二、项目五，安庆职业技术学院高光辉教授任主编并编写项目七，淮北职业技术学院毛光峰老师编写项目六，安徽汽车职业技术学院李子奇老师编写项目八，安徽水利水电职业技术学院段伟老师编写项目九，安徽职业技术学院操龙斌老师编写项目十任务一、任务四，安徽职业技术学院陈颖老师编写项目十任务三、任务六，安徽职业技术学院田柳老师编写项目十任务五。全书由姚道如统稿。

安徽职业技术学院李雪教授审阅全书并提出了宝贵意见，在此表示诚挚的谢意。由于作者水平有限，书中一定有很多疏漏，希望同行和同学们批评指正。

编　者

2022年4月15日

# 目 录

前言 ……………………………………………………………………………………（ⅰ）

**项目一 常用汽车电器维修设备、仪器工具、维修资料的使用和查询** …………（1）
    项目描述 ………………………………………………………………………（1）
    学习目标 ………………………………………………………………………（1）
    项目实施 ………………………………………………………………………（2）
    评价反馈 ………………………………………………………………………（16）

**项目二 汽车电路基本元器件使用** …………………………………………………（17）
    项目描述 ………………………………………………………………………（17）
    学习目标 ………………………………………………………………………（17）
    项目实施 ………………………………………………………………………（18）
    评价反馈 ………………………………………………………………………（41）

**项目三 汽车充电系统基本结构、工作原理及检修方法** …………………………（42）
    项目描述 ………………………………………………………………………（42）
    学习目标 ………………………………………………………………………（42）
    项目实施 ………………………………………………………………………（43）

**项目四 汽车启动系统基本结构、工作原理及检修方法** …………………………（85）
    项目描述 ………………………………………………………………………（85）
    学习目标 ………………………………………………………………………（85）
    项目实施 ………………………………………………………………………（86）
    评价反馈 ………………………………………………………………………（100）

**项目五 汽车照明与信号系统基本结构、工作原理及检修方法** …………………（101）
    项目描述 ………………………………………………………………………（101）
    学习目标 ………………………………………………………………………（101）
    项目实施 ………………………………………………………………………（102）
    评价反馈 ………………………………………………………………………（137）

**项目六 汽车仪表与报警系统基本结构、工作原理及检修方法** …………………（138）
    项目描述 ………………………………………………………………………（138）
    学习目标 ………………………………………………………………………（138）

项目实施 ……………………………………………………………………………… (139)
　　评价反馈 ……………………………………………………………………………… (168)

**项目七　汽车辅助电子系统基本结构、工作原理及检修方法** ……………………… (169)
　　项目描述 ……………………………………………………………………………… (169)
　　学习目标 ……………………………………………………………………………… (169)
　　项目实施 ……………………………………………………………………………… (170)
　　评价反馈 ……………………………………………………………………………… (197)

**项目八　汽车 CAN 总线系统基本结构、工作原理及检修方法** ……………………… (198)
　　项目描述 ……………………………………………………………………………… (198)
　　学习目标 ……………………………………………………………………………… (198)
　　项目实施 ……………………………………………………………………………… (199)
　　评价反馈 ……………………………………………………………………………… (235)

**项目九　汽车空调系统基本结构、工作原理及检修方法** ……………………………… (236)
　　项目描述 ……………………………………………………………………………… (236)
　　学习目标 ……………………………………………………………………………… (236)
　　项目实施 ……………………………………………………………………………… (237)
　　评价反馈 ……………………………………………………………………………… (296)

**项目十　汽车总线路的综合分析及检修** ………………………………………………… (297)
　　项目描述 ……………………………………………………………………………… (297)
　　学习目标 ……………………………………………………………………………… (297)
　　项目实施 ……………………………………………………………………………… (298)

# 常用汽车电器维修设备、仪器工具、维修资料的使用和查询

## 项目描述

随着人类社会生活的日益改善,人们对汽车性能的要求越来越高,汽车正朝着电子化、信息化、智能化的方向发展。因此,在现代汽车维修的工作中,越来越多地使用到各种检测仪器与工具,掌握这些检测仪器与工具的使用方法是对一名合格汽车修理工的基本要求。本项目将介绍汽车故障检修过程中常用的万用表、试灯等仪器和工具的使用方法与注意事项。

## 学习目标

**1. 专业能力要求**

（1）理论知识

指针万用表、数字万用表、试灯、通导性测试笔、跨接导线等工具的基本工作原理。

（2）实践知识

指针万用表、数字万用表、试灯、通导性测试笔、跨接导线等工具的用途、基本使用方法及使用时的注意事项。

（3）实践技能

能用指针万用表、数字万用表、试灯、通导性测试笔、跨接导线等工具检测基本电子元件,并初步具备运用这些工具诊断电路断路、虚接等故障的能力。

**2. 社会能力要求**

通过分工协作、讨论沟通、课堂纪律等培养学生的社会能力。

**3. 方法能力要求**

通过集体研讨检测方法与步骤、网上查询维修资料、总结与提炼等手段方法培养学生汽车电气系统故障检修的能力。

**4. 重点和难点**

指针万用表、数字万用表、电脑故障检测仪(解码器)、试灯、扳手、螺丝刀、连接线等工具的使用与注意事项。

# 项目实施

本项目以认知为主,初步了解万用表、试灯等仪器和工具的使用方法和注意事项,为后面的具体维修任务打下坚实的基础。

 **理论知识导学和师生互动讨论**

## 一、理论知识导学

### (一)通导性测试笔

通导性测试笔也称自供电试灯,如图1.1所示,用于测试某一电路是否具有完整的支路或是否具有通导性。这种测试笔的手柄内装有1节干电池和1个灯泡,一端是探针,另一端带有导线和鳄鱼嘴夹子。将其与某一电路串联时,干电池将电流送入整条电路,如果电路是导通的,灯泡就会亮起。这是一种快速检测工具,但不能代替欧姆表。

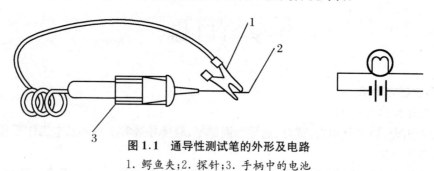

图1.1 通导性测试笔的外形及电路
1.鳄鱼夹;2.探针;3.手柄中的电池

### (二)试灯

12 V试灯用于测量电路中是否存在电压。它看起来与通导性测试笔很相似,但它没有内部电池,而且其灯泡为12 V。当试灯一头接地,另一头探针触到带电压的导体时,灯泡就会亮。与通导性测试笔一样,试灯不能取代电压表。因为它只能显示是否有电压,不能显示电压的高低。试灯的外形及电路如图1.2所示。

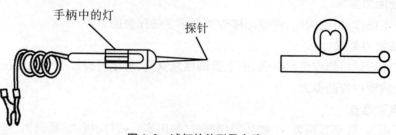

图1.2 试灯的外形及电路

## （三）跨接导线

跨接导线有时可作为故障诊断的辅助工具，用于跨过某段被怀疑已断开的导线，而直接向某一部件提供电的通路，也可用于不依赖于电路中的开关或导线而向电路中加上电压。它可配上与通导性测试笔相同的探针和夹子，也可设计为各种特殊形式。跨接导线的形式如图 1.3 所示。

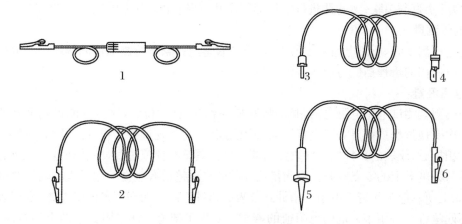

**图 1.3　跨接导线的形式**

1. 带直列式熔断器的鳄鱼夹；2、6. 鳄鱼夹；3. 针形端子；4. 接片端子；5. 探针

## （四）指针式万用表

指针式万用表又称模拟式万用表，其外形及测量机构如图 1.4 所示。指针式万用表利用一个在所测数值相关刻度上摆动的指针来显示所测数据，其先通过一定的测量机构将被测量的模拟电量转换成电流信号，再由电流信号去驱动表头指针偏转。实际使用的指针式万用表的显示机构称为摆动式线圈测量机构，由一块永久磁铁和围绕在磁铁上面连接指针的线圈组成。当电流流经线圈时，它就会和磁铁所形成的磁场相互作用，因而引起指针摆动。指针摆动方向是由电流流经线圈的方向决定的。使用者要按所设定的量程，从表头的刻度上读出被测量的值。测量原理如图 1.5 所示。

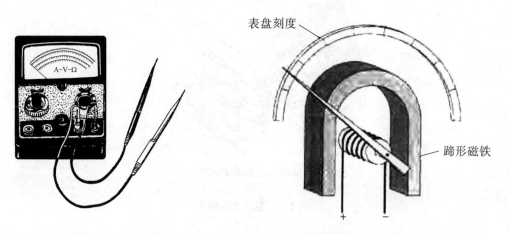

**图 1.4　指针式万用表的外形及测量机构**

图 1.5　指针式万用表的测量原理

指针式万用表可用于测量电压、电阻和电流。其基本原理是利用一只灵敏的磁电式直流电流表(微安表)作表头,当微小电流通过表头时,就会有电流指示。但表头不能通过大电流,所以,必须在表头上并联与串联一些电阻进行分流或降压,从而测出电路中的电流、电压和电阻。

**1. 电压测量**

进行电压测量时,所测电路必须通电,仪表的表笔应并联于所测部件的两端。一般指针式万用表电压挡的量程挡位为:2 V、20 V 和 200 V。

**2. 电阻测量**

使用电阻挡测试电路电阻之前,必须将其校准到"0"Ω 的位置,这样才能得到准确的读数。每一次变换量程挡都要对其重新校准,否则读数可能出现误差。指针式欧姆表调零时,两表笔互相接触,仪表的指针应移向表盘右侧。精确调整指针零位时,应转动零点调节旋钮直到指针与刻度盘上的零点对齐。当测量仪表的 2 支表笔没有碰在一起或没有与所测电路连接时,表上所示应为无穷大电阻。指针式仪表的指针应停留在刻度盘的最左侧,欧姆表中的各种不同量程挡可用于大范围电阻值的测试。如果不知道所测电阻数值的大约范围,应首先选择较高量程挡,然后再向低量程挡转换。测量电阻时,要首先确定所测部件没有电流通过,然后再将仪表与所测元件的两端连接,同时还要使该部件在电路中与其他部件分开。进行测量时,表内的电池向所测部件提供电压,使电流通过该部件,仪表利用内部已知数据与所流经的电流进行比较,这样,该部件的电阻就显示在仪表上了。指针式万用表欧姆挡典型的量程挡为:200 Ω、20 kΩ、200 kΩ 和 2 000 kΩ。

**3. 电流测量**

安培表用于测量流过某一电路的电流量。有两种安培表常用于汽车故障诊断,即内分流式安培表和感应式安培表。内分流式安培表用于小电流的测量,测量时串联于所测电路中。一般来讲,这种仪表只能承受不超过 10 A 的电流。万用表也属内分流式安培表。感应式安培表用于较大电流量的测量,如启动和充电系统的测试(图 1.6)。

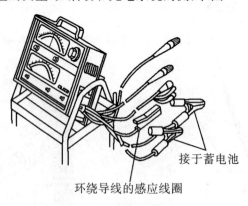

图 1.6　感应式安培表

当内分流式安培表与所测电路串联时,电流将通过表内的一个固定电阻,另外一条电阻较高的电路与上述电阻并联,电流的大小就通过该电路显示在仪表上。这类安培表对于小电流量的测量十分精确,特别是测量电子电路。内分流式安培表和万用表的最大读数一般是 10 A。

感应式安培表使用 3 条接线来获得流经电路的电流。2 根带有夹子的粗线连接电池的正负极,为仪表提供电源,第 3 根线的夹子上带有一个铁芯,测量时将铁芯夹夹在被测的导体上。当电流流过导体时,铁芯周围的磁力线在夹子的铁芯中产生感应电流,感应电流显示在仪表刻度盘上。这类仪表不应用于小电流量的测量,因为它不是用来精确测量低于 10 A 电流的仪器。

注意:在检测时,如果测量仪器提供或抽取过多的电流,可能会造成电路和电子部件的严重损坏。因此,测量电子电路必须使用专用仪表。除非测试过程特别要求,一般测试汽车电子电路都必须使用数字式万用表。

### (五)数字式万用表

数字式万用表(DMM)在许多方面都优于绝大多数型号的模拟万用表,其中最主要的方面是它更准确。影响模拟表精确度的不单是内部电路,还会因从不同的角度观察仪表指针而读出不同的读数,而数字式的却不必因此为读数不准而担心。

数字式万用表有一个测试值的电子数字读出装置,其测量原理如图 1.7 所示。数字式万用表具有使测试精确的电子电路,其误差小于 $\pm 0.1\%$,远远超过模拟万用表。数字式万用表已普遍用于电气诊断和检测,尤其是电气系统的检测。

图 1.7 数字式万用表的测量原理

当数字式万用表的正导线带电而负导线接地时,它即在读数前显示一个"+"符号。如果两极接线相反,读数前将会出现"-"符号,以示极性相反。

大部分高质量的仪表是由表内以干电池为电源的内部电路提供已知数据的。如果电池电力不足,就将影响读数的精确度。因此,要时常检查表内电池以确保数据的准确性。大部分数字式仪表都有一个电池警告标志,用来显示电池的电位状况。

电压表具有极性,它可显示正电压或负电压。数字式电压表用"+"或"-"来表示正电压或负电压。电压表有几个供选择的挡位,各挡的量程不同读数也有所不同。所选择的量程挡应以得到最精确读数为准。一般数字式仪表的量程挡位为:200 mV、2 000 mV、20 V、200 V、1 000 VDC 和 750 VAC。

数字式欧姆表调零的方法同样是将两表笔互相接触,如果显示屏上显示不为零,则说明表内电池电力不足,需要更换电池才能使用。当测量仪表的 2 支表笔没有碰在一起或没有与所测电路连接时,表上所示应为无穷大电阻。数字式仪表在显示屏的最左侧显示"1"或"+1"。同样,测量电阻时,要首先确定所测部件没有电流通过,然后再将仪表与所测部件的两端连接,同时还要使该部件在电路中与其他部件分开。进行测量时,表内的电池向所测部件提供电压,使电流通过该部件,仪表利用内部已知数据与所流经的电流进行比较,这样,该部件的电阻就显示在仪表上了。

## 二、理论知识师生互动讨论

将学生分组,开展小组内、小组间及师生之间的相互提问及讨论:

① 对照图 1.1、图 1.2 和图 1.3,说明通导性测试笔、试灯和跨接导线在工作原理上有何异同点。

② 试讨论内分流式安培表和感应式安培表在工作原理上有何区别。
③ 试讨论内指针式万用表和数字式万用表在工作原理上有何区别。

## 实践知识导学和师生互动讨论

### 一、实践知识导学

#### （一）通导性测试笔的使用

通导性测试笔（有源试灯）用于通导性检查。通导性测试笔仅用于无源电路，首先断开蓄电池或拆卸为所测电路供电的熔断器，在应该导通的电路上选择两点，将通导性测试笔的两条引线连接至两点，如果电路导通，则通导性测试笔电路应形成回路，灯泡会点亮。通导性测试笔的正确使用如图1.8所示。

注意事项：和欧姆表一样，通导性测试笔不应该接在一个带电的电路中，否则，测试笔中的灯泡会被烧坏。

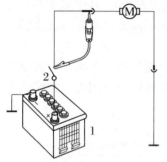

图1.8 通导性测试笔的正确使用
1. 蓄电池；2. 开关

#### （二）跨接导线的使用

跨接导线是一种简单、有效的测试工具，它可以使电流"绕过"被怀疑是开路或断路的电路部分，从而使电路形成回路，进行通导性测试。如果连接跨接导线后电路正常工作，则证明所跨过的部位存在开路（断路）故障。跨接导线只能用于旁通电路的非电阻性部件，如开关、连接器和导线段等，切勿将跨接导线直接跨接在用电设备的两端，否则会烧坏其他相关电路元件。跨接导线的正确使用如图1.9所示，其中a、b、d是正确的使用方法，c是错误的使用方法。

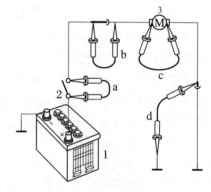

图1.9 跨接导线的正确使用
1. 蓄电池；2. 开关；3. 电动机

注意事项：要定期用欧姆表对跨接导线本身的通导性进行测试。导线自身接头产生的电阻会影响故障诊断结果的准确性。

#### （三）试灯的使用

无源试灯用于测试所检测点是否有电压，使用方法是将试灯的一条端子接地，用另一条端子沿电路接触不同的检测点，检测是否有电压，如果试灯点亮，表明检测点有电压。试灯的正确使用方法如图1.10所示。

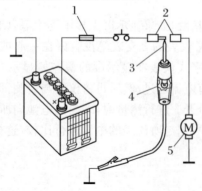

图1.10 无源试灯的正确使用
1. 熔断器；2. 连接器；3. 探针；4. 测试灯；5. 电动机

## （四）数字万用表的使用

### 1. 电压的测量

① 将万用表的测试导线按图1.11所示插入相应插孔（红表笔插入 V/Ω 插孔，黑表笔插入 COM 插孔）。

② 将万用表的功能选择开关置于电压测量挡位，并根据待测量电压的类型选择直流或交流位置（"DC/AC"开关选择）。

③ 根据待测电压的大小选择量程（通过"RANGE"开关选择）。

④ 将万用表的测试导线接入待测电路，黑表笔接地，红表笔接信号线。

⑤ 闭合待测试电路，观察万用表显示区域的电压读数。

⑥ 按下 HOLD 按钮，锁定测量结果，并与标准值进行对比。

### 2. 电阻的测量

① 将万用表的测试导线按图1.11所示插入相应插孔（红表笔插入 V/Ω 插孔，黑表笔插入 COM 插孔）。

② 将万用表的功能选择开关置于电阻测量挡位，此时若不设置量程，万用表为自动量程状态。

③ 若需进行量程设置可按下"RANGE"控制键，进入手动量程设置模式，此后如再按下一次控制键，量程范围将再更换一次。若想返回自动量程，可按下该键2 s后松开，即可返回。

④ 手动量程的选择范围：0～320 Ω、0～3.2 kΩ、0～32 kΩ、0～320 kΩ、0～3.2 MΩ、0～32 MΩ。

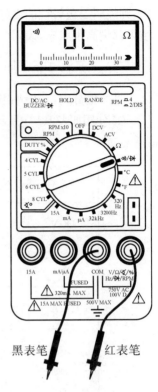

图1.11　数字万用表

⑤ 将万用表的测试导线接入待测元件，黑表笔和红表笔分别连接待测元件的接线端子。

⑥ 观察万用表显示区域的数据显示。

⑦ 按下控制区域的"HOLD"按钮，锁定测量结果，与标准值进行对比。

注意事项：绝对不要将欧姆表接在带电的电路中，否则电路中的电流会损坏仪表中的线圈。某些仪表内装有保险来保护仪表。

### 3. 电路通导性测试

① 将万用表的测试导线按图1.11所示接入相应插孔（红表笔插入 V/Ω 插孔，黑表笔插入 COM 插孔）。

② 将万用表的功能选择开关置于电路导通/二极管测试挡位。

③ 将万用表的两测试导线接入被测试电路。

④ 若万用表的蜂鸣器发出报警声，表明所测电路没有断路情况。

### 4. 二极管的测量

① 将万用表的测试导线按图1.11所示接入相应插孔（红表笔插入 V/Ω 插孔，黑表笔插入 COM 插孔）。

② 将万用表的功能选择开关置于电路导通/二极管测试挡位。

③ 将万用表的两测试表笔接被测试二极管的两个管脚。

④ 将万用表的两测试表笔对调后再接被测试二极管的两个管脚。

⑤ 在③、④两种测试情况下，若一次测量的结果呈高阻状态，另一次测量结果呈低阻状

态,则表明二极管性能良好;若两次测量结果都呈低阻状态,表明二极管已击穿;若两次测量结果都呈高阻状态,表明二极管已烧坏。

## 二、实践知识师生互动讨论

将学生分组,开展小组内、小组间及师生之间的相互提问及讨论。

① 使用如表1.1中所示的万用表,可以测试哪些电气项目和参数?请补充完整该表格。

表1.1

| 符 号 | 测量值 | 测量范围 |
|---|---|---|
| DCV | | |
| ACV | | |
| DCA | | |
| ACA | | |
| Ω | | |
| BAT | | |
| ▶︎｜ | | |

② 使用上题表中所给出的万用表进行表1.2所要求的各种不同的测量。请根据预期测量值确定每个测量项目、测量范围以及测量故障的连接接口(负极黑色;正极红色)。

表1.2

| 预期的测量值 | 测量项目 | 测量范围 | 正极接头 | 负极接头 |
|---|---|---|---|---|
| 直流电压13.5 V | | | | |
| 直流电流30 mA | | | | |
| 电阻330 Ω | | | | |
| 直流电流12 A | | | | |
| 交流电压230 V | | | | |
| 交流电流4.2 A | | | | |
| 安全接通 | | | | |
| 直流电流23 A | | | | |

**实践技能导训和学生实训**

## 一、实践技能导训

### (一)万用表操作技能

万用表的种类和结构是多种多样的,使用时,只有掌握正确的方法,才能确保测试结果的准确性,才能保证人身与设备的安全。

**1. 万用表使用前注意事项**

① 水平放置万用表。

② 应将万用表调零。对于指针式万用表,应检查表针是否停在表盘左端的零位。如有偏离,可用小螺丝刀轻轻转动表头上的机械零位调整旋钮,使表针指零。

③ 将表笔按要求插入表笔插孔。

④ 将选择开关旋到相应的项目和量程上,就可以使用了。

**2. 插孔和选择开关的使用方法**

万用表的选择开关是一个多挡位的旋转开关,用来选择测量项目和量程。一般的万用表测量项目包括:直流电流、直流电压、交流电压、电阻等。每个测量项目又划分为几个不同的量程以供选择。万用表的表笔分为红、黑两只。使用时应将红色表笔插入标有"＋"号的插孔,黑色表笔插入标有"－"号的插孔。首先要根据测试目的选择插孔或转换开关的位置,由于使用时经常会交替进行电压、电流和电阻的测量,所以一定不要忘记换挡。切不可用测量电流或测量电阻的挡位去测量电压。如果用直流电流挡或电阻挡去测量380 V的交流电压,万用表会被烧坏。

**3. 测试表笔的使用方法**

万用表有红、黑表笔,如果位置接反、接错,不仅会使测试结果错误,甚至可能烧坏表头。一般红表笔为"＋",黑笔为"－"。

表笔插放万用表插孔时一定要严格按颜色和正负插入。测直流电压或直流电流时,一定要注意正负极性,测电流时,表笔与电路串联,测电压时,表笔与电路并联,不能搞错。

**4. 正确读数方法**

万用表使用前应检查是否调零,对于指针式万用表,应看指针是否在零位上,如不指零位,可调整表盖上的机械调节器,调至零位。

万用表有多条标尺,一定要认清对应的读数标尺,不能图省事,而把交流和直流标尺任意混用,更不能看错标尺。

万用表同一测量项目有多个量程,例如,直流电压量程有1 V、10 V、15 V、25 V、100 V、500 V等,量程选择应使指针落在满刻度的2/3附近。测电阻时,应尽力使指针落在该挡中心电阻值附近,这样才能使测量更准确。

**5. 万用表使用后注意事项**

① 拔出表笔。

② 将选择开关旋至"OFF"挡,若无此挡,应旋至交流电压最大量程挡,如"1 000 V"挡。

③ 若长期不用,应将表内电池取出,以防电池电解液渗漏而腐蚀内部电路。

**6. 使用注意事项**

① 使用万用表之前,应充分了解各转换开关、专用插口、测量插孔以及相应附件的作用,了解其刻度盘的读数,应先进行"机械调零",即在没有被测电量时,使万用表指针指在零电压或零电流的位置上。

② 在使用万用表过程中,不能用手去接触表笔的金属部分,这样一方面可以保证测量的准确,另一方面也可以保证人身安全。

③ 在测量某一电量时,不能在正在测量时换挡,尤其是在测量高电压或大电流时更应注意。否则,会使万用表毁坏。如需换挡,应先断开表笔,换挡后再去测量。

④ 万用表一般应在水平放置、干燥、无振动、无强磁场的条件下使用。

⑤ 测量完毕,应将量程选择开关调到最大交流电压挡,防止下次开始测量时不慎烧坏万用表。如果长期不使用,还应将万用表内部的电池取出来,以免电池腐蚀表内其他器件。

万用表的最大特点是有一个量程转换开关,各种功能就是靠这个开关来切换的。基本上,用"A-"来表示测直流电流,一般毫安挡和安培挡又各分几挡。"V-"表示测直流电压,高级点的万用表有毫伏挡,电压挡也分几挡。"V~"测交流电压。"A~"测交流电流。"Ω"为欧姆挡测电阻,对于指针式万用表,每换一次电阻挡还要做一次调零。调零就是把万用表的红表笔和黑表笔搭在一起,然后转动调零钮,使指针指向零的位置。"hFE"是测量型三极管的电流放大系数的,只要把三极管的三个管脚插入万用表面板上对应的孔中,就能测出hFE值。注意PNP、NPN型三极管是不同的。

测试电流就用电流挡,而不能误用电压挡、电阻挡,其他同理,否则轻则烧坏万用表内的保险丝,重则损坏表头。事先不知道量程,就选用最大量程尝试着测量,然后断开测量电路再换挡,切不可在在线的情况下转换量程。有表针迅速偏转到底的情况,应该立即断开电路,进行检查。

**(二) 常用器件的测量**

**1. 电阻的测量**

① 选择合适的倍率。在欧姆表测量电阻时,应选适当的倍率,尽量使被测阻值在接近表盘中心阻值读数的位置,以提高测试结果的精确度;最好不使用刻度左边三分之一的部分,因为这部分刻度过于密集准确性很差。

② 使用前要调零:用万用表测量电阻时,首先应该将表笔短接,拧动调零电位器调零,使指针在欧姆挡的零位上,而且每次换挡之后要重新调整调零电位器调零。

③ 不能带电测量。

④ 被测电阻不能有并联支路:如果电阻在电路板上,则应焊开其中一脚方可测试,否则因电阻有其他分流器件,会导致读数不准确。

⑤ 测量晶体管、电解电容等有极性元件的等效电阻时,必须注意两支笔的极性。

⑥ 用万用表不同倍率的欧姆挡测量非线性元件的等效电阻时,测出电阻值是不相同的。这是各挡位的中值电阻和满度电流各不相同所造成的,机械表中,一般倍率越小,测出的阻值越小。

另外,测量电阻时,注意不要用两手手指分别接触表笔与电阻的引脚,以防人体电阻的分流,增加误差。

**2. 对地测量电阻值**

所谓对地测量电阻值,即是用万用表红表笔接地,黑表笔接被测量元件的一个点,测量该点在电路中的对地电阻值,将此值与正常的电阻值进行比较来断定故障的范围。在测量时,电阻挡位设置在"R×1k"挡,当测得的点的电阻值与正常值相比差距较大时,说明该部分电路存在故障,如电阻开路或集成IC损坏等。

**3．晶体管的测量**

把万用表的量程转换到欧姆挡"R×100"挡或"R×1k"挡来测量二极管。不能用"R×10"、"R×10k"挡。因为两者一个电阻太小,一个电阻太大。前者通过二极管的电流太大,易损坏二极管,后者则因为内部电压较高,容易击穿耐压较低的二极管。如果测出的电阻只有几百欧到几千欧(正向电阻),则应把红、黑表笔对换一下再测,如果这时测出的电阻值是几百千欧(反向电阻),则说明这只二极管可以使用。

通过测量正反向电阻值,可以检查二极管的好坏,一般要求反向电阻是正向电阻的几百倍。也就是说,正向电阻越小越好,反向电阻则是越大越好。

**4．电压的测量**

我们可以用万用表的直流电压挡和交流电压挡分别测量直流和交流电的电压值,测的时候把万用表与被测电路以并联的形式连接上。要选择可使表头指针接近满刻度偏转 2/3 的量程。如果电路上的电压难以预估,就要先用大的量程,粗略测量后再用合适的量程,这样可以防止电压过高而损坏万用表。在测量直流电压时,要把万用表的红表笔接触被测电路的正极,而把黑表笔触到电路的负极上,注意不要反接。在测量比较高的电压时应特别注意两只手分别握住红、黑表笔的绝缘部分去测量,或先将一支表笔固定在一端,而后再用另一表笔触及被测试点。

**5．电流的测量**

在用万用表测直流参数时,应注意以下事项:

① 进行机械调零。

② 选择合适的量程挡位。

③ 使用万用表电流挡测量电流时,应将万用表串联在被测电路中,因为只有串联连接才能使流过电流表的电流与被测电路电流相同。测量时,应先断开被测电路,将万用表红、黑表笔串接在被断开的两点之间。特别应注意电流表不能并联接在被测电路中,这样做是很危险的,极易烧毁万用表。

④ 注意被测电量的极性。

⑤ 正确使用刻度和读数。

⑥ 应根据被测量的直流电路的电流大小选取合适的电流测量插孔;读数时,注意不要将倍率与量程范围混淆。

**6．万用表的功能**

万用表的三个基本功能是测量电阻、电压、电流,以前也被称为三用表。现在的万用表添加了好多新功能,尤其是数字式万用表,还具有如测量电容值、三极管放大倍数、二极管压降等功能,更有一种"会说话"的数字万用表,能把测量结果用语音播报出来。

## 二、学生实操训练

### (一) 训前准备

**1．学生分组**

将学生按照 3~4 人一组进行分组,每组按照实训内容进行分工,主要有测量、工具准备、分析推导等工作。

**2．记忆强化**

通过教师提问、小组讨论、播放相关视频等形式,进一步强化相关知识与技能。

问题:

① 如何用试灯检测电路故障?

② 万用表可以用来测量哪些物理量?

③ 如何使用万用表?

## (二) 用万用表测量电压

**1．实操训练目的**

练习连接电路和使用万用表测量电压。

**2．器材**

1.5 V电池两节,100 Ω/8 W固定电阻,470 Ω电位器、发光二极管、导线、万用表。

**3．步骤**

① 按图1.12所示连接电路。电路不做焊接。可将导线两端绝缘皮剥去,缠绕在元件接点或引线上。注意相邻接点间引线不可相碰。

图1.12 电路的连接方法

② 检查电路无误后接通电源,旋转电位器,发光二极管亮度将发生变化。使发光二极管亮度适中。

③ 将万用表按前文所述用前准备要求准备好,并将选择开关置于"V-"10 V挡。

④ 手持表笔绝缘杆,将正负表笔分别接触电池盒正负两极引出焊片,测量电源电压。正确读出电压数值。

记录:电源电压为＿＿＿＿V。

⑤ 将万用表红黑表笔接触发光二极管两引脚,测量发光二极管两极间电压。正确读出电压数值。

记录:发光二极管两端电压为＿＿＿＿V。

⑥ 用万用表测量固定电阻器两端电压。首先判断正负表笔应接触的位置,然后测量。

记录:固定电阻器两端电压为＿＿＿＿V。

在以上三步的测量中,哪一项电压值若小于2.5 V,可将万用表选择开关换为"V-"2.5 V挡再测量一次,比较两次测量结果(换量程后应注意刻度线的读数)。

⑦ 测量完毕,断开电路电源。按前面讲的万用表使用后应做到的要求收好万用表。

### (三) 用万用表测量电流

**1. 实操训练目的**

练习使用万用表测量直流电流。

**2. 器材**

仍使用图1.12所示(测电压)的电路、万用表。

**3. 步骤**

① 按图1.12所示所示连接电路,使发光二极管正常发光。
② 按前面讲的使用前的要求准备好万用表并将选择开关置于"mA"挡100 mA量程。
③ 断开电位器中间接点和发光二极管负极间引线,形成"断点"。这时,发光二极管熄灭。
④ 将万用表串接在断点处。红表笔接发光二极管负极,黑表笔接电位器中间接点引线。这时,发光二极管重新发光。万用表指针所指刻度值即为通过发光二极管的电流值。
⑤ 正确读出通过发光二极管的电流值。

记录:通过发光二极管的电流为_____mA。

⑥ 旋转电位器转柄,观察万用表指针的变化情况和发光二极管的亮度变化。

记录:通过发光二极管的最大电流是_____mA,最小电流是_____mA。

通过以上操作,我们可以进一步体会电阻器在电路中的作用。

⑦ 测量完毕,断开电源,按要求收好万用表。

### (四) 用万用表测量电阻

**1. 实操训练目的**

掌握万用表欧姆挡使用方法,练习用万用表测量电阻。

**2. 器材**

万用表、10只不同阻值色环的电阻。

**3. 步骤**

① 将10只电阻插在硬纸板上。根据电阻上的色环,写出它们的标称值。
② 将万用表按要求调整好,选择好倍率与量程,调整欧姆挡零位调整旋钮调零。
③ 分别测量10只电阻,将测量值记录在表1.3中。测量时注意读数应乘以倍率值。
④ 若测量时指针偏角太大或太小,应换挡后再测。换挡后应再次调零才能使用。
⑤ 相互检查。10只电阻中你测量正确的有几只?将测量值和标称值相比较了解各电阻的误差。
⑥ 按要求收好万用表。

表1.3

| 电 阻 | 色 环 | 色环计算值 | 电表测量值 |
|---|---|---|---|
| $R_1$ | | | |
| $R_2$ | | | |
| $R_3$ | | | |
| $R_4$ | | | |
| $R_5$ | | | |

续表

| 电阻 | 色环 | 色环计算值 | 电表测量值 |
|---|---|---|---|
| $R_6$ | | | |
| $R_7$ | | | |
| $R_8$ | | | |
| $R_9$ | | | |
| $R_{10}$ | | | |

### （五）用万用表测试电子元件

**1．实操训练目的**

练习使用万用表测试电容器、晶体二极管和三极管。

**2．器材**

万用表，固定电容器 1 000 pF、0.1 μF、1 μF 各一只，电解电容器 10 μF、100 μF 各一只，二极管 2AP9、2CP10，三极管 3DG6 等。

**3．步骤**

① 将万用表调整好，置于"R×1k"挡，调整欧姆挡零位调整旋钮进行调零。

② 测量 1 000 pF、0.1 μF、1 μF 三只电容器的绝缘电阻，并观察万用表指针的摆动情况。

③ 测量 10 μF、100 μF 电解电容器绝缘电阻并观察表针的摆动情况（注意正负表笔的正确接法，每次测试后应将电容器放电），并完成表 1.4 的填写。

表 1.4

| 电容 | 容量 | 耐压值 | 1脚极性 | 2脚极性 | 手绘电容并标注 |
|---|---|---|---|---|---|
| $C_1$ | | | | | |
| $C_2$ | | | | | |

根据表 1.4 的记录，想一想，什么样的电容器质量较好？

**4．测量二极管的正反向电阻**

将测量后结果记录在表 1.5 中。

表 1.5

| 二极管 | 阻值(1脚接红表笔，2脚接黑表笔) | 阻值(1脚接黑表笔，2脚接红表笔) | 1脚极性 | 2脚极性 |
|---|---|---|---|---|
| $D_1$ | | | | |
| $D_2$ | | | | |
| $D_3$ | | | | |
| $D_4$ | | | | |

根据表1.4的记录,想一想,什么样的晶体二极管质量较好?

**5．测试晶体三极管**

将测试后的结果记录在表1.6中。

① 测c、e两极之间电阻,注意表笔接法（NPN型三极管：黑笔接c,红笔接e。PNP型三极管相反）,此值应较大（大于几百千欧）。用手握住管壳,使其升温,这时,电阻值会变小,变化越大,三极管稳定性越差。

② 在上一步基础上,在b、c两极间加接100 kΩ电阻（也可用手同时捏住b、c两极）,观察表针右摆幅度,表针向右摆动幅度越大,三极管放大能力越大。

表1.6

| 三极管 | 三极管类型 | 1脚名称 | 2脚名称 | 3脚名称 | 手绘三极管外形并标注 |
| --- | --- | --- | --- | --- | --- |
| $T_1$ | | | | | |
| $T_2$ | | | | | |

 拓展提升

结合所学启动机内容,通过问题法引导同学们扩展知识、展开想象,提升创新能力。

问题：

① 如何查找电气系统的断路故障?

② 如何查找汽车电气系统的虚接故障?

③ 请补全图1.13中电压测量仪器的符号,并在电路图中画出该电压测量仪器;在测量仪器旁边标出其极性;在右边的空白区域画出用电压测量仪器进行检测的电路图。

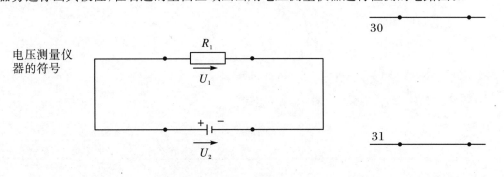

图1.13

阅读导航：

阅读百度上搜索到的有关知识。

# 项目反馈

将评价反馈填入表1.7。

表1.7 项目评价反馈表

| 项目名称 | | | | | | | |
|---|---|---|---|---|---|---|---|
| 学生基本信息 | | 姓　名 | | 学　号 | | 班　级 | |
| | | 组别 | | 时间 | | 成绩 | |
| 考核能力 | 考核项目 | 评分标准 | 分　数 | 学生自评 | 小组互评 | 教师评价 | 平均分小计 |
| 专业能力 | 理论知识 | 是否正确 | 25 | | | | |
| | 实践知识 | 是否正确 | 20 | | | | |
| | 实践操作 | 是否正确 | 25 | | | | |
| 社会能力 | 团队合作 | 是否和谐 | 5 | | | | |
| | 劳动纪律 | 是否严格遵守 | 5 | | | | |
| | 沟通讨论 | 是否积极 | 5 | | | | |
| 方法能力 | 制订计划 | 是否合理 | 5 | | | | |
| | 学习新技术能力 | 是否具备 | 5 | | | | |
| | 总结能力 | 能否正确总结 | 5 | | | | |

# 项目二

# 汽车电路基本元器件使用

## 项目描述

现代汽车上的用电器是如何工作的？它一定需要由电源、电路基础元件和用电器所组成的工作电路。本项目主要介绍汽车电气系统的组成、汽车工作电路的特点、汽车电路基础元件的特征及其在电路中的作用；介绍汽车电路基础元件检测工具与检测仪器、电路基础元件的检测方法。

## 学习目标

**1. 专业能力要求**

（1）理论知识

掌握汽车电气系统组成、汽车电路特点以及熔断器、继电器、开关、插接器等的结构与工作原理。

（2）实践知识

掌握熔断器、继电器、开关、插接器等的用途、型号识别、使用注意事项及符号表示。

（3）实践技能

掌握汽车熔断器、继电器、开关、插接器等基础元件在汽车上的安装位置，能正确使用检修工具对基础元件的好坏进行检测与更换。

**2. 社会能力要求**

通过对检测的分工协助、讨论沟通、课堂纪律要求等培养学生社会能力。

**3. 方法能力要求**

通过对检测方法步骤的研讨、网上查询、方法的总结与提炼等培养学生的汽车基础元件检修方法能力。

**4. 重点和难点**

汽车熔断器、继电器、开关、插接器等基础元件的检修与更换，电气系统故障检修的一般方法与步骤。

## 项目实施

 **任务引入**

现代汽车电气系统由哪几个部分组成？它有哪些特点？常见汽车电路基础元件有哪些？在使用中会出现的故障有哪些？如何检测、维修与更换？

### 理论知识导学和师生互动讨论

#### 一、理论知识导学

（一）汽车电气系统组成

汽车电气系统是汽车的重要组成部分，其工作性能的优劣直接影响汽车的动力性、经济性、安全性、可靠性、舒适性和排气净化等。现代汽车的种类繁多，但汽车电气系统的组成大体上由以下几个部分组成，如图2.1所示。

**1. 电源系统**

电源系统包括蓄电池、发电机。发电机是汽车上的主要电源，蓄电池是辅助电源。当发电机工作时，由发电机向全车用电设备供电，同时给蓄电池充电。蓄电池的作用是启动发动机时向启动机供电，同时当发电机不工作时向用电设备供电。

**2. 启动系统**

启动系统包括启动机、启动继电器、点火开关及启动保护装置，其作用是带动飞轮旋转使发动机曲轴达到必要的启动转速让发动机着车。

**3. 点火系统**

点火系统是汽油机的重要组成部分，由点火线圈、点火控制器、点火开关、火花塞等组成，其作用是将低压电转化为高压电，实时地让火花塞点燃气缸内的可燃混合气。

**4. 照明和信号系统**

照明装置包括车内外各种照明灯，由前大灯、雾灯、示宽灯等组成，其作用是确保车辆内外一定范围内有合适的亮度；信号装置包括电喇叭、转向灯、倒车灯、制动灯等，其作用是警示行人、车辆，引起注意，提供安全行车所必需的信号。

**5. 仪表和报警系统**

仪表包括发动机转速表、车速里程表、燃油表、水温表、电压表、机油压力表等；报警系统包括各种报警指示灯及控制器。其作用是显示汽车运行参数及交通信息，报警运行性机械故障，确保行车、停车的安全与可靠。

**6. 辅助电器系统**

辅助电器系统包括电动刮水器、风窗洗涤器、空调、中控门锁、电动车窗和电动座椅等。其作用是提高车辆的安全性、舒适性、经济性。

**7. 电子控制装置**

电子控制装置由电子控制燃油喷射装置、计算机控制点火系统、巡航控制系统、自动变速器和防抱死制动装置等组成。

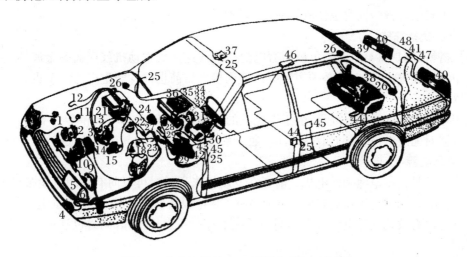

**图2.1 上海桑塔纳2000型轿车电气系统设备**

1.双音喇叭;2.空调压缩机;3.硅整流发电机;4.雾灯;5.前照灯;6.转向指示灯;7.空调储液干燥器;8.卸荷继电器;9.电动风扇双速热敏开关;10.风扇电动机;11.进气电预热器;12.怠速电磁切断阀;13.热敏开关;14.机油油压开关;15.启动机;16.火花塞;17.风窗清洗液电动泵;18.冷却液液面传感器;19.分电器;20.点火线圈;21.蓄电池;22.制动液液面传感器;23.倒车灯开关;24.空调、暖风用鼓风机;25.车门接触开关;26.扬声器;27.点火控制器;28.风窗刮水器电动机;29.中央接线盒;30.前照灯变光开关;31.组合开关;32.空调及风量旋钮;33.雾灯开关;34.后窗电加热器开关;35.危险信号报警灯开关;36.收音机;37.顶灯;38.油箱油面传感器;39.后窗加热器;40.组合后灯;41.牌照灯;42.电动天线;43.电动后视镜;44.中控门锁;45.电动车窗;46.顶灯;47.后盖集中控制锁;48.行李箱灯

## (二)汽车电路特点

汽车的种类很多,各种汽车电器设备的数量不同,其安装位置、接线方法等也各有差异,但不论是进口汽车还是国产汽车,也不论是大型车辆还是小型车辆,其汽车电器电路的设计一般都具有如下特点。

**1. 单线制**

单线制如图2.2所示,就是利用汽车发动机、底盘、车身等金属机件作为各种电器设备

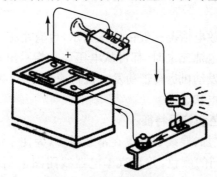

**图2.2 单线制电路图示**

的共用连线(俗称搭铁),而用电设备到电源只需另设一根导线就能组成工作电路。

任何一个电路中的电流都是从电源的正极出发,经导线流入用电设备后,由搭铁负极通过金属车架流回电源负极而成回路。采用单线制不仅可以省材料(铜导线),使电路简化,而且也便于安装、检修,同时也使故障率大大降低。

**2. 电源负极搭铁**

负极搭铁,就是将蓄电池的负极用蓄电池搭铁线连接到发动机或底盘等金属体上。我国标准中规定发电机、蓄电池必须用负极搭铁连接。目前世界各国生产的汽车也大多采用负极搭铁方式。

采用负极搭铁方式的好处是:由于电化学的作用,不仅使汽车车架和车身不易锈蚀,而且汽车电器对无线电设备(例如汽车音响、通信系统等)的干扰也较电源正极搭铁方式小。

**3. 两个电源**

两个电源是指蓄电池和发电机。前者在发动机未运转时可以向有关用电设备供电,后者在发动机运转到一定转速后取代蓄电池向有关用电设备供电,同时也对蓄电池进行充电。两者互补可以有效地使用电设备在不同的情况下都能正常地工作,同时也延长了蓄电池的供电时间。

**4. 用电设备并联**

用电设备并联是指汽车上的各种用电设备都采用并联方式与电源连接,每个用电设备都由各自串联在其支路中的专用开关控制,互不干扰。

**5. 低压直流供电**

为了简化结构和保证安全,汽车电器设备采用低压直流(DC)供电。柴油车大多采用低压 24 V DC 供电(有两个 12 V 蓄电池串联供电),汽油车大都采用 12 V DC 电压供电。汽车运行中的电压,一般 12 V 系统的为 14 V,24 V 系统的为 28 V。

**6. 安装有保险装置**

为了防止电路或元件因搭铁故障或短路而烧坏电路线束和用电设备,各种类型的汽车上均安装有保险装置。这些保险装置有的串接在元器件(或零部件)回路中,也有的串接在支路中。

**7. 大电流开关通常加装中间继电器**

汽车中大电流的用电器如启动机、电喇叭等工作时的电流很大(例如,汽油车启动机的电流一般为 100~200 A),如果直接用开关控制它们的工作状态,往往会使控制开关过早损坏。因此,控制大电流用电设备的开关常采用加装中间继电器的方法,即采用控制继电器线圈的小电流使继电器触点闭合,为用电设备提供大电流。

**8. 具有充放电指示**

汽车上蓄电池的充电、放电情况一般由电压指示,也有用指示灯指示。对于前者,当蓄电池向外供电、发电机向蓄电池充电时,都可从电压表上指示出来。对于后者,发动机未启动或低速运转时点亮,一旦发动机运转带动发电机转速超过 1 000 r/min 以上时,充电指示灯熄灭,以示蓄电池处于充电状态。

**9. 汽车电路导线有颜色和编号特征**

随着汽车用电设备的增加,导线数目也在不断增多,为便于识别和检修汽车电器设备,电路中的低压线通常有不同的颜色,并在汽车电器线路图上用各种颜色的字母代号进行标注。

## （三）汽车电路基础元件结构

### 1. 保险装置

当电路中流过超过规定电流上限的过大电流时，汽车电路保险装置能够切断电路，从而防止烧坏电路连接导线和用电设备，并把故障限制在最小范围内。汽车上的保险装置主要有熔断器、易熔线和断路器。

（1）熔断器（保险丝）

熔断器在电路中起保护作用。当电路中流过超过规定的电流时，熔断器的熔丝自身发热而熔断，切断电路，防止烧坏电路连接导线和用电设备，并把故障限制在最小范围内。常见熔断器如图2.3所示。

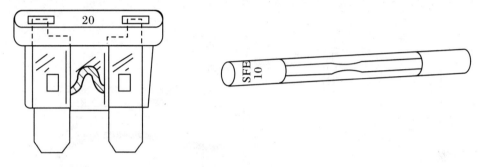

图2.3 常见熔断器

一般情况下，环境温度在18～32 ℃，流过熔断器的电流不超过额定电流的1.1倍时，熔丝不熔断；通过电流达到额定电流的1.35倍时，熔丝在60 s内熔断；达到额定电流1.5倍时，20 A以内的熔丝在15 s以内熔断，30 A的熔丝在30 s以内熔断。

（2）易熔线

易熔线是一种大容量的熔断器，用于保护电源电路和大电流电路，车用易熔线如图2.4所示。现代汽车电器线路原理图中，熔断器和易熔线符号如图2.5所示

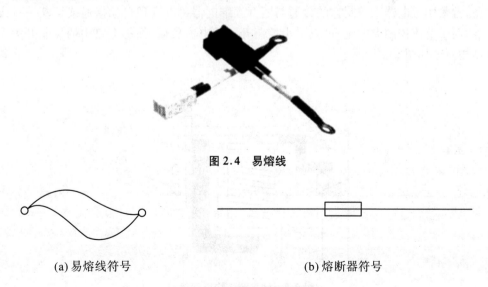

图2.4 易熔线

(a) 易熔线符号　　　　　　　　　　(b) 熔断器符号

图2.5 易熔线和熔断器符号

（3）断路器

断路器在电路中用于防止有害的过载（额外的电流）。断路器利用两种不同金属（双金属）热变形率不同的热效应断开电路。如果有额外的电流经过双金属带，即见双金属带弯曲，触点开路，阻止电流通过。电路断路器冷却，触点再次闭合，电路导通。当无电流时，双金属带冷却而使电路重新闭合，电路断路器复位，如图2.6所示。

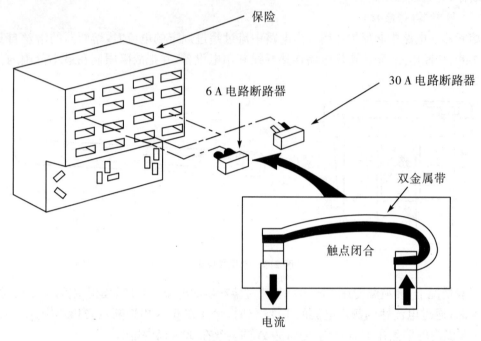

图2.6　断路器

**2. 继电器**

一般情况下，汽车上使用的操纵开关的触点容量较小，不能直接控制工作电流较大的用电设备，常采用继电器来控制它的接通与断开。继电器可以实现自动接通或切断一对或多对触点，用小电流控制大电流，可以减小控制开关的电流负荷，保护电路中的控制开关。继电器结构原理如图2.7所示。

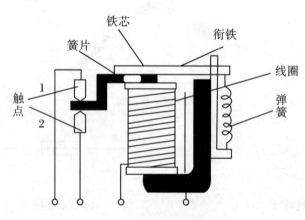

图2.7　继电器结构原理图

要想在原车上安装额外的电子附件，简单的接入已有的电路中可能会使保险装置或配线过载。采用继电器扩展可有效解决这一问题,如图2.8所示。

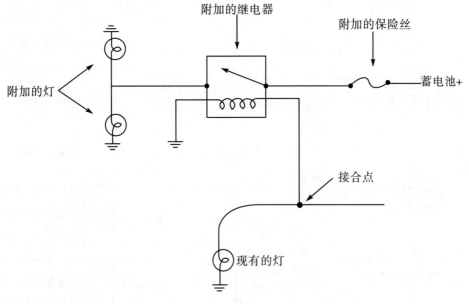

图2.8 继电器的运用

## 3. 开关

汽车上各种电器控制系统的工作均由开关控制,汽车电气开关有组合开关和单体开关,开关在电路图中的表示方法有结构图表示法、表格表示法和图形符号表示法等。汽车常用的开关符号如表2.1所示。

表2.1

| 序号 | 图形符号 | 名称 | 序号 | 图形符号 | 名称 |
| --- | --- | --- | --- | --- | --- |
| 1 |  | 旋转、旋钮开关 | 7 |  | 热继电器触点 |
| 2 |  | 液位控制开关 | 8 |  | 旋转多挡开关位置 |
| 3 |  | 机油滤清器报警开关 | 9 |  | 钥匙操作 |
| 4 |  | 热敏开关动合触点 | 10 |  | 热执行器操作 |
| 5 |  | 热敏开关动断触点 | 11 |  | 温度控制 |
| 6 |  | 热敏自动开关动断触点 | 12 |  | 压力控制 |

续表

| 序号 | 图形符号 | 名 称 | 序号 | 图形符号 | 名 称 |
|---|---|---|---|---|---|
| 13 |  | 拉拔开关 | 19 |  | 液位控制 |
| 14 |  | 推拉多挡开关位置 | 20 |  | 凸轮控制 |
| 15 |  | 钥匙开关（全部定位） | 21 |  | 联动开关 |
| 16 |  | 多挡开关,点火、启动开关,瞬时位置为2能自动返回至1（即2挡不能定位） | 22 |  | 手动开关的一般符号 |
|  |  |  | 23 |  | 定位（非自动复位）开关 |
| 17 |  | 节流阀开关 | 24 |  | 按钮开关 |
| 18 | BP | 制动压力控制 | 25 |  | 能定位的按钮开关 |

以点火开关为例介绍电路中开关的表示方法（如图 2.9、图 2.10 所示）。点火开关的功能主要有锁住转向盘转轴（"LOCK"挡）、接通仪表指示灯（"ON"或"IG"挡）、启动发动机（"ST"或"START"挡）、给附件供电（"ACC"挡,主要是收音机、点烟器）及发动机预热（"HEAT"挡）。其中,在启动挡、预热挡工作时电流消耗很大,开关不宜接通过久,所以这两个挡位在操作时必须用手克服弹簧力,扳住钥匙,一松手就弹回点火挡,不能自行定位,其他各挡位均可自行定位。

**4. 插接器**

插接器就是通常所说的插头与插座,用于线束与线束或导线与导线间的相互连接。为了防止插接器在汽车行驶中脱开,所有的插接器均采用了闭锁装置。插接器的符号与实物结构如图 2.11 所示。

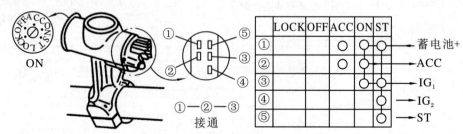

图 2.9 开关的表示方法（一）

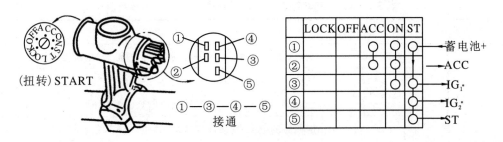

图 2.10 开关的表示方法(二)

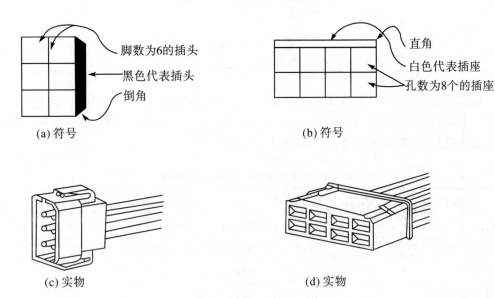

图 2.11 插接器符号与实物

## 5. 导线

汽车电气系统的导线有低压线和高压线两种。低压线又有普通线、启动电缆和控制电缆之分,高压线又有铜芯线和阻尼线之分。

(1) 低压导线的选择

普通低压导线为铜质多丝导线,导线的截面主要根据用电设备的电流进行选择。但截面太小,机械强度差,易折断。一般汽车电气导线截面不小于 $0.5 \ mm^2$。各种低压导线标称截面积允许的负载电流见表 2.2。

表 2.2 低压导线标称截面积允许的负载电流值

| 导线标称截面积($mm^2$) | 1.0 | 1.5 | 2.5 | 3.0 | 4.0 | 6.0 | 10 | 13 |
|---|---|---|---|---|---|---|---|---|
| 允许电流值(A) | 11 | 14 | 20 | 22 | 25 | 35 | 50 | 60 |

汽车用 12 V 电器主要线路导线标称截面积选择的推荐值见表 2.3。

表 2.3　12 V 汽车电器主要线路导线标称截面积的推荐值

| 汽车类型 | 截面积(mm²) | 用　途 |
|---|---|---|
| 轿车、货车、挂车 | 0.5 | 后灯、顶灯、指示灯、仪表灯、牌照灯、燃油表、雨刮器电机 |
| | 0.8 | 转向灯、制动灯、停车灯、分电器 |
| | 1.0 | 前照灯的单线(不接保险器)、电喇叭(3A 以下) |
| | 1.5 | 前照灯的电线束(接保险器)、电喇叭(3A 以上) |
| | 1.5~4 | 其他连接导线 |
| | 4~6 | 电热塞 |
| | 4~25 | 电源线 |
| | 16~95 | 启动机电缆 |

为便于安装和检修，汽车用导线的颜色一般采用双色导线，主色为基础色，辅色为环布导线的条色带或螺旋色带，且标注时主色在前，辅色在后。以双色为基础选用时，各用电系统的电源线为单色，其余为双色，双色线的主色见表 2.4。

表 2.4　汽车电器各系统导线颜色代号

| 系统名称 | 电线主色 | 代　号 | 系统名称 | 电线主色 | 代　号 |
|---|---|---|---|---|---|
| 电气装置接地线 | 黑 | B | 仪表、报警指示和喇叭系统 | 棕 | Br |
| 点火启动系统 | 白 | W | 前照灯、雾灯等外部照明系统 | 蓝 | Bl |
| 电源系统 | 红 | R | 各种辅助电器及操纵系统 | 灰 | Gr |
| 灯光信号系统 | 绿 | G | 收放音机、点烟器等系统 | 紫 | V |
| 车身内部照明系统 | 黄 | Y | | | |

为使全车线路规整、安装方便及保护导线的绝缘体，汽车上的全车线路除高压线、蓄电池电缆和启动机电缆外，一般将同区域的不同规格的导线用棉纱或薄聚氯乙烯带缠绕包扎成束，称为线束，如图 2.12 所示。

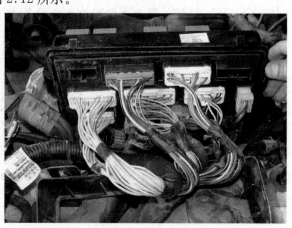

图 2.12　汽车线束

（2）高压导线

高压导线使用于汽车点火线圈至火花塞之间的电路，高压导线分为普通铜芯高压导线和高压阻尼点火导线，带阻尼的高压导线可抑制和衰减点火时产生的高频电磁波，降低对电控装置和无线设备的干扰，高压导线如图 2.13 所示。

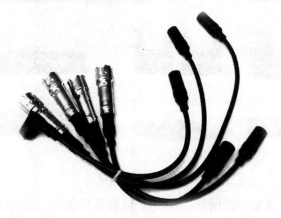

图 2.13　高压导线

## 二、理论知识师生互动讨论

将学生分组，开展小组内、小组之间及师生之间的提问及讨论。
① 汽车电气系统有哪几个部分组成？各自组成与作用分别是什么？
② 汽车电路基础元件主要有哪些？它们在汽车电路中的作用什么？
③ 汽车电路用电器导线的选择原则是什么？不同用电器的电源线颜色是什么？

 **实践知识导学和师生互动讨论**

### 一、实践知识导学

（一）熔断器、继电器、开关、插接器等的用途

在现在汽车电路中，重要的用电器电路都设置有由熔断器、继电器、开关及插接器构成的工作电路，它们在电器电路中有其独特用途。

熔断器的用途是在汽车电器电路工作中突发短路时，对用电器及线路起保护作用，减小因电路突发短路造成的损失；继电器的用途是用在汽车大功率用电器电路中，对大功率用电器实行供电的控制，减小电路中开关的工作电流，保护线路开关；开关是实现汽车电器电路接通与断开的控制元件，根据行车要求保证用电器及时工作或停止；插接器是保证汽车工作电路中的线束与线束、导线与导线可靠连接，同时也为汽车电器电路故障检查提供方便。

（二）熔断器、继电器、开关、插接器的识别

**1. 熔断器的识别**

奇瑞 A3 汽车上用的熔断器的外观如图 2.14 所示，熔断器一般用塑料绝缘外壳，外壳顶

部有熔值标注,熔值的大小是选用熔断器的标准。

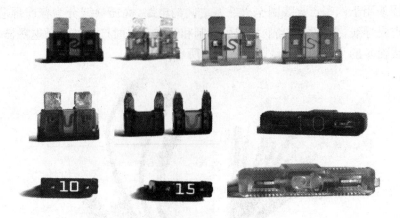

图 2.14 熔断器

此外,易熔线也是重要的熔断器,用以保护电源及其电路,其实物与车上位置如图 2.15 所示。

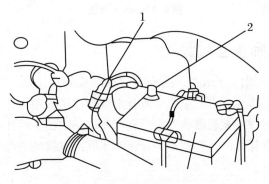

图 2.15 易熔线
1. 易熔线;2. 蓄电池正极

**2. 继电器的识别**

汽车上用的继电器有进气预热继电器、空调继电器、喇叭继电器、雾灯继电器、中间继电器等,其实物如图 2.16 所示。

图 2.16 继电器

汽车上的继电器有很多种,常见的有三类:常开继电器、常闭继电器和混合型继电器。继电器的每个插脚都有标号,与中央接线盒正面板的继电器插座的插孔标号相对应,如图 2.17 所示。

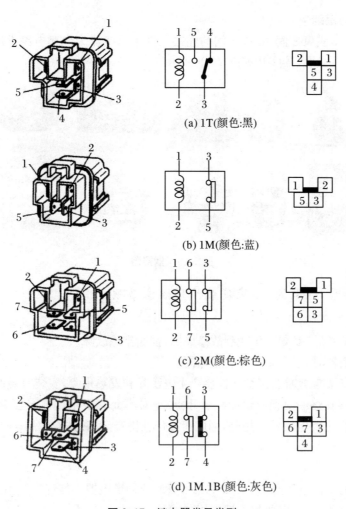

图 2.17 继电器常见类型

### 3. 开关的识别

现代小汽车多采用组合开关,用于提高汽车的性能和乘坐舒适性。若采用较多的单体开关,汽车内部布置会很乱,因此,现代汽车将很多功能相近的控制系统的开关组合在一起,如灯光系统组合开关、音响组合开关、空调组合开关、司机位门组合开关等。灯光系统和司机位门组合开关如图 2.18 所示。

(a) 灯光系统组合开关

(b) 司机位门组合开关

图 2.18 灯光系统和司机位门组合开关

**4．插接器的识别**

插接器是汽车线束之间、导线之间的连接元件。插接器为汽车电路拆解与故障检查提供方便,汽车上常用插接器实物如图 2.19 所示。

图 2.19　插接器

**（三）熔断器、继电器、线束安装使用注意事项**

**1．熔断器**

① 熔断器熔断后,必须真正找到故障原因,彻底排除故障。

② 更换熔断器时,一定要与原规格相同。

③ 熔断器支架与熔断器接触不良会产生电压降和发热现象,安装时要保证良好接触。

此外,易熔线在熔断更换时也应注意几点:绝对不允许换用比规定容量大的易熔线;易熔线熔断,可能是主要电路发生短路,因此需要仔细检查,彻底排除隐患;不能和其他导线绞合在一起。

**2．继电器**

① 继电器的工作电压有 12 V 和 24 V 两种,两种继电器不能互换使用。

② 更换继电器时,一定要与原规格相同。

③ 继电器安装要分清插角位置,并且安装牢固,保证接触良好。

**3．线束安装**

① 线束在车上安装应用卡簧或绊钉固定,以免松动磨坏。

② 线束不可拉得过紧,尤其在拐弯处,在绕过锐角或穿过金属孔时,应用橡皮或套管保护,否则容易磨坏线束而发生短路、搭铁,甚至烧毁全车线束。

③ 连接电器时,应根据插接器的规格及导线或插接头的颜色,分别接于电器上并插接到位。难以辨别时,一般可用试灯区分,但不要用刮火法。

**（四）汽车电气检测常用的工具和仪器**

**1．试灯**

汽车电路的检测试灯有无源试灯和有源试灯两种。

（1）无源试灯

无源试灯就是在一段导线中连接一个 12 V 灯泡,如图 2.20 所示,当试灯一端搭铁另一端接触到带电的导体时,灯泡就会点亮,如图 2.21 所示,它不能像电压表显示出被检电路点的电压,只能显示是否有电压。

**注意**:不提倡用试灯检测计算机控制的电路,这样容易烧坏电脑的内部控制电路。

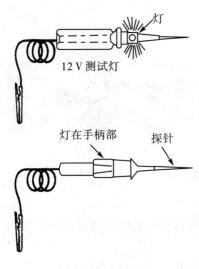

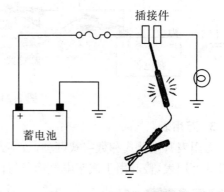

图 2.20　无源试灯　　　　　　　　图 2.21　无源试灯的使用

（2）有源试灯

有源试灯同无源试灯类似，只是多一个自带的电池电源，将其连接到一条导线的两端上时，试灯内灯泡点亮，可用于测试线路的通、断，如图 2.22 所示。

**注意**：不能用有源示灯测试带电电路，否则会损坏试灯。

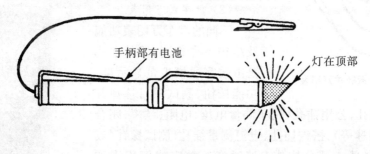

图 2.22　有源试灯

**2．跨接线**

跨接导线有时可作为故障诊断的辅助工具，如图 2.23 所示，可用于跨过某段被怀疑已断开的导线直接向某一部件提供电的通路，也可用于不依赖于电路中的开关或导线而向电路施加电池电压。如图 2.24 所示，它可配上与通导性测试笔相同的探针和夹子，也可设计为各种特殊形式。切勿将跨接线直接跨接在蓄电池的两端或蓄电池正极和搭铁之间。

图 2.23　跨接线

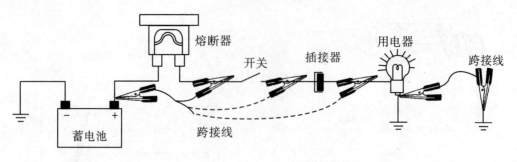

图 2.24 跨接线的使用

### 3. 万用表

万用表有指针式和数字式两种,数字式万用表能够精确测试电子电路,准确度远远超过指针式万用表,普遍用于汽车电气诊断与检测。

(1) 指针式万用表

指针式万用表利用一个在所测数值相关刻度上摆动的弹簧指针来显示所测数据。指针式万用表可用于测量电压、电阻和电流。使用时,先选择所测试的电量,再选择合适的量程,然后进行测量,读出测量数据。指针式万用表的外形如图 2.25 所示。

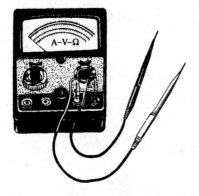

图 2.25 指针式万用表

(2) 数字式万用表

不同的汽车万用表功能及结构不尽相同,但基本都是由数字或模拟量显示屏、功能按钮、测试项目选择开关、温度测量插孔、公用插孔(用于测量电压、电阻、频率、闭合角、频宽比和转速等)、搭铁插孔、电流测量插孔、测试探针(或大电流钳)等全部或部分构成。普通汽车数字式万用表如图 2.26 所示。

图 2.26 数字式万用表

### 4. 汽车故障诊断仪

故障诊断仪通过数据通信线以串行的方式获得控制电脑的实时数据参数,包括故障信息、实时运行参数、控制电脑与诊断仪之间的相互控制指令。故障诊断仪有两种:通用诊断仪和专用诊断仪。

(1) 通用诊断仪

通用诊断仪的主要功能有:控制电脑版本的识别、故障码的读取和清除、动态数据参数显示、传感器和部分执行器的功能测试与调整、某些特殊参数的设定、维修资料及故障诊断提示、路试记录等。通用诊断仪可测试的车型较多,使用范围较宽,但它与专用诊断仪相比,无法完成某些特殊功能。通用车博仕 V30 诊断仪如图 2.27 所示,通用金德 KT600 诊断仪如图 2.28 所示。

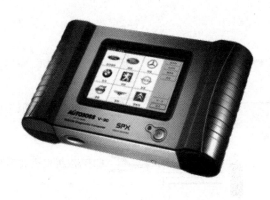
图 2.27　车博仕 V30 诊断仪

图 2.28　金德 KT600 诊断仪

（2）专用诊断仪

专用诊断仪除具有通用诊断仪的功能之外,还能完成某些特殊功能,诊断的内容更深入,更完善。大众 VAG1552 诊断仪如图 2.29 所示,大众 VAG5051 诊断仪如图 2.30 所示。

图 2.29　大众 VAG1552 诊断仪

图 2.30　大众 VAG5051 诊断仪

### 5. 汽车示波器

常见的汽车专用示波器按功能一般可分为专用型示波器和综合型示波器两种。

（1）专用型示波器

这类示波器专用性比较强,可以精确地显示各种变化的波形,如点火初级次级波形、各种传感器的输入输出电压波形以及各种执行器的电流或电压波形、脉冲宽度和占空比等,缺点是功能比较单一,金奔腾 DiagTech-I 汽车专用示波器如图 2.31 所示。

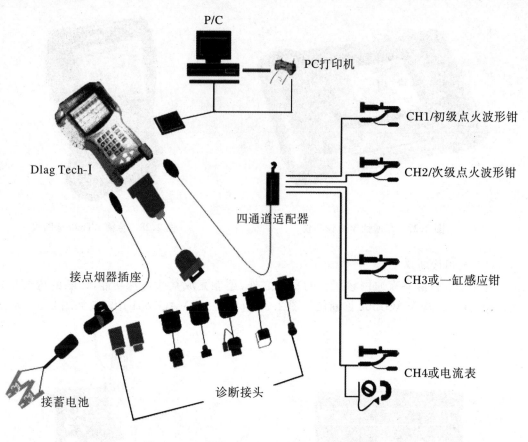

图 2.31　金奔腾 DiagTech-I 汽车专用示波器

(2) 综合型示波器

这类示波器除了具有专用型示波器的一般功能外，通常还具有读取与消除故障码功能和动态数据分析功能等，部分诊断仪还具有发动机动力性能测试功能等，缺点是系统稳定性及精度略低，如图 2.32 所示金德 KT600 综合型示波器。

**注意事项：**

- 测试点火高压线时，必须使用专用探头，不能将示波器探头直接接入点火次级电路。
- 使用汽车专用示波器时，注意远离热源，如排气管、催化器等，温度过高会损坏仪器。
- 使用汽车示波器测试时，要注意尽量离开风扇叶片、皮带等转动部件。
- 测试时确认发动机盖支撑良好，防止发动机盖意外落下伤及头部或示波器。
- 路试时，不要将汽车专用示波器放在仪表台上

图 2.32　金德 KT600 综合型示波器

方，最好是拿在手中测试。

## （五）汽车电气系统故障常用诊断方法

汽车电路常见的故障主要有断路、短路、电器设备的损坏等。为了能迅速准确地诊断故障，下面介绍几种常见的诊断方法。

### 1. 直观诊断法

汽车电路发生故障时，有时会出现冒烟、火花、异响、焦臭、发热等异常现象。这些现象可通过人的眼、耳、鼻、身感觉到，从而可以直接判断出故障所在部位。

例如：汽车行驶中，突然发现转向灯与转向指示灯均不亮，用手一摸，发现闪光器发热烫手，说明闪光器已被烧坏。

### 2. 断路法

汽车电路发生搭铁（短路）故障时，可用断路法判断，即将怀疑有搭铁故障的电路断路，然后根据电器设备中搭铁故障是否还存在来判断电路搭铁的部位和原因。

例如：汽车行驶时，如听到电喇叭长鸣，则可以将继电器"按钮"接柱上的导线拆开，此时如果喇叭停鸣，则说明喇叭按钮至继电器这段电路中有搭铁现象。

### 3. 短路法

汽车电路中出现断路故障，还可以用短路法判断，即用螺丝刀或导线将被怀疑有断路故障的电路短接，观察仪表指针变化或电器设备工作状况，从而判断出该电路中是否存在断路故障。

例如：怀疑汽车电路中的各种开关有故障，可用导线将开关短接来判断开关是好是坏。

### 4. 试灯法

试灯法是利用试灯对线路故障进行诊断的一种方法，其优点是可迅速地判断出电路中的短路、断路故障。

### 5. 仪表法

观察汽车组合仪表中的水温表、燃油表、机油压力表、电压表等的指示情况来判断电路中有无故障。

例如：发动机冷态，接通点火开关时，水温表指示在满刻度位置不动，说明水温表传感器有故障或该线路有搭铁。

### 6. 换件法

在实际故障诊断中经常采用换件法，使用一个无故障的元件替换怀疑出现故障的元件，观察出现故障系统的工作情况，从而判断故障所在。采用换件法必须注意的是，在换件前要对其线路进行必要的检查，确保线路正常方可使用，否则会造成更大的损失。

### 7. 仪器法

随着汽车电器设备的日趋复杂，在维修中，特别是维修装置电子设备较多的车辆，使用一些专用的仪器是十分必要的。

## 二、实践知识师生互动讨论

将学生分组，开展小组内、小组之间及师生之间提问及讨论。
① 熔断器、继电器、开关、插接器的用途是什么？
② 熔断器、继电器、开关、插接器识别及熔断器、继电器、线束安装的注意事项有哪些？
③ 汽车电气系统常用检测的工具与仪器有哪些？
④ 汽车电气系统故障有哪些常用检测方法？

**实践技能导训和学生实训**

## 一、实践技能导训

（一）熔断器拆卸与安装、检测

**1. 熔断器拆卸与安装**

熔断器一般安装在仪表盘附近或发动机罩下面的熔断器盒内，常与继电器组装在一起，构成全车电路的中央接线盒。熔断器的拆卸与安装比较方便，可用中央接线盒内提供的塑料夹或直接用手进行，其拆卸与安装操作步骤如下：

① 先关闭点火开关，并取下钥匙。
② 拆卸时，用塑料夹或直接用手钳住熔断器塑料壳，均匀用力将其拔出。
③ 安装时，用塑料夹或直接用手将更换的熔断器正确装回原位。

**2. 熔断器检测**

可用观察法检查，也可用万用表电阻挡测量熔断器是否熔断。观察法就是目测熔断器熔丝处是否有烧坏的特征；万用表测量法就是选择电阻挡，将两表笔分别与熔断器上两测点接触，如图2.33所示，若阻值为∞，则熔丝熔断。

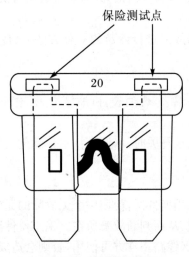

图 2.33 熔断器的检查

（二）继电器拆卸与安装、检测

**1. 继电器拆卸与安装**

继电器的拆卸应在中央接线盒断电的情况下，用手均匀用力将继电器取出；安装时需要对正继电器插脚与插孔的位置均匀用力压下，保证良好接触。

**2. 继电器的检测**

开路检测：采用万用表测阻法，以图2.34所示的继电器为例，用万用表"R×100 Ω"挡检查：如果1脚—2脚通，3脚—4脚通，3脚—5脚电阻∞，则正常，否则有问题。

加电检测：在1脚和2脚之间加12 V电压，则3脚—4脚不通、3脚—5脚通，为正常。

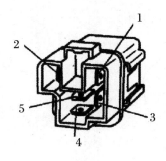 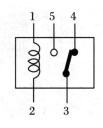 

图 2.34 继电器开路检测

### (三)开关的拆卸与安装、检测

**1. 开关的拆卸与安装**

开关的拆卸顺序是:先断开电源,拆下开关的连接线束插接器,拆下开关的锁紧螺钉,取下开关。开关的安装过程与拆卸顺序相反。

**2. 开关的检测**

开关的检测一般用万用表进行,首先将开关拨到相应的位置,用万用表电阻挡检测对应的端子间电阻,接触电阻不能超出范围。

### (四)插接器的拆卸与安装、检查

要拆开插接器时,首先要解除闭锁(图 2.35),然后把插接器拉开,不允许在未解除闭锁的情况下用力拉导线,这样会损坏闭锁装置或导线。有些插接器用钢丝扣锁止,取下钢丝扣后才能将插接器拔开。

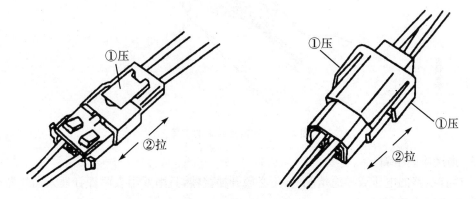

图 2.35 插接器的拆卸

在插接器端子有接触不良或断线故障时,可将插接器分解,用小一字形螺丝刀或专用工具从壳体中取出导线及端子进行修理或更换。

**1. 插接器接线端子拆卸检修**

插接器接线端子拆卸检修步骤如下:断开蓄电池→从其配对的元件上断开插接器→压下黄色接头上的锁止凸舌以松开端子→用专用工具压端子并将导线从插接器上拆下(如图 2.36)→修理或更换端子。

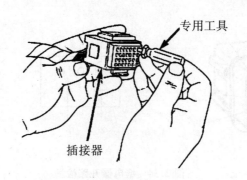

图 2.36 从插接器上拆下导线

**2．插接器接线端子安装**

插接器接线端子安装步骤如下：使锁止凸舌复位→将拆下的导线插入修理插头原来的插孔中（图 2.37）→重复插入插接器上的每根导线，确保所有导线都插入正确的插孔中（另外，插接器引出线的识别，参见相关电路图）→在重新组装插接器时，锁止凸舌必须放到锁定位置，以防端子脱出→将插接器连接到其配对的元件中→连接蓄电池并测试所有受影响的系统。

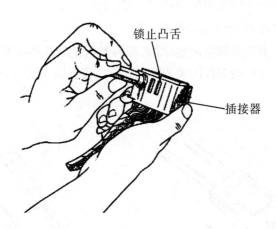

图 2.37 插接器线束的安装

**3．插接器的检测**

在检查线路的电压或导通情况时，不必脱开插接器，只用万用表两探针插入插接器尾部的线孔内进行检查即可。

## 二、学生实操训练

### （一）训前准备

**1．学生分组**

将学生按照 3～4 人进行分组，每组内按照实训要求进行分工，主要有测量、工具准备、故障分析推导等。

**2．记忆强化**

通过教师提问、小组讨论、相关视频播放等形式，进一步强化拆装方法、检测方法。

问题:
① 简述熔断器、继电器、开关和插接器拆卸与安装步骤。
② 如何对熔断器、继电器、开关和插接器进行检测?

**3. 实训场地及工具**

① 在汽车电器实训室按照分组准备好实训场地。
② 准备好奇瑞 A3 车:将汽车停驻在水平的实训场地;拉紧驻车制动器操作杆,并将变速杆置于空挡位置;套上转向盘护套、变速杆手柄套、座位套、铺设脚垫;在车内拉动发动机舱盖手柄;在车外打开发动机舱盖;粘贴翼子板和前格栅磁力护套。
③ 故障设置:教师事前设置中央接线盒熔断器、继电器故障各一处,设置点火开关,触点故障和开关线束插接器故障各一处,其他电路工作正常。
④ 准备相关工具、量具:汽车电器维修专用工具、数字万用表、钳子、螺丝刀、砂纸、转向盘护套、变速杆手柄套、座位套、脚垫、翼子板和前格栅磁力护套。

## (二)转向灯不亮的实训

案例:一辆奇瑞 A3 车在行驶过程中,驾驶员在操控转向灯开关时,发现仪表盘上转向指示灯不亮。经检查该车左右转向灯灯泡是完好的,对该车转向灯不亮的故障进行分析与故障排除。

按照已经分好的小组,让学生制订维修计划,计划包括:资讯、查阅维修手册进行原因分析(诊断方案)、对转向灯电路中控制元件等检测及数据确认,确定故障点(实施诊断方案)、故障排除等。

**1. 资讯**

资讯见表 2.5。

表 2.5  维修车辆登记表

| 基本信息 | 车　主 | | 电　话 | |
|---|---|---|---|---|
| | 性　别 | | 检修日期 | |
| | 车　型 | | 保养次数 | |
| | 底盘号 | | 行驶里程 | |
| 使用状况 | 道　路 | | | |
| | 载　荷 | | | |
| 故障日期 | | | | |
| 用户对故障描述 | | | | |
| 故障现象确认 | | | | |
| 故障原因分析 | | | | |

**2. 查阅维修手册进行原因分析**

按照用电器电路对故障进行诊断和原因分析。

## 3. 故障点确认

按照表 2.6 进行故障点确认。

表 2.6　故障点确认

| 序号 | 检查项目 | 正常与否 |
| --- | --- | --- |
|  |  |  |
|  |  |  |
|  |  |  |
|  |  |  |

## 4. 故障排除

按照表 2.7 进行故障排除。

表 2.7　故障排除

| 序号 | 故障部位或零部件 | 故障原因 | 修复方法 |
| --- | --- | --- | --- |
|  |  |  |  |
|  |  |  |  |
|  |  |  |  |
|  |  |  |  |

## 5. 废料和废品处理

对实训产生的废料和废品进行处理。

### （三）学生撰写实训报告

学生在实训完成后，撰写实训报告。

### （四）实训结果评价

对实训后的结果进行评价。

结合所学汽车电路基本元器件的内容，通过问题法引导同学们扩展知识、展开想象，提升创新能力。

问题：

① 汽车电路用熔断器与一般熔断器有什么区别？

② 如何用短路法进行汽车电路故障的检查？

③ 熔断器为什么能起"保险"作用？熔断器烧坏了能否用铜丝代替？

阅读导航：

① 阅读从百度上检索到的有关资料。

② 阅读奇瑞 A3 车维修手册。

# 项目反馈

将评价反馈填入表2.8。

表2.8 项目评价反馈表

| 项目名称 | | | | | | | | |
|---|---|---|---|---|---|---|---|---|
| 学生基本信息 | 姓　名 | | 学　号 | | 班　级 | | | |
| | 组别 | | 时间 | | 成　绩 | | | |
| 考核能力 | 考核项目 | 评分标准 | 分数 | 学生自评 | 小组互评 | 教师评价 | 平均分小计 | |
| 专业能力 | 理论知识 | 是否正确 | 25 | | | | | |
| | 实践知识 | 是否正确 | 20 | | | | | |
| | 实践操作 | 是否正确 | 25 | | | | | |
| 社会能力 | 团队合作 | 是否和谐 | 5 | | | | | |
| | 劳动纪律 | 是否严格遵守 | 5 | | | | | |
| | 沟通讨论 | 是否积极 | 5 | | | | | |
| 方法能力 | 制订计划 | 是否合理 | 5 | | | | | |
| | 学习新技术能力 | 是否具备 | 5 | | | | | |
| | 总结能力 | 能否正确总结 | 5 | | | | | |

# 项目三

# 汽车充电系统基本结构、工作原理及检修方法

## 项目描述

充电系统是在引擎转动时把机械能转换成电能的系统,这些能量用来为汽车电气系统中的负载供电。当充电系统输出大于所需时,就给电瓶充电来维持电瓶的饱和状态。正确诊断充电系统问题需要对整个系统部件和运作有深入全面的认识。本项目就是介绍汽车充电系统的基本结构、工作原理及检修方法。

## 学习目标

**1. 专业能力要求**

(1) 理论知识

掌握汽车充电系统组成;蓄电池、交流发电机、电压调节器等结构与工作原理。

(2) 实践知识

掌握蓄电池、交流发电机、电压调节器等用途、型号识别、使用注意事项及符号表示。

(3) 实践技能

掌握蓄电池、交流发电机拆卸与安装、拆解与装配、检测;充电系统故障的诊断与元件更换技术。

**2. 社会能力要求**

通过对理论知识的分组讨论与沟通、对检测的分工协助、课堂纪律等培养学生社会能力。

**3. 方法能力要求**

通过对充电系统检测方法步骤的研讨、方法的总结与提炼、对网上产品的查询等培养学生的充电系统检修能力。

**4. 重点和难点**

汽车蓄电池、发电机及电压调节器等的检修与更换,充电系统故障检修的一般方法与步骤。

# 项目实施

充电系统一般由点火开关、蓄电池(电瓶)、发电机、调节器、指示灯、保险丝等组成,如图 3.1 所示。蓄电池提供电能,在充电过程中,把来自交流发电机的电能转换成化学能;交流发电机把机械能转换成电能;调节器通过控制交流发电机输出来避免充电过度或是充电不足;点火开关处于"ON"的位置时,电瓶电流为交流发电机提供能量;保险丝在充电系统中是用来保护电路的。

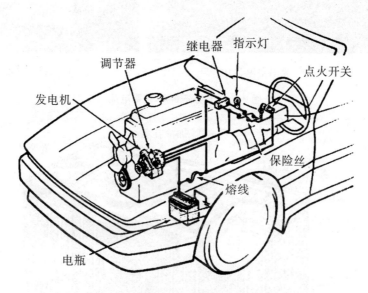

图 3.1 汽车充电系统组成

## 任务一 蓄电池基本结构、工作原理及检修方法

汽车用蓄电池是什么样的结构?它是如何工作的?常见故障有哪些?如何检测、维修与更换?

### 理论知识导学和师生互动讨论

一、理论知识导学

(一)蓄电池结构与工作原理

这里以普通蓄电池为例进行说明,图 3.2 所示为江淮、奇瑞车用蓄电池。蓄电池结构如

图3.3所示,主要由外壳、极板组、隔板、电解液、联条、加液孔盖、极柱等组成。壳体内部分成若干格子,每格2 V,每个格子由格内的电解液、正负极板组和其间所夹的隔板,组成单格电池,12 V蓄电池由6格组成。

(a) 江淮轻卡用蓄电池　　　　　　　　(b) 奇瑞A3用蓄电池

图3.2　江淮、奇瑞车用蓄电池

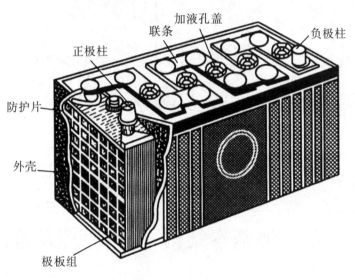

图3.3　蓄电池结构

**1．蓄电池结构**

(1) 外壳

外壳用来储存电解液和存放极板组,外壳应该具有耐酸、耐热、耐寒、耐震及绝缘性能好的特点,材料一般为硬橡胶或工程塑料。

(2) 极板组

极板组分正极板和负极板,均由栅架和填充在其上的活性物质构成,不同的蓄电池具有不同的材料。在蓄电池充放电过程中,电能与化学能的相互转换就是通过极板上的活性物质与电解液中的硫酸进行化学反应来实现的。正极板上的活性物质是呈深棕色的二氧化铅($PbO_2$),负极板上的活性物质是呈青灰色海绵状的纯铅($Pb$)。

(3) 隔板

隔板材料具有多孔性结构,可让电解液自由渗透。

(4) 电解液

一般用相对密度为 1.84 的纯净硫酸和蒸馏水按一定比例配制而成,密度一般在 1.24～1.30 g/cm³ 的范围内。硫酸标准见 GB4554—84 的规定,蒸馏水标准见 ZBK84004—89 的规定。

(5) 加液孔盖

孔盖上有通气孔,加装一个氧化铅过滤器,可以加液,也可以避免水蒸气逸出,减少水的消耗,新蓄电池在使用时应注意将通气孔打通。

**2. 蓄电池工作原理**

蓄电池工作是一个充放电过程。

(1) 电动势的建立

电动势的建立如图 3.4 所示,原理如下。

正极板:

$$PbO_2 \longrightarrow Pb^{4+} \longrightarrow +2.0\ V$$

负极板:

$$Pb - 2e \longrightarrow Pb^{2+} \longrightarrow -0.1\ V$$

两极板之间的电动势为 2.1 V,即一个极板组电动势为 2.1 V,6 个极板组串联即可获得 12 V 的蓄电池。

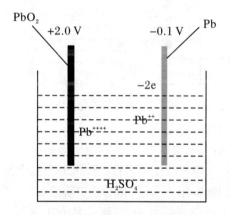

图 3.4 蓄电池电动势建立

(2) 放电原理

当蓄电池与外部负载连接时,蓄电池通过发生在浸在电解液中的两块异种极板之间的化学反应产生电流,此电流驱动外部负载,将化学能转换成电能。

蓄电池放电原理如图 3.5 所示。

放电时化学反应为:

正极板:

$$Pb^{4+} + 2e \longrightarrow Pb^{2+}$$
$$Pb^{2+} + SO_4^{2-} \longrightarrow PbSO_4$$

附在正极板上。

负极板:

$$Pb - 2e \longrightarrow Pb^{2+}$$

$$Pb^{2+} + SO_4^{2-} \longrightarrow PbSO_4$$

附在负极板上。

放电时化学反应总方程式为：

$$PbO_2 + Pb + 2H_2SO_4 \longrightarrow 2PbSO_4 + 2H_2O$$

电解液中：

$$H^+ + OH^- \longrightarrow H_2O$$

$$SO_4^{2-} \longrightarrow 减少$$

蓄电池放电终了的特征为：单个电压降到放电终止电压，并且电解液密度降到最小终止值。

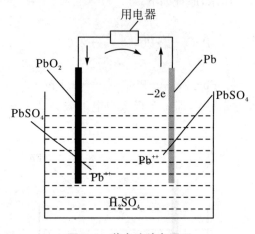

图 3.5　蓄电池放电原理

蓄电池放电为恒流放电，蓄电池端电压 $U_f$ 和电解液密度 $\gamma$ 在 25 ℃ 随时间 $t_f$ 变化的蓄电池放电特性如图 3.6 所示。端电压变化过程大致可分为三个阶段：第一阶段，开始放电阶段(2.1~2.0 V)，电压下降较快；第二阶段，相对稳定阶段(2.0~1.85 V)；第三阶段，迅速下降阶段(1.85~1.75 V)。放电终止标志为：单格电池电压下降到放电终止电压值(以 20 h 放电率放电时，此值为 1.75 V)；电解液密度下降到最小许可值，约为 1.11 g/cm³。过放电对蓄电池十分有害，易使极板损坏。

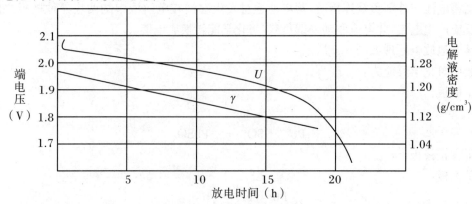

图 3.6　蓄电池放电特性

（3）充电原理

使用充电装置将直流电压加在蓄电池上,当这个电压高于蓄电池电压时,电流从蓄电池的正极流入、负极流出,此时,在蓄电池内部会发生电化学反应,从而将电能转换成化学能。

蓄电池充电原理如图3.7所示,充电过程中,电流为恒流,蓄电池端电压$U_f$和电解液密度$\gamma$在25℃随时间$t_f$变化。充电结束表现特征为:端电压和电解液密度上升到最大,且在2 h内不上升;电解液中剧烈冒气泡,呈沸腾现象。

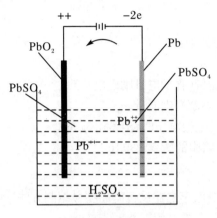

图3.7　蓄电池充电原理

蓄电池充电特性如图3.8所示,端电压变化规律大致可分为三个阶段:第一阶段是开始充电阶段(2.0～2.1 V),端电压迅速上升;第二阶段是稳定上升阶段(2.1～2.3 V);第三阶段是迅速上升阶段(2.3～2.7 V)。长时间过充电易加速极板活性物质的脱落,使极板过早损坏,因此必须避免过充电。

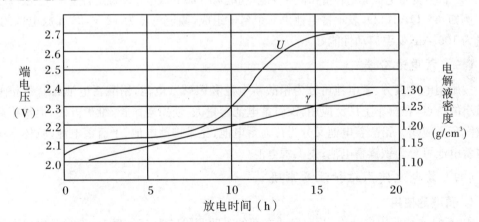

图3.8　蓄电池充电特性

## 二、理论知识师生互动讨论

将学生分组,对照图3.3及相关图,开展小组内、小组之间及师生之间提问及讨论。
① 汽车蓄电池由哪几个部分组成?各自作用分别是什么?
② 简述汽车蓄电池放电过程及特点。

③ 简述汽车蓄电池充电过程及特点。

# 实践知识导学和师生互动讨论

## 一、实践知识导学

### (一) 蓄电池用途

汽车用蓄电池主要用途如下：
① 启动发动机。
② 未启动汽车时提供能量(含发电机励磁电流)。
③ 发电机能量不够时,协助提供能量。
④ 发电机端电压高于蓄电池电压时,给蓄电池充电。
⑤ 充当稳压器,吸收电路中的瞬变过电压。

### (二) 蓄电池型号

根据国家汽车行业标准《汽车电器设备产品型号编制方法》(QC/T73—1993)规定,蓄电池型号编码由 3 个部分组成。

第一部分为格子数,每格 2 V 电压。

第二部分为类型、结构特征。Q 为汽车启动用蓄电池、M 为摩托车用蓄电池、JC 为船舶用蓄电池、HK 为航空用蓄电池、D 表示电动车蓄电池、F 表示阀控型蓄电池、A 表示干荷型蓄电池、W 表示免维护型蓄电池,若不标,则表示为普通型蓄电池。

第三部分为蓄电池额定容量和特殊性能,规定采用 20 h 放电率的额定容量,单位为 Ah。

例如,6 - Q - 105D,表示蓄电池由 6 个格子组成,额定电压为 12 V,20 h 放电率的额定容量为 105 Ah,低温启动性能好。

### (三) 蓄电池分类

按所用电解液分,蓄电池可分为铅酸蓄电池和镍碱蓄电池,铅酸蓄电池具有价格便宜、内阻小的特点,在汽车上广泛应用,镍碱蓄电池容量大,使用寿命长,维护方便,但价格高,在少数汽车上应用。铅酸蓄电池又分为普通蓄电池、免维护蓄电池、干荷蓄电池、胶体蓄电池,镍碱蓄电池可分为铁镍蓄电池;铜镍蓄电池。

### (四) 蓄电池使用维护注意事项

**1. 蓄电池使用**

① 不要连续使用启动机,两次启动之间的时间间隔应为 15 s 以上,连续 3 次启动不了,应该查明原因、排除故障后再启动。
② 安装时,应固定可靠;搬运时,应轻搬轻放。
③ 经常检查电解液的液面高度。
④ 冬季使用应防止结冰。

**2. 蓄电池保养**

① 及时清除蓄电池表面、极柱等,保持清洁。
② 保持加液孔盖上的通气孔导通。

③ 保持电解液的液面高度和密度。
④ 放完电的蓄电池应在 24 h 内及时充电。
⑤ 不使用的车辆每两个月应进行一次补充充电。
⑥ 拆卸蓄电池电缆时，先拆负极，后拆正极；安装时，先装正极，后装负极。

### 3．蓄电池储存

(1) 新蓄电池存放

暂不使用的新蓄电池存放应采用干储法，即用蜡封通气孔，极柱涂油，内部无电解液，以单层方式摆放在架子上，场所为通风干燥且室温在 5~40 ℃。

(2) 使用过的蓄电池存放

储存时间不足半年的，应采用湿储法，即将蓄电池充足电，调好电解液密度和高度，蜡封通气孔，置于室内暗处存放。

储存时间超过半年的，采用干储法，即将蓄电池充足电，再以 20 h 放电率放电至单格终止电压 1.75 V，将电解液倒出，加入蒸馏水浸 3 h，重复进行，直至倒不出酸液。最后倒出蓄电池内蒸馏水，拧紧加液口盖，蜡封通气孔，放于室内。

## （五）免维护蓄电池

免维护蓄电池指在规定的使用条件下，使用期间不需要进行维护的蓄电池，免维护蓄电池的工作原理与普通铅蓄电池相同。

### 1．免维护蓄电池优点

① 在使用过程中不需要添加蒸馏水。
② 自放电少，寿命长。
③ 接线柱腐蚀小。
④ 耐过充电性能好。
⑤ 启动性能好。

### 2．免维护蓄电池结构特点

① 正极板栅架一般采用铅钙合金或低锑合金制造，而负极板栅架均用铅钙合金制造。
② 隔板大多采用超细玻璃纤维棉制作。
③ 极板组多采用紧装结构，各单格极板组之间采用穿壁式接法，露在密封式壳体外面的只有正、负极桩。
④ 在壳体上部设有收集水蒸气和硫酸蒸气的集气室，待其冷却后变成液体通过通气孔重新流回电解液内。
⑤ 在内部设有温度补偿式密度计，以便检查电解液密度，了解存电情况。电解液密度正常时，密度计指示器显示绿色，表示蓄电池电充足；密度计指示器显示深绿色，表示电解液密度低于标准值，应进行补充充电；密度计指示器显示黄色，表示电解液液面过低，需添加蒸馏水。

### 3．免维护蓄电池的使用维护

使用时，要保持其外部的清洁。使用中，通过查看内装电解液密度计指示器的颜色进行维护。当电解液密度计指示器显示深绿色时，应进行补充充电；当电解液密度计指示器显示黄色时，应检查蓄电池外壳有无破损和裂纹，电解液是否泄漏。外壳完好的，需添加蒸馏水；已经损坏的蓄电池应予以更换。

## 二、实践知识师生互动讨论

将学生分组,开展小组内、小组之间及师生之间提问及讨论。
① 汽车蓄电池的用途是什么?
② 如何通过蓄电池型号识别蓄电池主要参数?
③ 蓄电池使用维护应注意哪些问题?
④ 免维护蓄电池结构有什么特点?有什么优点?使用维护应注意哪些问题?

# 实践技能导训和学生实训

## 一、实践技能导训

### (一)蓄电池拆卸与安装

蓄电池拆卸与安装如图3.9所示。

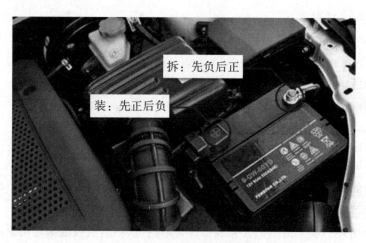

图3.9 蓄电池拆卸与安装

**1. 蓄电池拆卸**

拉起驻车制动器,变速器置于空挡位置,点火开关、灯光、空调等处于关闭状态,打开发动机罩,拆卸蓄电池电缆顺序为先负后正,拆下固定螺栓,取出蓄电池。拆卸蓄电池时还应该注意:未读取发动机电控单元记录的故障码之前不能拆除蓄电池连接线;不能用拆除蓄电池连接线的方法来清除故障代码。

**2. 蓄电池安装**

安装蓄电池时,放置蓄电池,先固定螺栓,后安装蓄电池电缆,电缆安装顺序为先正后负。安装蓄电池还应注意:安装前应保证蓄电池端柱表面清洁,接线牢固、可靠,严禁敲击端柱,以防端柱松动造成电池渗酸。

### (二)蓄电池使用中技术状况的检查

蓄电池使用中技术状况的检查主要有电解液液面高度的检查、蓄电池放电程度检查、蓄电池端电压检查、蓄电池极柱连接状态检查、启动性能测试等。

**1. 检查电解液液面高度**

对于透明蓄电池,可直接目测;对于不透明蓄电池,可用玻璃管测量,将上下双通的玻璃管竖直插入蓄电池的加液孔中,直到与保护网或隔板上缘接触为止,然后用手指堵紧管口并将管取出,电解液液面高出隔板上端 10~15 mm 为正常。

**2. 检查蓄电池放电程度**

蓄电池放电程度检查有两种方法:一是通过测量电解液密度判断蓄电池放电程度,二是使用高率放电计检测蓄电池放电程度。

方法一:通过测量电解液密度判断蓄电池放电程度。

用拇指捏住密度计橡皮球,将密度计吸管插入电解液中,缓慢松开拇指,电解液就被吸入玻璃管中,其中浮子浮起,根据浮子高度和浮子刻线之间的关系判断蓄电池放电程度,电解液处于黄色区域,说明电量充足;电解液处于绿色区域,说明电量比较充足;电解液处于红色区域则蓄电池必须充电,如图 3.10 所示。

方法二:通过使用高率放电计检测蓄电池空载开路电压来检查放电程度。

早期使用的高率放电计只能检测单格放电电池电压,这里介绍新式高率放电计,将点火开关置于关闭状态,按压高率放电计测试开关并保持 5 s 后放开,待测试仪上的指针静止不动后读出读数,如图 3.11 所示,此读数即为蓄电池的端电压,如果电压小于 12 V,则需要对蓄电池进行维护;如电压小于 11 V,则需更换蓄电池。

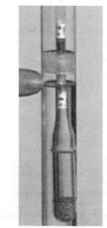

图 3.10 密度计测量放电程度

图 3.11 高率放电计检测蓄电池空载开路电压读数

**3. 检查蓄电池开路端电压**

蓄电池开路端电压检查如图 3.12 所示。拆卸蓄电池正负连接线,使用万用表直流电压 20 V 挡,万用表红表笔接触蓄电池正极,黑表笔接触蓄电池负极,测量读取数值。当蓄电池电压不低于 12 V 时,蓄电池正常;当蓄电池电压低于 12 V 时,蓄电池需要保养充电。

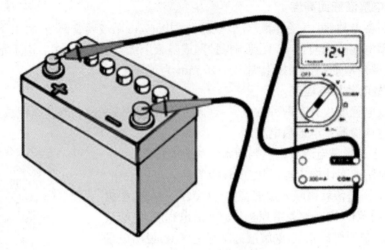

图 3.12 蓄电池开路端电压检查

**4. 检查蓄电池极柱连接状态**

将电压表正表笔接到蓄电池的正极柱上,电压表负表笔接到正极柱电缆线的线夹上,接通启动机,使启动机带动发动机工作,这时电压表的读数不得大于 0.5 V,否则说明极柱与线夹接触不良,将产生启动困难。当极柱与线夹接触不良时,若是极柱表面氧化,应清除氧化物;若是接触松动,应重新紧固线夹。

**5. 测试启动性能**

用力将高率放电计触针压紧蓄电池正、负极,保持 5 s,如果蓄电池端电压保持在 9.6 V 以上,说明蓄电池性能良好。

**(三)蓄电池充电种类**

**1. 初充电**

初充电是指新蓄电池或修复后的蓄电池首次充电,它影响着蓄电池的使用性能,通过初充电可恢复极板上部分活性物质因缓慢硫化和自放电而失去的能量。特点是充电电流小、时间长、电化学反应充分,过程如下。

(1)加注电解液

对于新电池来说,出厂时没有装电解液,在充电前,应先加入一定密度的电解液,使液面高出极板上沿 15 mm,静置 3~6 h,待温度低于 35 ℃时,才能进行充电。

(2)初充电

将蓄电池接入充电机,可进行充电,为避免新蓄电池可能的硫化造成充电过热,初充电一般应选用较小的电流。充电电流要按规范进行,见表 3.1。充电分两个阶段:第一阶段,充电电流约为额定电流 1/15,充电至电解液中有气泡逸出,且单格电压为 2.4 V。第二阶段充电电流减半,充电至电解液沸腾,密度和端电压连续 3 h 不变时为止。全部初充电时间为 60~70 h。

表 3.1 初充电规范

| 型号 | 初充电 | | | |
|---|---|---|---|---|
| | 第一阶段 | | 第二阶段 | |
| | 电流 $I_c$(A) | 时间 $t_c$(h) | 电流 $I_c$(A) | 时间 $t_c$(h) |
| 3-Q-75 | 5 | 25～35 | 3 | 20～30 |
| 3-Q-90 | 6 | | 3 | |
| 3-Q-105 | 7 | | 4 | |
| 3-Q-120 | 8 | | 4 | |
| 3-Q-135 | 9 | | 5 | |
| 3-Q-150 | 10 | | 5 | |
| 3-Q-195 | 13 | | 7 | |

（3）注意事项

初充电完毕,应测量电解液密度,如不符合规定,应使用蒸馏水或密度为 1.4 g/cm³ 的电解液进行调整,再充电 2 h。如仍不符合要求,再调整,再充电,直至符合要求。在充电过程中,如果电解液温度上升至 40 ℃,应将充电电流减半或停止充电,待电解液温度下降后再进行充电。

**2. 补充充电**

蓄电池容量不足时,应进行补充充电,在下列情形下需要进行补充充电。

① 当电解液密度下降到 1.150 g/cm³ 以下或电解液不足补充蒸馏水后。
② 冬季放电超过 25%,夏季放电超过 50% 时。
③ 灯光比平时暗淡。
④ 启动机运转无力。
⑤ 按喇叭声音较小。
⑥ 蓄电池放置时间超过一个月。

补充充电按照表 3.2 所示规范进行,也分为两个阶段:第一阶段,充电电流约为额定电流 1/10,充电至单格电压为 2.4 V。第二阶段充电电流约为额定电流 1/20,充至单格电压为 2.5～2.7 V,电解液密度恢复到额定值,且 3 h 保持不变。全部初充电时间为 13～16 h。

补充充电完,与初充电一样检查电解液密度。

**3. 预防硫化过充电**

为防止硫化,每隔 3 个月应当进行一次预防硫化过充电。方法是采用补充充电方法将蓄电池充足,中断 1 h,再用一半补充充电电流充至沸腾。以上步骤重复进行,直至一充电蓄电池就沸腾。

表 3.2 补充充电规范

| 型号 | 补充充电 | | | |
|---|---|---|---|---|
| | 第一阶段 | | 第二阶段 | |
| | 电流 $I_c$(A) | 时间 $t_c$(h) | 电流 $I_c$(A) | 时间 $t_c$(h) |
| 3-Q-75 | 7.5 | 10~11 | 4 | 3~5 |
| 3-Q-90 | 9 | | 5 | |
| 3-Q-105 | 10.5 | | 5 | |
| 3-Q-120 | 12.0 | | 6 | |
| 3-Q-135 | 13.5 | | 7 | |
| 3-Q-150 | 15.0 | | 7 | |
| 3-Q-195 | 19.5 | | 10 | |

**4. 去硫化充电**

对于轻微硫化的蓄电池,可采用去硫化充电方法加以消除,方法如下:

① 按 20 h 放电使用率将蓄电池放完电。

② 倒出电解液,加入蒸馏水冲洗数次,再加入蒸馏水,用初充电电流进行充电。当密度上升到 1.15 $g/cm^3$ 时,倒出电解液,再一次加入蒸馏水继续充电。如此反复进行,直至密度不再上升。

③ 加入正常密度电解液,按照初充电方法将蓄电池充足电。

④ 以 20 h 放电率放电检查蓄电池容量,如容量达到额定容量的 80% 以上,说明硫化已基本消除,可以使用。

**(四)蓄电池充电方法**

蓄电池充电方法通常有三种:定流充电、定压充电、脉冲快速充电,所使用的设备为充电机。

**1. 定流充电**

定流充电是在充电过程中,使充电电流保持恒定的充电方法,恒定不是指充电电流一直不变,而是指充电电流阶段性恒定。

此方法应用广泛,如初充电、补充充电和去硫化充电等。整个充电时间为 13~16 h。

① 应注意事项:为保持 $I_c$ 恒定,充电电压应随时调整。当单格蓄电池端电压上升到 2.4 V 时,电解液开始冒气泡,此时将充电电流减半,直到蓄电池充足电。

② 额定电压及额定容量不同的电池可串联在一起充电,串联的单格电池总数最多为 $n=U_e/2.7$,其中,$U_e$ 为充电机额定电压,2.7 V 为单格充电电压。

**2. 定压充电**

在充电过程中,使充电电压保持恒定的充电方法为定压充电。

汽车上发电机对蓄电池的充电为定电压充电,此方法适合补充充电,不适合初充电和去硫化充电。

其优点是充电速度快,充电时间短,随着蓄电池电动势的不断增高,充电电流逐渐减小,充电结束,充电电流自动减小至零。

不足之处在于充电电流大小不能调整,不能保证蓄电池彻底充足电。

相同额定电压的蓄电池并联一起充电时,充电电压大小为支路单格数 $n\times2.5$ V。整个充电时间为 4~5 h。

**3. 脉冲快速充电**

脉冲快速充电为循环充放电,即正脉冲充电→停充→负脉冲放电或反充→再停充→再正脉冲充电……直至充足电。其中,正脉冲充电为定流充电,电流为 $(0.8\sim1)C_{20}$,使蓄电池容量为额定容量 60%,蓄电池单格端电压为 2.4 V;停充时间为 25 ms;负脉冲放电或反充时间为瞬间,负脉冲电流峰值为 1.5~3 倍的正向充电电流;再停充时间为 25 ms。

整个充电时间为 5~6 h。

这种方法充电,除了具有时间短的优点外,还具有"去硫化"作用,不足之处,是易使活性物质脱落,对蓄电池的使用寿命会有一定影响。

**4. 充电机使用**

常用的充电设备有硅整流充电机、晶闸管整流充电机等。充电前,将充电机的正极(红色)、负极(黑色)分别接蓄电池正、负极,根据需要,选择充电方法,按照要求进行充电。

**(五)蓄电池常见故障及排除**

蓄电池常见故障包括内部故障和外部故障,外部故障有外壳裂纹、极柱腐蚀、极柱松动、封胶干裂;内部故障有极板硫化、活性物质脱落、极板栅架腐蚀、极板短路、自行放电、极板拱曲。外部故障比较明显此处不再赘述,下面介绍内部故障。

**1. 极板硫化及排除**

极板上生成白色的硫酸铅粗晶粒的现象称极板硫化。

(1) 危害

它阻碍了电解液的扩散与渗透,使蓄电池内阻增大,以致不能给启动机提供足够大的启动电流,导致启动困难甚至启动不了发动机。

(2) 现象

发生硫化后,现象为:如果是轻度硫化,蓄电池内阻增大,容量变小;如果是严重硫化,充放电异常,充电时,单格电池电压高,可达 2.8V 以上,电解液密度上升慢,温度上升快,过早出现沸腾现象,放电时,内阻显著增大,电压迅速下降,不能持续供给电流。

(3) 原因

原因一:蓄电池长期充电不足或放电后未及时充电,当温度变化时,硫酸铅发生再结晶。

原因二:电池内液面太低,使极板上部与空气接触而发生氧化(主要是负极板)。

原因三:电解液相对密度过高、电解液不纯、外部气温剧烈变化等也会促进硫化。

原因四:新电池初充电不彻底。

(4) 故障排除

对于轻度硫化,可采用这样几种方法进行排除:用小电流长时间充电,即过充电;用全放、全充的充放电循环进行使活性物质还原;用去硫充电的方法消除硫化。

对于严重硫化的蓄电池应予以报废。

(5) 预防

预防措施有:保持蓄电池经常处于充满电状态;蓄电池放完电应及时补充充电;经常检查电解液液面和密度,使之符合要求。

**2．自放电及排除**

在无负载的静态下,蓄电池电量自动消失的现象称为自放电。自放电有两种情况,一种情况为正常自放电,一昼夜电量损失不超过0.7%;另一种情况为故障性自放电,一昼夜自行放电量为2%~3%或更高。

(1) 原因

正常自放电原因:由正负极板上活性物质自发溶解和还原成为硫酸铅,且硫酸浓度大,反应速度也会增大;由于极板上活性物质和栅架材料不同,电解液中会产生不同电位,形成局部电池放电;由于蓄电池长期不用,硫酸会下沉,从而造成电解液上部和下部浓度不同,在同一块极板的上下部分会形成电位差而形成自行放电。

故障性放电的原因:电解液杂质含量过多,不纯;蓄电池内部短路;蓄电池盖上洒有电解液。

(2) 故障排除

为排除自放电,应将电解液倒出,取出极板组和隔板,用蒸馏水冲洗极板和隔板,重新装上极板和隔板,再加入新电解液重新充电。

**3．极板短路**

(1) 现象

充电过程中,电解液温度迅速上升,电压与电解液相对密度上升缓慢。放电时,蓄电池容量明显下降。

(2) 原因

隔板质量不好;极板弯曲或有杂质使正负极板相接触;活性物质在蓄电池底部沉积过多。

(3) 故障排除

拆开蓄电池,查明原因,进行清洗或更换极板。

**4．活性物质脱落**

(1) 现象

充电时,有棕色物质自底部上升,电解液混浊,电压上升快,过早出现沸腾现象;放电时,蓄电池容量明显下降。

(2) 原因

充电电流过大,过充时间过长;低温大电流放电;蓄电池固定不牢,受到剧烈振动;电液密度过大,腐蚀栅架。

(3) 故障排除

拆开蓄电池,进行清洗。如果活性物质脱落较少,则封装后再用;如果活性物质脱落较多,则需更换极板。

## 二、学生实操训练

### (一) 训前准备

**1．学生分组**

学生按照3~4人一组进行分组,每组内按照实训要求进行分工,主要有工具准备、测量、故障分析推导等工作。

**2．记忆强化**

通过教师提问、小组讨论、相关视频播放等形式,进一步强化学生的拆装、检测能力。

问题:
① 简述汽车蓄电池拆卸与安装步骤。
② 蓄电池使用中的技术状况的检查有哪些?分别如何检查?
③ 如何用充电机对蓄电池进行补充充电?
④ 蓄电池常见故障有哪些?如何排除?

**3．实训场地及工具**

① 在汽车电器实训室按照分组准备好实训场地。

② 准备好奇瑞 A3 车:将汽车停驻在举升机中央位置;拉紧驻车制动器操作杆,并将变速杆置于空挡位置;套上转向盘护套、变速杆手柄套、座位套,铺设脚垫;在车内拉动发动机舱盖手柄;在车外打开发动机舱盖;粘贴翼子板和前格栅磁力护套。

③ 故障设置:使用已经正常放过电的蓄电池,其他系统正常。

④ 准备相关工具、量具:组合工具、高率放电计、数字万用表、扭力扳手、钳子、电解液密度计、转向盘护套、变速杆手柄套、座位套、脚垫、翼子板和前格栅磁力护套。

**(二)蓄电池拆卸与安装实训**

根据前面蓄电池拆卸与安装导训部分介绍,在教师或视频演示指导下进行实训。

**(三)蓄电池使用中技术状况的检查**

根据前面蓄电池检查导训部分的介绍,在教师或视频演示指导下进行实训。

**(四)蓄电池自放电及排除**

按照已经分好的小组,让学生制订维修计划,计划包括:资讯、查阅维修手册进行原因分析(诊断方案)、故障点确认(实施诊断方案)、故障排除等。

**1．资讯**

资讯见表 3.3。

表 3.3 维修车辆登记表

| | | | | |
|---|---|---|---|---|
| 基本信息 | 车　主 | | 电　话 | |
| | 性　别 | | 检修日期 | |
| | 车　型 | | 保养次数 | |
| | 底盘号 | | 行驶里程 | |
| 使用状况 | 道　路 | | | |
| | 载　荷 | | | |
| 故障日期 | | | | |
| 用户对故障描述 | | | | |
| 故障现象确认 | | | | |
| 故障原因分析 | | | | |

## 2. 查阅维修手册对蓄电池进行检查

按照维修手册进行检查。

## 3. 故障确认

按照表 3.4 所示进行故障确认。

表 3.4 故障确认

| 序号 | 检查项目 | 正常与否 |
|---|---|---|
|  |  |  |
|  |  |  |
|  |  |  |

## 4. 故障排除

按照表 3.5 所示进行故障排除。

表 3.5 故障排除

| 序号 | 故障原因 | 修复方法 |
|---|---|---|
|  |  |  |
|  |  |  |
|  |  |  |
|  |  |  |

## 5. 废料和废品处理

对实训产生的废料和废品进行处理。

（五）学生撰写实训报告

学生在实训完成后，撰写实训报告。

（六）实训结果评价

对实训后的结果进行评价。

 拓展提升

结合所学内容，通过问题法引导同学们扩展知识、展开想象，提升创新能力。

问题：

① 除了常用的 12 V 蓄电池外，汽车上还有其他蓄电池吗？

② 汽车蓄电池技术会朝什么方向发展？

③ 汽车蓄电池生产厂家、产品及使用注意事项有哪些？

阅读导航：

① 阅读百度上相关内容。

② 阅读奇瑞 A3 车维修手册。

**任务反馈**

请将评价反馈填入表3.6。

表3.6 任务评价反馈表

| 项目名称 | | | | | | | | |
|---|---|---|---|---|---|---|---|---|
| 学生基本信息 | 姓 名 | | 学 号 | | 班 级 | | | |
| | 组 别 | | 时 间 | | 成 绩 | | | |
| 考核能力 | 考核项目 | 评分标准 | 分数 | 学生自评 | 小组互评 | 教师评价 | 平均分小计 | |
| 专业能力 | 理论知识 | 是否正确 | 25 | | | | | |
| | 实践知识 | 是否正确 | 20 | | | | | |
| | 实践操作 | 是否正确 | 25 | | | | | |
| 社会能力 | 团队合作 | 是否和谐 | 5 | | | | | |
| | 劳动纪律 | 是否严格遵守 | 5 | | | | | |
| | 沟通讨论 | 是否积极 | 5 | | | | | |
| 方法能力 | 制订计划 | 是否合理 | 5 | | | | | |
| | 学习新技术能力 | 是否具备 | 5 | | | | | |
| | 总结能力 | 能否正确总结 | 5 | | | | | |

## 任务二 发电机基本结构、工作原理及检修方法

**任务引入**

汽车用发电机是什么样的结构？如何工作的？常见故障有哪些？如何检测、维修与更换？

**理论知识导学和师生互动讨论**

### 一、理论知识导学

（一）发电机结构与工作原理

各种汽车用发电机的结构和工作的原理都差不多，图3.13所示分别为奇瑞A3和实训室的车用发电机,发电机结构如图 3.14 所示,主要由转子、定子、整流器、调节器、皮带轮、风扇、端盖等部件组成。

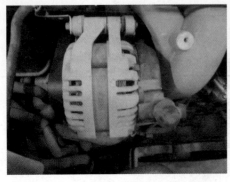
(a) 奇瑞A3用发电机

(b) 实训室用发电机

图 3.13　汽车用发电机

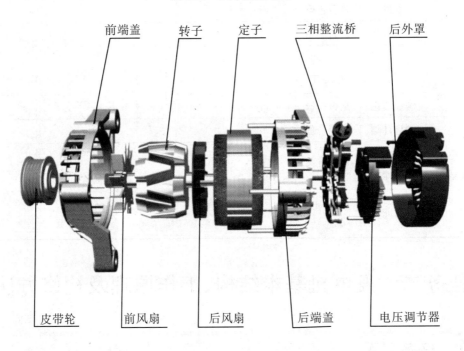

图 3.14　汽车用发电机结构

**1. 汽车用发电机结构**

(1) 转子

转子是交流发电机的磁场部分,主要由两块爪极、磁场绕组、转子轴和滑环、磁轭、磁场线组等组成,如图 3.15 所示。两块爪极均有 6 个鸟嘴形磁极,磁轭在爪极的空腔内,其上绕有磁场绕组(又称励磁绕组或转子线圈)。磁场绕组的两引出线分别焊在与轴绝缘的两个滑环上,滑环与装在后端盖上的两个电刷接触。当两电刷与直流电源接通时,磁场绕组中便有电流通过,产生轴向磁通,使得一块爪极被磁化为 N 极,另一块爪极被磁化为 S 极,从而形成了 6 对相互交错的磁极,实物如图 3.16 所示。

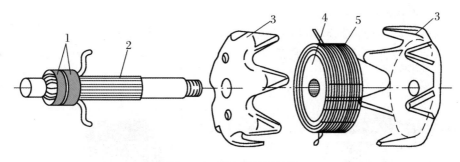

图 3.15 发电机转子结构

1. 滑环；2. 转子轴；3. 爪极；4. 磁轭；5. 磁场绕组

（2）定子

定子由定子铁芯和定子绕组组成。定子铁芯由相互绝缘的内圆带嵌线槽的圆环状硅钢片叠成，三相对称的定子绕组嵌入嵌线槽。三相对称的定子绕组有星形（Y形）、三角形（△形）两种连接方式，一般采用星形连接，即每相绕组的首端分别与整流器二极管相接，每相绕组的尾端接在一起，形成中性点 N，实物如图 3.17 所示。

图 3.16 发电机转子实物

图 3.17 发电机定子实物

（3）整流器

发电机整流器实物如图 3.18 所示，一般由 6 只整流二极管及其散热板所组成，整流二极管有正极管和负极管之分，引出线为二极管正极的称为正极管，引出线为二极管负极的称为负极管。整流器作用是将发电机定子绕组产生的三相交流电变换为直流电。

（4）调节器

当发电机转速变化时，调节器用来自动控制发电机输出电压，使其保持恒定，调节器实物如图 3.19 所示。

图 3.18 发电机整流器实物

图 3.19 发电机调节器实物

（5）皮带轮及风扇

皮带轮及风扇实物如图3.20所示，皮带轮装在发电机前端，由发动机驱动发电机旋转；在皮带轮的后面装有叶片式风扇，前后端盖上分别有出风口和进风口，用以对发电机进行冷却。

风扇

皮带轮

图3.20　发电机皮带轮及风扇实物

（6）前、后端盖

前端盖、后端盖均由非导磁材料铝合金制成，漏磁少，并具有轻便、散热性能好等优点。在发电机前端盖前安装有V带轮和风扇，发动机通过V带带动发电机带轮和转子转动，风扇用来散热。在后端盖上装有电刷组件和调节器。

（7）电刷组件

如图3.21所示，电刷组件由电刷、电刷架和电刷弹簧组成。

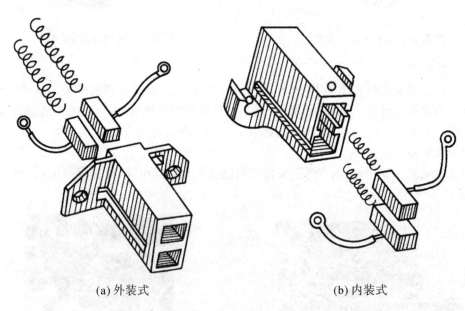

(a) 外装式　　　　　　　　　　(b) 内装式

图3.21　电刷组件

**2．发电机工作原理**

发电机工作包括发电、整流、调压，电路还要设置保护和工作状态指示等。

(1) 发电原理

发电机发电原理如图 3.22 所示,当外加的直流电压作用在励磁绕组两端点的接线柱之间时,励磁绕组中便有电流通过,产生轴向磁场,两块爪形磁极磁化,形成了 6 对相间排列的磁极。磁极的磁力线经过转子与定子之间的气隙、定子铁芯形成闭合磁路。

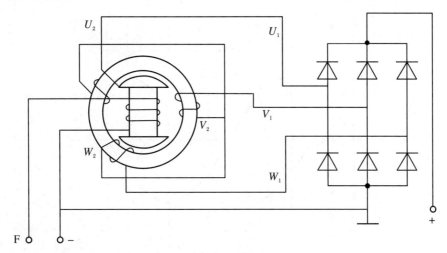

图 3.22 发电机发电原理

当转子旋转时,磁力线和定子绕组之间产生相对运动,在三相绕组中产生交流电动势,分别为:

$$\begin{cases} e_U = E_m \sin\omega t = \sqrt{2} E_\Phi \sin\omega t \\ e_V = E_m \sin\left(\omega t - \dfrac{2}{3}\pi\right) = \sqrt{2} E_\Phi \sin\left(\omega t - \dfrac{2}{3}\pi\right) \\ e_W = E_m \sin\left(\omega t - \dfrac{4}{3}\pi\right) = \sqrt{2} E_\Phi \sin\left(\omega t - \dfrac{4}{3}\pi\right) \end{cases} \quad (3.1)$$

相应的波形如图 3.23 所示,由于三相绕组是对称绕制的,所以产生的三相电动势也是对称的。

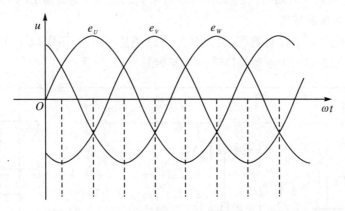

图 3.23 发电机产生的三相交流电

每相绕组的电动势见公式 3.2,其有效值的大小和转子的转速及磁极的磁通成正比。

$$E_\Phi = Cn\Phi \quad (3.2)$$

式中：$E_\Phi$ 为电动势的有效值；$C$ 为电机常数；$n$ 为转子的转速；$\Phi$ 为磁极磁通。

(2) 整流原理

在汽车发电机中，利用 6 只二极管组成的三相桥式全波整流电路将三相交流电整流变为直流电，如图 3.24 所示。

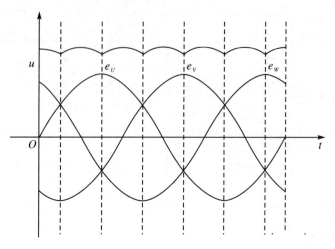

图 3.24 整流原理

(3) 发电机的励磁方式

发电机的励磁方式有他励和自励两种。汽车上发电机必须与蓄电池并联，在发动机启动时，由蓄电池给发电机提供励磁电流使发电机发电，这种方式称为他励发电；当发电机有能力对外供电时，发电机励磁电流由自己提供，这种方式称为自励发电。

**3. 调节器原理**

(1) 调节器基本原理

硅整流发电机输出的直流电压 $U$ 正比于交流发电机的感应电动势 $E_\Phi$，由 $E_\Phi = Cn\Phi$ 可知：当转速升高时，要保持 $E_\Phi$ 恒定，需减小 $\Phi$，而 $\Phi$ 同励磁电流 $I_f$ 成正比，所以电压调节器调压原理为：在发电机转速升高时，通过自动减小电流 $I_f$ 以达到发电机输出电压不变的目的。

(2) 晶体管电压调节器

虽然晶体管电压调节器种类繁多，但其工作原理基本相同，下面以 JFT106 型晶体管调节器为例说明其原理，JFT106 型晶体管调节器如图 3.25 所示。

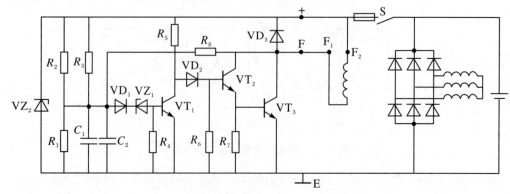

图 3.25 JFT106 型晶体管调节器原理图

当接通点火开关时，$R_5$、$VD_5$、$R_6$构成通路，使$VT_2$、$VT_3$导通，发电机处于他励状态，发动机带动发电机转速升高，当发电机端电压高于蓄电池端电压时，发电机由他励转为自励，在发电机输出电压达到调节电压之前，$VT_1$一直截止，当转速升高到使发电机端电压升高到调节电压时，$R_1$分压使$VZ_1$导通，从而$VT_1$导通，$VT_2$、$VT_3$截止，切断了发电机磁场电流，发电机输出电压下降。当发电机端电压降到调压值以下时，$R_1$两端电压下降，使$VT_1$截止，$VT_2$、$VT_3$导通，发电机电压又上升，以后重复。

(3) 集成电路电压调节器

集成电路调节器与晶体管调节器工作原理完全一样，是利用晶体管的开关特性来控制发电机的励磁电流，使发电机输出电压保持恒定。根据所检测的电压不同将集成电路调节器分为发电机电压检测法和蓄电池电压检测法，如图3.26所示。

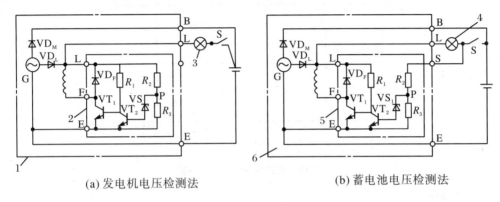

(a) 发电机电压检测法　　　　　　(b) 蓄电池电压检测法

图3.26　集成电路调节器

在发电机电压检测法中，接通点火开关S后，$U_{PE}$较小，$VT_2$截止，$VT_1$导通，此时为他励状态，电路为：蓄电池正极→点火开关S→充电指示灯→励磁绕组→$VT_1$→蓄电池负极（搭铁），充电指示灯亮。随着发动机转速升高，当发电机输出电压大于蓄电池电动势时，发电机向蓄电池充电，励磁方式由他励变为自励，电路为：发电机二极管$VD_L$→励磁绕组→$VT_1$→蓄电池负极（搭铁），充电指示灯熄灭。当发电机电压达到调整值时，$U_{PE}$大于调整值时，$VT_2$导通，$VT_1$截止，使励磁电流减小，发电机输出电压$U_{BE}$随之减小，则$VT_2$又截止，$VT_1$又导通，产生励磁电流，如此不断重复。二极管$VD_F$起续流作用，保护$VT_1$。

发电机电压检测法与蓄电池电压检测法原理差不多，这里不再叙述。

### 4. 交流发电机的工作特性

交流发电机转速变化范围大，对于一般汽油发动机来说，其转速变化比约为1∶8，柴油机约为1∶5，汽车用交流发电机特性分析是以转速的变化为基础的。交流发电机的特性有输出特性、空载特性、外特性，其中以输出特性最为重要。

(1) 输出特性

输出特性是指在发电机保持输出电压一定时，发电机的输出电流与转速之间的关系，也称负载特性或输出电流特性。

一般对标称电压为12 V的硅整流发电机，其输出电压恒定在14 V，对标称电压为24 V的发电机，其输出电压恒定在28 V。通过试验可以测得输出特性曲线如图3.27所示。

$n_1$为空载转速，表示发电机电压达到额定值的转速，是选择发电机与发动机传动比的主要依据。$n_2$为满载转速，表示发电机功率达到额定值的转速，是判断发电机技术性能优劣的重要指标之一。对于空载转速值 $n_1$ 和满载转速值 $n_2$，发电机出厂技术说明书中均有规定。使用中，只要测得这两个数据，与设计值相比较，即可判断发电机性能是否良好。

还可以看出，当转速升到某一定值以后，发电机输出电流就不再随转速的升高和负荷的增多而继续增大，发电机本身具有限制输出电流的能力。

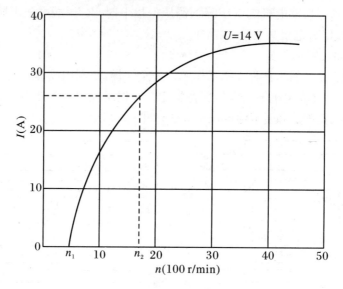

图 3.27 交流发电机的输出特性

（2）空载特性

交流发电机的空载特性是指在无负荷情况下，即 $I=0$ 时，发电机端电压与转速之间的变化规律。由试验可绘出空载特性曲线如图 3.28 所示。从空载特性曲线可以看出，随着转速的升高，端电压上升较快，由他励转入自励发电时，即能向蓄电池进行补充充电，空载特性是判定交流发电机充电性能是否良好的重要依据。

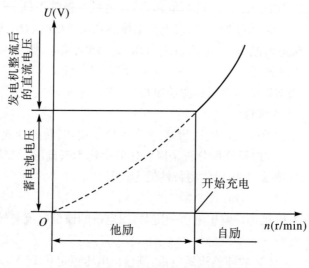

图 3.28 交流发电机的空载特性

（3）外特性

发电机外特性是指发电机转速一定时，其端电压与输出电流的关系，转速不一样，其端电压与输出电流的关系也不一样,这样,可以得到一组相似的外特性曲线,交流发电机的外特性如图3.29所示。交流发电机的转速越高,端电压也越高,输出电流也越大。

当保持在某一转速时,端电压随输出电流的增大而下降,端电压受转速和负荷变化的影响较大。因此,发电机必须配用电压调节器才能保持恒定的电压值。

如果发电机在高速运转时,突然失去负载,发电机电压会突然升高,这使发电机及调节器等内部的电子元件有被击穿的危险。

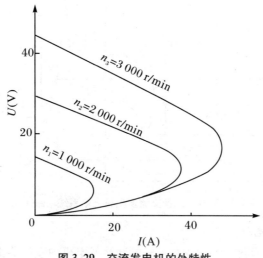

图3.29 交流发电机的外特性

#### 5．新型交流发电机

汽车用新型交流发电机主要有八管交流发电机、九管交流发电机、十一管交流发电机、无刷交流发电机。

（1）八管交流发电机

八管交流发电机如图3.30所示,在普通发电机基础上增加两个中性点二极管,提高发电机的输出功率。

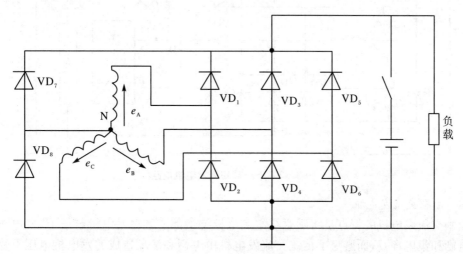

图3.30 八管交流发电机电路

（2）九管交流发电机

九管交流发电机如图3.31所示，在普通交流发电机整流的6只二极管外，又多装了3个功率较小的二极管，就组成了九管交流发电机，3个功率较小的二极管专门用来供给磁场电流，又叫磁场二极管。

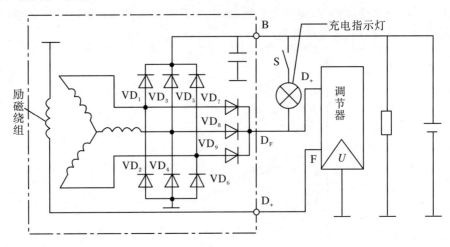

图3.31　九管交流发电机充电系统电路

（3）十一管交流发电机

十一管交流发电机如图3.32所示，十一管交流发电机的整流器由6只大功率整流二极管、2只中性点二极管和3只励磁二极管组成，其他结构和六管交流发电机的相同，它结合了八管和九管交流发电机的优点。

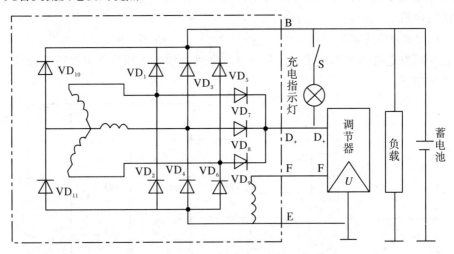

图3.32　十一管交流发电机电路

（4）无刷交流发电机

无刷交流发电机的特点是将励磁绕组和电枢绕组都安装在发电机定子上，发电机内部没有电刷和集电环，从而避免了传统交流发电机由电刷和滑环造成的发电机电压不稳或不发电。车用无刷交流发电机主要有爪极式无刷交流发电机、感应子式无刷交流发电机等。

爪极式无刷交流发电机结构与普通交流发电机大致相同，国产JFW14X型爪极式无刷交流发电机外形及其分解图如图3.33所示，其结构如图3.34所示，励磁绕组是静止不动的,转子上的爪极在励磁绕组和定子铁芯之间旋转,转子旋转时,爪极形成的 N 极和 S 极的磁力线在定子绕组内交替通过,定子铁芯槽中的三相绕组就感应出交变电动势,在回路中形成三相交流电。

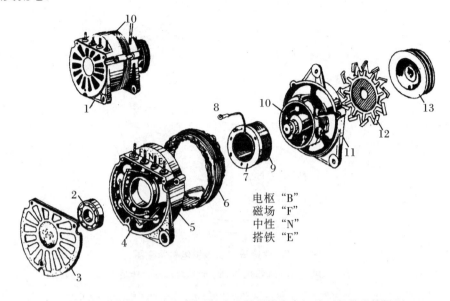

**图 3.33　国产 JFW14X 型爪极式无刷交流发电机外形及其分解图**

1. 外形;2. 后轴承;3. 防护罩;4. 元件板和硅二极管组;5. 励磁绕组支架及后轴承支架;
6. 定子总成;7. 磁轭;8. 励磁绕组接头;9. 励磁绕组;10. 爪极及转子轴总成;
11. 前端盖;12. 风扇叶;13. 传动带轮

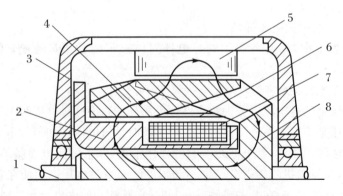

**图 3.34　爪极式无刷交流发电机结构示意图**

1. 转子轴;2. 磁轭托架;3. 后端盖;4. 爪极;5. 定子铁芯;
6. 非导磁连接环;7. 励磁绕组;8. 转子磁轭

感应子式无刷交流发电机示意图如图 3.35 所示,将励磁绕组和定子绕组均安装在定子上,定子由内圆带槽铁芯(硅钢片叠成)、定子绕组、励磁绕组组成,定子铁芯开有 12 个小槽和 4 个大槽,4 个大槽将 12 个小槽 4 等分,4 个大槽中装有 4 组励磁绕组,4 组励磁绕组相串联,12 个小槽装有电枢绕组。转子旋转时,凸齿极性及定子绕组周围磁场不断磁化,则在定子绕组中形成三相交流电。

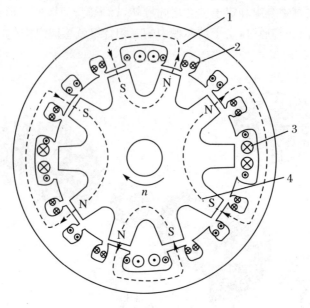

**图 3.35 感应子式交流发电机示意图**
1. 定子；2. 电枢绕组；3. 励磁绕组；4. 转子

(5) 带真空泵的交流发电机

带真空泵交流发电机的结构与普通交流发电机的基本一样，只是结构上增加了一个真空泵，发电机发电的同时把真空罐内的空气吸出来，在真空助力制动装置的真空罐内形成真空，以满足汽车制动的需要。

**6. 汽车电源系统的过电压保护**

在汽车电源系统中，为避免产生的过电压对电路产生的不良影响，需要对电路进行保护。

(1) 过电压的产生及危害

汽车电源系统中的过电压可分为瞬变性过电压和非瞬变性过电压两大类。

瞬变性过电压是指电源系统工作时所出现的瞬时性过电压。如当蓄电池出现连接松动或其电柱接头腐蚀等现象时，蓄电池对电路的作用消失，车上的用电设备均由发电机供电，此时若切断负载，在发电机两端就会产生不同程度的瞬变过电压。即使在蓄电池正常的情况下，由于感性元件的存在，在开关或触点断开时，在感性元件中也会产生瞬变电压。

非瞬变性过电压是由于调节器失控而造成的发电机电压过高现象。

过电压往往会造成电器设备的损坏，也会使蓄电池不能正常使用。

(2) 汽车电源系统的过电压保护

目前，常用的汽车电源系统过电压保护办法有：稳压管保护、稳压管继电器保护电路、晶闸管保护电路。

稳压管保护是将稳压管反向并联于需保护的电路上，如图 3.36 所示。

稳压管继电器保护电路如图 3.37 所示，当发生过电压时，稳压管反向导通，继电器触点闭合，过电压直接到搭铁。此时磁场电流减小，使得发电机电压下降，当过电压消失时，稳压管截止，继电器触点再次打开。

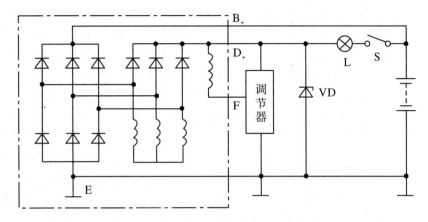

图 3.36 稳压管保护电路

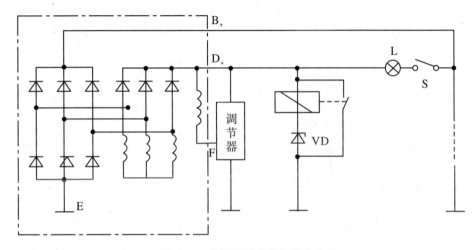

图 3.37 稳压管继电器保护电路

晶闸管保护电路是利用晶闸管门极控制晶闸管导通的原理对过电压进行控制的。

**7. 充电指示灯控制电路**

现代汽车大部分采用充电指示灯来表示电源系统的工作状况,也有用电流表指示蓄电池充、放电的。大多数汽车是接通点火开关时,充电指示灯亮,而发动机启动后,交流发电机工作正常时,充电指示灯熄灭。发动机正常工作时,充电指示灯不熄灭或突然发亮,则表示充电系统有故障。

充电指示灯常有四种控制方法:一是利用交流发电机中性点进行控制;二是利用磁场二极管进行控制;三是利用二极管进行控制;四是利用集成电压调节器进行控制。

在利用交流发电机中性点进行控制的电路中,利用交流发电机三相绕组 Y 形接法时的一个中性点 N 的电压高低进行控制,国产 FT126 型双联调节器线路如图 3.38 所示,当接通点火开关 S 时,有两条通路分别控制充电指示灯和励磁电流:充电指示灯亮,控制为蓄电池正极→电流表→点火开关 S→充电指示灯 HL→接线柱 L→上衔铁→常闭触点 $K_2$→搭铁→蓄电池负极。励磁电流控制蓄电池正极→电流表→点火开关 S→接线柱 IG→磁轭、衔铁→触点 $K_3$→磁场接线柱 F→励磁绕组→搭铁→蓄电池负极。发电机启动后,在他励状态下交流发电机电压升高,当电压接近充电电压时,中性点电压使线圈 $Q_1$ 吸引衔铁,使得 $K_2$ 打开、$K_1$ 闭合。$K_2$ 打开,切断了充电指示灯的电路,指示灯熄灭,表示正常充电;$K_1$ 闭合时,接通了电压调节器的磁化线圈 X 的电路。当发电机电压达到规定值时,在磁化线圈 X 的作用下,使 $K_3$ 打开,加速电阻 $R_1$ 和调节电阻 $R_2$ 串入磁场电路,使磁场电流减小,发电机电压下降。当电压小于规定值时,$K_3$ 重新闭合,电压又升高,如此反复,将电压控制在规定值范围内。

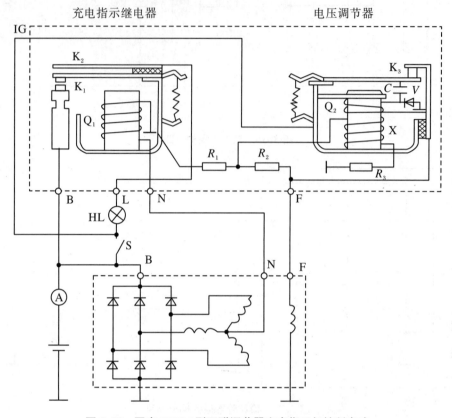

图 3.38 国产 FT126 型双联调节器充电指示灯控制电路

在利用磁场二极管进行控制的电路中,如图 3.39 所示,接通点火开关,电流流向为:蓄电池"+"极→点火开关 S→充电指示灯 HL→调节器接线柱"+"极→磁场接线柱 F→发电机

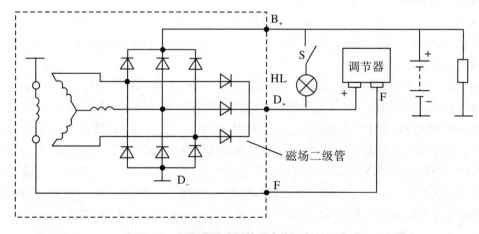

图 3.39 利用磁场二极管充电指示灯控制电路

励磁绕组→搭铁→蓄电池"一"极,充电指示灯 HL 亮,表示不充电。发动机启动后,充电指示灯 HL 受蓄电池电压和励磁二极管输出端 $D_+$ 电压差值控制,当发电机转速升高时,$D_+$ 电压升高,充电指示灯两端电压减小,灯变暗,直至熄灭,$B_+$ 和 $D_+$ 等电位时,充电指示灯一直熄灭,表示发电机对蓄电池充电。

利用二极管进行控制如图 3.40 所示,利用二极管的单向导电特性控制充电指示灯。

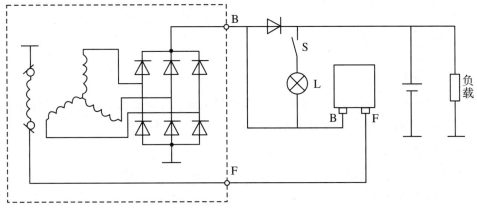

图 3.40　利用二极管充电指示灯控制电路

利用集成电压调节器充电指示灯控制电路如图 3.41 所示,调节器 IG 端经点火开关接至蓄电池,用于检测蓄电池和发电机电压,从而控制三极管 $VT_2$ 导通与截止,控制发电机磁场电路。调节器 P 端接到发电机定子绕组某一相上,该点电压为发电机直流输出电压一半,单片 IC 从 P 端检测到发电机电压,控制三极管 $VT_1$ 导通与截止,从而控制充电指示灯。

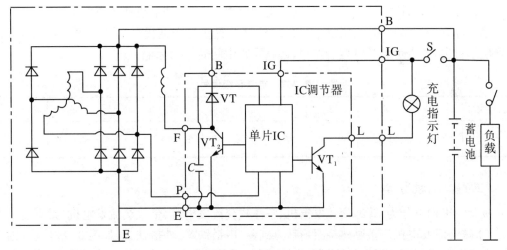

图 3.41　利用集成电压调节器充电指示灯控制电路

## 二、理论知识师生互动讨论

将学生分组,对照相关图,开展小组内、小组之间及师生之间提问及讨论。
① 汽车发电机由哪几个部分组成? 各自的作用分别是什么?
② 简述汽车发电机发电和整流的原理。
③ 简述汽车发电机的调压原理。

④ 新型车用发电机由哪些部分组成？
⑤ 汽车电源系统的过电压保护电路有哪些？如何理解？
⑥ 充电指示灯控制电路有哪些？如何理解？

# 实践知识导学和师生互动讨论

## 一、实践知识导学

### （一）发电机用途

汽车用发电机的主要用途：发电机是汽车电器系统的主要电源，由汽车发动机驱动，在正常工作时，它对除启动机以外的所有用电设备供电，并向蓄电池充电。

### （二）发电机型号

根据国家汽车行业标准《汽车电器设备产品型号编制方法》(QC/T73—1993)规定，发电机型号由5个部分组成。

第一部分为产品代号，用2或3个汉语拼音大写字母表示，交流发电机的产品代号有JF、JFZ、JFB、JFW四种，分别表示交流发电机、整体式交流发电机、带泵交流发电机和无刷交流发电机，J、F、Z、B、W分别表示交流、发电机、整体、泵、无刷意思。

第二部分为电压等级代号，用1位阿拉伯数字表示：1表示12 V；2表示24 V；6表示6 V。

第三部分为电流等级代号，用1位阿拉伯数字表示(表3.7)。

第四部分为设计序号，用1~2位阿拉伯数字表示，表示产品设计的先后顺序。

第五部分为变型代号，交流发电机以调整臂位置作为变型代号，从驱动端看，Y表示调整臂位于右边，Z表示调整臂位于左边，调整臂在中间时不加标记。

表3.7 电流等级代号

| 分组代号 | 1 | 2 | 3 | 4 | 5 | 6 | 7 | 8 | 9 |
|---|---|---|---|---|---|---|---|---|---|
| 电流等级(A) | ~19 | 20~29 | 30~39 | 40~49 | 50~59 | 60~69 | 70~79 | 80~89 | ≥90 |

### （三）发电机分类

按总体机构可分为：普通交流发电机、整体式交流发电机、带泵交流发电机、无刷交流发电机、永磁交流发电机。按励磁绕组搭铁方式分：内搭铁式、外搭铁式，如图3.42所示，内搭铁式交流发电机，其励磁绕组的两端通过电刷分别引至发电机后端盖上的接线柱，分别称为"F"（或"磁场"）和"E"（或"搭铁"）接线柱，即励磁绕组的一端在发电机的外壳上直接搭铁。外搭铁式的交流发电机，其励磁绕组两端分别引至后端盖上接线柱，一般称为"$F_1$"和"$F_2$"接线柱，且两个接线柱均与发电机的后端盖绝缘，励磁绕组需经调节器搭铁。按其装用的二极管数量不同可分为：六管交流发电机、八管交流发电机、九管交流发电机、十一管交流发电机。按冷却方式可分为：风冷式发电机、水冷式发电机。

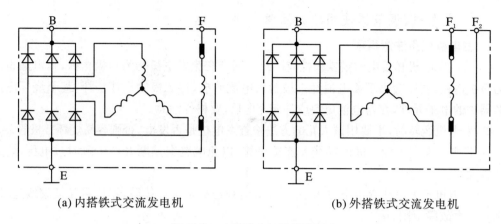

(a) 内搭铁式交流发电机　　　　　　　(b) 外搭铁式交流发电机

图 3.42　交流发电机的搭铁形式

**（四）调节器用途**

调节器是一种电压调节装置,其用途是在发电机转速变化时自动调节发电机的输出电压并使其保持稳定。

**（五）调节器型号**

根据国家汽车行业标准《汽车电器设备产品型号编制方法》(QC/T73—1993)规定,发电机调节器型号由 5 个部分组成。

第一部分为产品代号,用 2 或 3 个汉语拼音字母大写表示,代号有"FT"和"FTD"两种,分别表示发电机调节器和电子调节器,字母 F、T、D 分别为发电机、调节器、电子的汉语拼音第一个字母。

第二部分为电压等级代号与交流发电机相同,用 1 位阿拉伯数字表示:1 表示 12 V;2 表示 24 V;6 表示 6 V。

第三部分为结构代号,结构代号用 1 位阿拉伯数字表示。

第四部分为设计序号,用 1～2 位阿拉伯数字表示,表示产品设计的先后顺序。

第五部分为变型代号,用大写字母 A、B……等顺序表示,但不能用 O 和 I。

**（六）调节器分类**

按工作原理不同调节器可分为触点式电压调节器、晶体管式电压调节器、集成电路式电压调节器和电脑控制调节器。

触点式电压调节器正逐渐被淘汰,原因:结构复杂、电压调节精度低、触点火花对无线电干扰大。

晶体管式电压调节器的优点:电压调节精度高、对无线电干扰小、体积小、无运动件、耐振动、故障少、可靠性高、可通过较大的励磁电流,适合于功率较大的发电机。

集成电路式电压调节器除具有晶体管式电压调节器的优点外,还有体积小、可直接装于发电机内部、可靠性高、防潮、防尘、耐高温性能好、价格低等优点。

按所匹配的交流发电机搭铁形式不同可分为内搭铁型、外搭铁型。

在新技术方面,现在有的轿车通过车载计算机直接控制交流发电机励磁电路,从而控制发电机的输出电压,因而省去了电压调节器。

## （七）发电机、调节器使用维护注意事项

**1. 发电机使用注意事项**

① 交流发电机和蓄电池搭铁极性应一致。国产交流发电机均为负极搭铁，蓄电池也必须为负极搭铁，否则会出现蓄电池经二极管大电流放电，将二极管迅速烧坏，甚至烧坏电压调节器中的电子元件，在蓄电池更换或补充充电后，要格外注意。

② 发电机运转时，不要用试火花的方法检查发电机是否发电，否则容易烧坏二极管。

③ 发电机与蓄电池之间的导线要连接可靠，以免电路突然断开产生瞬时过电压，烧坏晶体管元件。

④ 发电机不发电或充电电流很小时，应及时找出故障加以排除，不应再长期继续运转，否则会扩大故障范围。

⑤ 在 6 只二极管与三相绕组相连接时，绝对禁止用兆欧表检查发电机的绝缘情况，因其会使二极管被击穿。

⑥ 发动机熄火后，应将点火开关（或电源开关）断开，以免蓄电池长时间向励磁绕组和电压调节器磁化线圈放电，浪费电能。

⑦ 发电机和电压调节器二者的规格型号要相互匹配。

⑧ 在更换半导体元件时，电烙铁的功率应小于 45 W，焊接时操作要迅速，并应采取相应的散热措施，以免烧坏半导体元件。

⑨ 在诊断充电系统故障时，不允许在发电机高速运转时短接调节器，这是因为如果发电机无故障，会产生高电压而损坏电器设备。

**2. 交流发电机的维护要点**

① 使用中要进行日常维护。

使用中的交流发电机要保持其外部清洁，并注意检查各接线柱有无松动的情况。

② 汽车行驶 30 000 km 左右时应对发电机进行拆检、维护。

使用高压空气吹净发电机内部的尘土，并用汽油清洗各部位存留的油垢；检查发电机各接线柱的导线是否接触良好，连接可靠；对于有刷发电机应注意检查和清洁其滑环，必要时用纱布磨平、打光，若磨损过度（电刷高度低于 7 mm），则应换用新电刷；对轴承进行维护时，发电机轴承应加注 1～3 号复合钙钠基润滑脂，且填充量不宜过多，一般为轴承空腔的 2/3，否则容易因润滑脂溢出溅落到滑环上而造成与电刷接触不良，使发电机不能正常工作。

**3. 电压调节器的正确使用**

① 电压调节器与发电机的电压等级必须一致，否则充电系统不能正常工作。

② 电压调节器与发电机的搭铁形式必须一致。

③ 电压调节器与发电机之间的电路连接必须完全正确。

④ 电压调节器必须受点火开关控制。

## 二、实践知识师生互动讨论

将学生分组，开展小组内、小组之间及师生之间提问及讨论。

① 汽车发电机、调节器的用途是什么？

② 如何通过发电机和调节器型号识别发电机和调节器的主要参数？

③ 发电机、调节器的使用维护应注意哪些问题？

**实践技能导训和学生实训**

## 一、实践技能导训

（一）发电机拆卸与安装

**1．发电机拆卸**

按照下列顺序从汽车上拆卸发电机：拆开电瓶线的负极→拆发电机上的护罩→拆下发电机上的火线和信号线→拆下固定发电机的三个螺丝→摘下发电机皮带。

**2．发电机安装**

发电机安装时按照拆卸时的相反顺序进行。

（二）交流发电机拆解与装配

**1．发电机拆解**

发电机拆解时应该做好记号，以便正确安装，拆解主要步骤如下：

① 拆下电刷和调节器。

② 拆下输出端子 $B_+$ 等紧固螺母。

③ 拆下后端盖上转子轴承防尘罩，拆下转子轴承的紧固螺母。

④ 拆下发电机 V 带轮（用拉力器）和风扇。

⑤ 拆下前后端盖。

⑥ 拆下定子总成。

⑦ 拆下整流器总成。

**2．发电机装配**

发电机装配时可按照拆解相反顺序进行。

（三）交流发电机检查与检测

**1．发电机零部件检查与检测**

（1）转子检查

转子检查包含对转子表面损伤、滑环表面平整及碳粉油污、转子断路、转子搭铁等的检查。

转子轴检查可使用百分表检查，转子断路、转子搭铁等检查可通过万用表测量电阻值来判断。

（2）定子检查

定子检查包含对定子表面损伤、绝缘、定子断路、定子搭铁等的检查。

定子断路、定子短路、定子搭铁等检查可通过万用表测量电阻值来判断，定子断路、定子短路检测时分别对三相绕组的每相绕组电阻进行测量，定子搭铁检测时使用万用表测量每相绕组与定子铁芯之间的电阻。

（3）整流器检测

整流器检测可使用万用表测量二极管正反向电阻来判断。

**2．发电机不拆解检测**

（1）发电机就车输出电压检测

检查 V 带松紧程度并调整至正常，万用表红笔接触蓄电池正极，黑表接触蓄电池负极，使用直流电压挡,打开点火开关,启动发动机,让发动机转速保持在 2 500 r/min,此时蓄电池端电压应为 14 V 左右(12 V 蓄电池)和 27 V 左右(24 V 蓄电池),说明发电机工作正常。

(2)发电机整机检测

发电机整机检测包含各接线端子之间电阻测量、输出电压波形检测、空载电压检测、满载电流检测等。

发电机各接线端子之间电阻检测:使用万用表检测"F"与"－"之间、"＋"与"－"之间、"＋"与"F"之间正反向电阻值,查阅有关手册,看是否符合要求,从而判断有没有接触不良、断路、短路现象。

输出电压波形检测:输出电压波形可使用示波器进行检测,将示波器连接到发电机 B 端子和地之间,启动发电机,观察发电机波形并记录,发电机正常波形如图 3.43 所示,凡与正常波形不一样,说明发电机有问题。

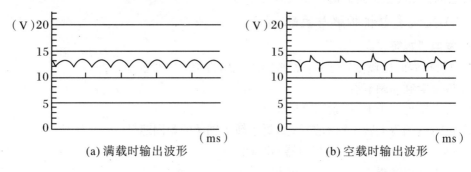

图 3.43　发电机正常波形

空载电压检测:空载电压检测可在发电机解体前在万能试验台上进行,如图 3.44 所示,先将开关 $S_1$ 闭合,励磁方式为他励,启动发电机并逐步提高转速,当电动机转速上升到 500～800 r/min 时,发电机开始自励,继续提高电动机转速,观察电压表读数变化,转速上升到额定值时,如果电压低于额定值,说明发电机有故障。

满载电流检测:满载电流检测可在发电机解体前在万能试验台上进行,如图 3.44 所示,在发电机空载转速达到额定值的情况下,接通开关 $S_2$,提高发电机转速,改变电阻 $R_P$ 阻值,增大负载电流,在发电机输出电流为额定电流情况下,其电压大于额定值,说明发电机完好,否则发电机有问题。

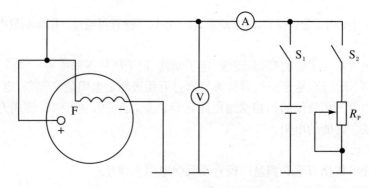

图 3.44　发电机空载电压和满载电流测试

### （四）电压调节器检测

汽车用电压调节器主要有触点式、晶体管式和集成电路式，晶体管式和集成电路式检测原理差不多，这里以3个接线端子晶体管式电压调节器为例进行说明，用直流稳压电源检查电压调节器接线如图3.45所示。

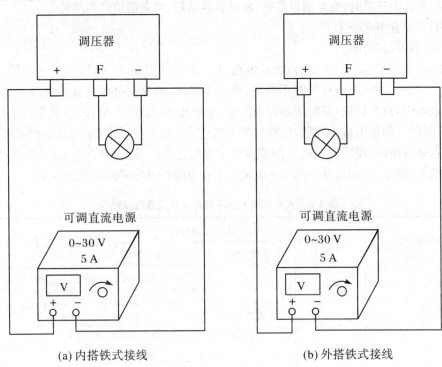

(a) 内搭铁式接线　　　　　　(b) 外搭铁式接线

图 3.45　用直流稳压电源检查电压调节器接线图

**1. 内搭铁式电压调节器检测**

准备可调直流稳压电源、小试灯，接通可调直流稳压电源并调至12 V，将直流电源"＋""－"极分别接至调节器电枢和搭铁接柱，试灯分别接至调压器电枢和磁场接柱之间，如试灯不亮，则调节器为内搭铁式调压器，将试灯改接到调节器磁场与搭铁之间，此时试灯应亮，缓慢增加直流电源电压，试灯亮度增强，当直流电源电压增至调节电压时，试灯熄灭，说明调节器性能良好，否则，调节器有问题。

**2. 外搭铁式电压调节器检测**

将直流电源"＋""－"极分别接至调节器电枢和搭铁接柱，试灯分别接至调压器电枢和磁场接柱之间，当电源电压为12 V时，如试灯亮，则调节器为外搭铁式调压器，缓慢增加直流电源电压，试灯亮度增强，当直流电源电压增至调节电压时，试灯熄灭，说明调节器性能良好，否则，调节器有问题。

如果电压调节器是4个引出端（$D_+$、B、F、$D_-$），试验时，可将 $D_+$ 与 $D_-$ 短接，再进行测试；如电压调节器有5个引出端（$D_+$、B、F、$D_-$、L），则将 L 端悬空，并将 $D_+$ 与 B 短接，再按上述方法试验即可。

### （五）充电系统故障诊断

对于大多数汽车来说，充电系统故障是根据充电指示灯来判断的，正常情况下，打开点火开关时,充电指示灯亮,启动发动机后,充电指示灯灭。

下列现象说明充电系统有故障:打开点火开关时,充电指示灯亮,发动机启动后,充电指示灯仍然亮,在发动机高速运行时,充电指示灯灭;汽车运行时,经常烧坏灯泡、熔断丝等电器设备;打开点火开关时,充电指示灯不亮;汽车运行时,发电机或传动带有异响。

**1. 打开点火开关时,充电指示灯亮,发动机启动后,充电指示灯仍然亮**

原因:汽车充电系统不充电。

诊断过程及故障排除:

首先,在发动机运转情况下,检查发电机及皮带轮,如果运转正常,拆下电瓶的正极,如果汽车马上熄火,说明发电机可能不发电;如果不熄火,测量发电机正极输出端子和地之间的电压,加油门,改变转速,看电压是否有波动,如有波动,且在12 V左右,发电机正常,否则发电机有问题。如发电机无问题,同样在拆下电瓶的正极情况下,就运行状态测电压调节器输出电压,如有电压,说明发电机及调节器输出电压正常。否则,检查充电线路,看保险丝、继电器、插头、插座、连接器等。汽车充电系统不充电分析及故障排除见表3.8。

表3.8 汽车充电系统不充电分析及故障排除

| 故障现象 | 原因 | 原因分析 | | 排除方法 |
| --- | --- | --- | --- | --- |
| | | 主要故障 | 可能原因 | |
| 打开点火开关时,充电指示灯亮,发动机启动后,充电指示灯仍然亮 | 充电系统不充电 | 发电机不发电 | 二极管坏 | 更换相同二极管 |
| | | | 电刷与集电环接触不良 | 更换电刷 |
| | | | 定子绕组或励磁绕组故障 | 修理绕组 |
| | | | 发电机皮带过松 | 调整皮带张力 |
| | | 调节器故障 | 调节电压过低 触点式 调整不当或触点接触不良 | 调整触点、清理触点 |
| | | | 调节电压过低 晶体管式 调整不当 | 重新调整 |
| | | | 不工作 触点式 高速触点烧结在一起或内部短、断路 | 更换调节器 |
| | | | 不工作 晶体管式 三极管击穿或损坏 | 更换三极管 |
| | | 充电线路、保险丝、继电器、插头、插座、连接器等损坏 | 充电线路、保险丝、继电器、插头、插座、连接器等损坏 | 检查修复 |

**2. 打开点火开关时,充电指示灯亮,发动机启动后,充电指示灯仍然亮,在发动机高速运行时,充电指示灯灭**

原因:汽车充电系统充电电流偏小。

诊断过程及故障排除:汽车充电系统充电电流偏小分析及故障排除见表3.9。

表3.9 汽车充电系统充电电流偏小分析及故障排除

| 故障现象 | 原因 | 原因分析 | | 排除方法 |
| --- | --- | --- | --- | --- |
| | | 主要故障 | 可能原因 | |
| 打开点火开关时,充电指示灯亮,发动机启动后,充电指示灯仍然亮,在发动机高速运行时,充电指示灯灭 | 汽车充电系统充电电流偏小 | 发电机发电不足 | 个别二极管故障 | 更换相同二极管 |
| | | | 电刷与集电环接触不良 | 更换电刷 |
| | | | 定子绕组或励磁绕组故障 | 修理绕组 |
| | | | 发电机皮带过松 | 调整皮带张力 |
| | | 调节器故障 | 调节器电压值调整偏低 | 调整电压值 |
| | | | 调节器触点脏污 | 清理触点 |

**3. 汽车运行时,经常烧坏灯泡、熔断丝等电器设备**

原因:汽车充电系统充电电流过大。

诊断过程及故障排除:将发动机转速控制在2 000 r/min左右,测量蓄电池两个极柱之间电压,如果大于14.5 V,说明调节器有问题,需要更换。

汽车充电系统充电电流过大分析及故障排除见表3.10。

表3.10 汽车充电系统充电电流过大分析及故障排除

| 故障现象 | 原因 | 原因分析 | | 排除方法 |
| --- | --- | --- | --- | --- |
| | | 主要故障 | 可能原因 | |
| 汽车运行时,经常烧坏灯泡、熔断丝等电器设备。 | 汽车充电系统充电电流过大 | 调节器调整值过高 | 调整不当 | 重新调整 |
| | | | 触点接触不良 | 清理触点 |
| | | 调节器不工作 | 电阻、晶体管等损坏 | 更换调节器 |

**4. 打开点火开关时,充电指示灯不亮**

对于打开点火开关时充电指示灯不亮故障,应该检查指示灯电路,主要有蓄电池、指示灯、线路、继电器等,如果完好的蓄电池在短时间内使用后就出现亏电严重,说明发电系统有问题,应检查发电机、皮带、整流器,发电机检查包括电刷、转子和定子的短路、断路,整流器中检查二极管损坏情况。

**5. 发动机在急速以上转速运转时,充电指示灯时亮时灭**

此故障原因主要有:传动带打滑、充电线路或磁场接线柱松动、发电机内部导线连接松动、电刷与集电环接触不良、调节器不稳定。

**6. 汽车运行时,发电机或传动带有异响**

此故障由发电机轴承或传动带引起,主要有:传动带打滑、轴承损坏、转子与定子之间发生碰触等。

## 二、学生实操训练

### （一）训前准备

**1. 学生分组**

学生按照3~4人一组进行分组，每组内按照实训要求进行分工，主要有工具准备、测量、故障分析推导等工作。

**2. 记忆强化**

通过教师提问、小组讨论、播放相关视频等形式，进一步强化学生对拆装方法、检测方法的掌握。

问题：

① 简述汽车发电机拆卸与安装步骤。

② 简述汽车发电机拆解与装配步骤。

③ 交流发电机检查与检测有哪些？分别如何进行？

④ 如何检测电压调节器？

⑤ 充电系统常见故障有哪些？如何检测与排除？

**3. 实训场地及工具**

① 在汽车电器实训室按照分组准备好实训场地。

② 准备好奇瑞A3或其他车辆：将汽车停驻在举升机中央位置；拉紧驻车制动器操作杆，并将变速杆置于空挡位置；套上转向盘护套、变速杆手柄套、座位套，铺设脚垫；在车内拉动发动机舱盖手柄；在车外打开发动机舱盖；粘贴翼子板和前格栅磁力护套。

③ 故障设置：设置调节器不工作故障，其他系统正常。

④ 准备相关工具、量具：组合工具、数字万用表、可调直流电源、试灯、扭力扳手、钳子、转向盘护套、变速杆手柄套、座位套、脚垫、翼子板和前格栅磁力护套。

### （二）发电机拆卸与安装

根据前面发电机拆卸与安装导训部分介绍，在教师或视频演示指导下进行实训。

### （三）交流发电机拆解与装配

根据前面交流发电机拆解与装配导训部分介绍，在教师或视频演示指导下进行实训。

### （四）交流发电机检查与检测

根据前面交流发电机检查与检测导训部分介绍，在教师或视频演示指导下进行实训。

### （五）电压调节器检测

根据前面电压调节器检测导训部分介绍，在教师或视频演示指导下进行实训。

### （六）充电系统故障诊断

通过典型故障案例训练学生故障诊断能力。

故障现象：打开点火开关时，充电指示灯亮，发动机启动后，充电指示灯仍然亮。

按照已经分好的小组，让学生制订维修计划，计划包括：资讯、查阅维修手册进行原因分析（诊断方案）、故障点确认（实施诊断方案）、故障排除等。

**1. 资讯**

资讯见表3.11。

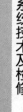

表 3.11　维修车辆登记表

| 基本信息 | 车　主 | | 电　话 | |
| --- | --- | --- | --- | --- |
| | 性　别 | | 检修日期 | |
| | 车　型 | | 保养次数 | |
| | 底盘号 | | 行驶里程 | |
| 使用状况 | 道　路 | | | |
| | 载　荷 | | | |
| 故障日期 | | | | |
| 用户对故障描述 | | | | |
| 故障现象确认 | | | | |
| 故障原因分析 | | | | |

**2．查阅维修手册对蓄电池进行检查**

按照维修手册进行检查。

**3．故障确认**

按照表 3.12 进行故障确认。

表 3.12　故障确认

| 序号 | 检查项目 | 正常与否 |
| --- | --- | --- |
|  |  |  |
|  |  |  |

**4．故障排除**

按照表 3.13 所示程序进行故障排除。

表 3.13　故障排除

| 序号 | 故障原因 | 修复方法 |
| --- | --- | --- |
|  |  |  |
|  |  |  |

**5．废料和废品处理**

对实训产生的废料和废品进行处理。

**（七）学生撰写实训报告**

学生在实训完成后，撰写实训报告。

## （八）实训结果评价

对实训后的结果进行评价。

 拓展提升

结合所学发电机内容,通过问题法引导同学们扩展知识、展开想象,提升创新能力。

问题:
① 汽车发电机技术朝什么方向发展?
② 交流发电机电压调节有什么新技术?
③ 汽车发电机生产厂家、产品及使用注意事项有哪些?

阅读导航:
① 阅读百度上相关资料。
② 阅读万方数据上相关资料。

 任务反馈

请将评价反馈填入表 3.14。

表 3.14 任务评价反馈表

| 项目名称 | | | | | | | | |
|---|---|---|---|---|---|---|---|---|
| 学生基本信息 | | 姓名 | | 学号 | | 班级 | | |
| | | 组别 | | 时间 | | 成绩 | | |
| 考核能力 | 考核项目 | 评分标准 | 分数 | 学生自评 | 小组互评 | 教师评价 | 平均分小计 | |
| 专业能力 | 理论知识 | 是否正确 | 25 | | | | | |
| | 实践知识 | 是否正确 | 20 | | | | | |
| | 实践操作 | 是否正确 | 25 | | | | | |
| 社会能力 | 团队合作 | 是否和谐 | 5 | | | | | |
| | 劳动纪律 | 是否严格遵守 | 5 | | | | | |
| | 沟通讨论 | 是否积极 | 5 | | | | | |
| 方法能力 | 制订计划 | 是否合理 | 5 | | | | | |
| | 学习新技术能力 | 是否具备 | 5 | | | | | |
| | 总结能力 | 能否正确总结 | 5 | | | | | |

# 项目四

# 汽车启动系统基本结构、工作原理及检修方法

## 项目描述

静止的汽车发动机是如何开始运转的？当然是给其施加一个外力，产生这个外力的就是汽车启动系统。本项目就是介绍汽车启动系统基本结构、工作原理及检修方法。

## 学习目标

1. **专业能力要求**
（1）理论知识
掌握汽车启动系统组成；启动机结构与工作原理。
（2）实践知识
掌握启动机用途、型号识别、使用注意事项及符号表示。
（3）实践技能
学会启动机拆卸与安装、拆解与装配、检测；启动系统故障的诊断与元件更换。

2. **社会能力要求**
通过理论的分组讨论沟通、检测的分工协助、课堂纪律等培养学生社会能力。

3. **方法能力要求**
通过对启动机检测方法步骤的研讨、方法的总结与提炼、网上产品查询等培养学生的启动系统检修方法能力。

4. **重点和难点**
掌握汽车启动机等检修与更换，启动系统故障检修的一般方法与步骤。

## 项目实施

汽车启动系统由哪几个部分组成？它是如何工作的？常见故障有哪些？如何检测、维修与更换？

 理论知识导学和师生互动讨论

### 一、理论知识导学

#### （一）汽车启动系统组成

启动系统主要由蓄电池、启动机、启动继电器、点火开关及连接线束等组成，如图4.1所示，蓄电池提供电能，启动机将蓄电池电能转换成机械能启动发动机，启动继电器利用小电流控制启动机工作时的大电流。

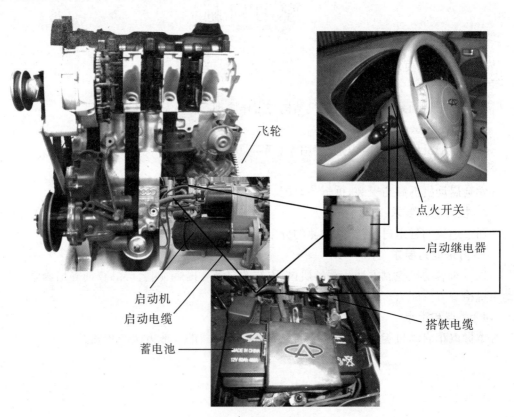

图 4.1 汽车启动系统组成

## （二）启动机结构与工作原理

启动机主要组成如图4.2所示，主要由直流电动机、传动机构及电磁开关组成，其中，直流电动机为串励式电动机，包括电枢、磁场绕组、电刷、外壳等，传动机构包括拨叉、驱动齿轮等，内部结构如图4.3所示，直流串励式电动机将蓄电池电能转变成机械能，产生发动机启动所需的转矩，特点是启动转矩大，容易启动发动机；传动机构用于启动发动机时，能自动地将启动机小齿轮与飞轮齿圈啮合，启动机启动后将启动机小齿轮与飞轮齿圈分离。

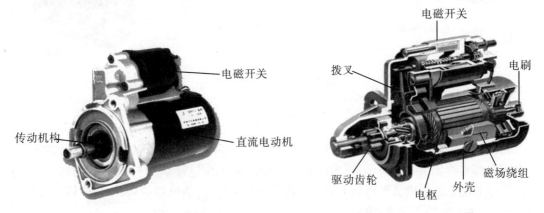

图4.2　启动机主要组成　　　　图4.3　启动机内部结构

### 1. 直流串励式电动机

直流串励式电动机是直流电动机一种形式，直流电动机工作原理如图4.4所示，将通电线圈放入N、S极间产生的磁场中，通电线圈会旋转，由于换向器和线圈连接在一起，与电刷通过摩擦导通电流，所以线圈电流方向周期地发生改变，通电线圈会连续转动下去，这就是直流电动机工作原理。

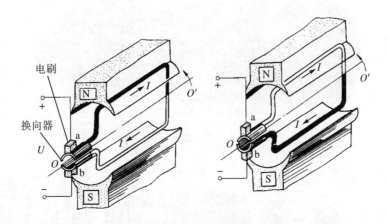

图4.4　直流电动机工作原理图

在实际电动机中，N、S极由磁极铁芯和磁场绕组所组成的磁极代替，如图4.5所示，通电线圈由电枢绕组和铁芯代替，电枢绕组、铁芯和换向器组成电枢，这样，磁极、电枢、电刷与刷架、机壳及端盖一起构成了直流电动机整体，直流电动机结构如图4.5所示。直流串励式电动机是电枢和磁极串联后再接上直流电源的直流电动机。

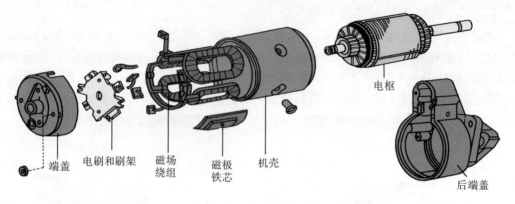

图 4.5 直流电动机结构

### 2. 传动机构

传动机构主要由拨叉、单向离合器和驱动齿轮等部件组成，这里主要介绍单向离合器，单向离合器实物如图 4.6 所示，结构如图 4.7 所示，其工作过程如图 4.8 所示，启动时，动力传递顺序为电枢轴→离合器外壳→离合器内圈→小齿轮；发动机启动后，小齿轮转速大于电枢轴转速，小齿轮为主动件，滚柱移动到斜沟宽处，离合器分离。

图 4.6 单向离合器实物

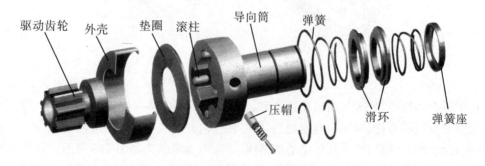

图 4.7 单向离合器结构

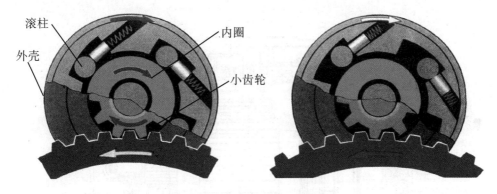

图 4.8 单向离合器工作过程

### 3. 电磁开关

电磁开关结构如图 4.9 所示,主要由保持线圈、吸引线圈等组成,结构原理如图 4.10 中的 4、5、6、7、8、9 所示,其工作过程见下面启动机原理。

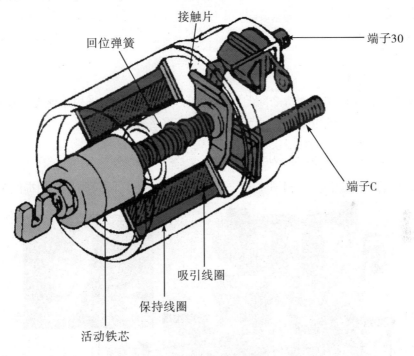

图 4.9 电磁开关结构

### 4. 启动机原理

启动机原理图如图 4.10 所示,工作过程:闭合点火开关 10 瞬间,由于吸引线圈 7 电压大,电机上电压小,电机启动不了。当保持线圈 6、吸引线圈 7 吸可动线圈 4 到右边时,一方面,1 和 18 齿合,带动发动机,另一方面,8 和 9 闭合,将 7 短路,电动机启动。当点火开关断开时,5 将 4 弹回左边,一方面,1 和 18 分离,与发动机分开,另一方面,8 和 9 分离,电流经 7 构成回路,电动机电压小,停止工作。

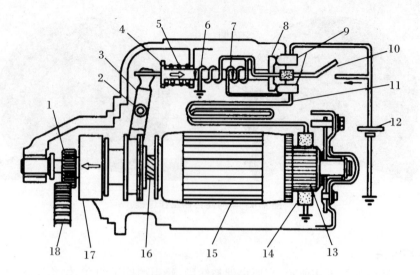

图 4.10　启动机原理图

1. 小齿轮；2. 转轴；3. 拨叉；4. 可动铁芯；5. 回位弹簧；6. 保持线圈；7. 吸引线圈；8. 动触点；
9. 静触点；10. 点火开关；11. 励磁线圈；12. 蓄电池；13. 电刷；14. 换向器；15. 电枢；16. 螺旋花键；
17. 启动机离合器；18. 发动机飞轮齿圈

**5．典型启动机结构**

为实现直流电动机和发动机之间的配合，目前大多数汽油机采用减速型启动机，主要有减速齿轮组式和行星齿轮组式两种，特点是体积小，重量轻，转矩大。

## 二、理论知识师生互动讨论

将学生分组，对照图 4.10 和图 4.11，开展小组内、小组之间及师生之间提问及讨论。

图 4.11　汽车启动系统组成

① 汽车启动系统由哪几部分组成的？各自作用是什么？
② 启动机主要由哪几部分组成的？启动机是如何工作的？

## 实践知识导学和师生互动讨论

### 一、实践知识导学

#### （一）启动机用途
启动机用来启动汽车发动机，发动机启动后，启动机自动分离。

#### （二）启动机型号
根据国家汽车行业标准《汽车电器设备产品型号编制方法》(QC/T73—1993)规定，启动机型号编码由5个部分组成。

第一部分为产品代号，QD 表示启动机，QDY 表示永磁式启动机，QDJ 表示减速启动机。

第二部分为电压等级代号，用数字表示，1 表示 12 V，2 表示 24 V。

第三部分为功率等级代号，见表4.1。

第四部分为设计序号。

第五部分为变型代号。

表 4.1 功率等级代号

| 功率等级 | 1 | 2 | 3 | 4 | 5 | 6 | 7 | 8 | 9 |
|---|---|---|---|---|---|---|---|---|---|
| 功率(kW) | <1 | 1~2 | 2~3 | 3~4 | 4~5 | 5~6 | 6~7 | 7~8 | >8 |

例如，QD124 表示额定电压为 12 V，功率为 1~2 kW，第四次设计的启动机。

#### （三）启动机分类
① 按控制方式不同，启动机可分为机械操纵式启动机和电磁操纵式启动机。

② 按传动机构不同，启动机可分为惯性啮合式启动机、电枢移动式启动机和强制啮合式启动机。

目前，大多数汽车启动机为电磁操纵强制啮合式启动机，即控制方式为电磁操纵式，传动机构为强制啮合式。

#### （四）启动系维护注意事项

**1. 日常维护**

保持启动机各部件清洁、干燥、导线连接及绝缘良好。

**2. 二级维护**

① 汽车每行驶 3 000 km 时，应检查、清洁换向器。

② 汽车每行驶 5 000~6 000 km 时，检查电刷的磨损程度和电刷弹簧的压力是否在规定的范围内。

③ 润滑启动机轴承。

④ 启动机每年解体保养一次。

（五）启动机使用注意事项

① 保持启动机与启动系统的蓄电池、启动开关等连接良好。

② 启动时，手动挡汽车启动应在空挡或踩下离合器时进行，自动挡汽车变速杆应置于 P 位或 N 位，且同时踩下离合器踏板。

③ 发动机启动时，每次接通启动机时间不得超过 5 s，如需再次启动，应在上次启动 15 s 后进行，如 3 次启动不了发动机，应停车检查，排除故障后等待 15 min 才能再次启动。

④ 发动机启动后，应立即停止点火开关，以使启动机退出。

⑤ 低温冷机启动时，应先进行预热。

⑥ 发动机启动后，启动机停不了，应立即关闭电源总开关或拆开蓄电池搭铁线。

## 二、实践知识师生互动讨论

将学生分组，开展小组内、小组之间及师生之间提问及讨论。

① 汽车启动机的用途是什么？

② 如何通过启动机型号识别启动机主要参数？

③ 启动系维护应注意哪些问题？

④ 启动机使用应注意哪些问题？

# 实践技能导训和学生实训

## 一、实践技能导训

（一）启动机拆卸与安装、拆解与装配、检测

**1. 启动机拆卸与安装**

奇瑞启动机如图 4.12 所示，启动机拆卸与安装介绍如下。

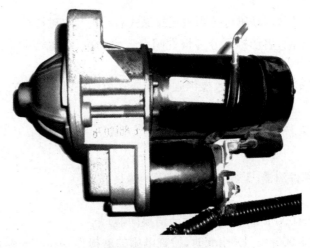

图 4.12　奇瑞启动机

(1) 启动机拆卸

从发动机上拆下启动机按照下列步骤进行:断开蓄电池的负极电缆→拆卸启动机电缆→断开插接器→拆下启动机安装螺栓→拆下启动机。

注意事项:在断开蓄电池负极电缆之前,应对存储在ECU内的信息进行记录,如诊断故障代码、设置的收音机频道、座椅位置(带有记忆系统)、转向盘位置等。

(2) 启动机安装

按照拆卸启动机相反过程安装启动机。

注意事项:安装完成后,应对原记录信息进行恢复。

**2. 启动机拆解与装配**

(1) 启动机拆解

按照"拆解电枢、磁场绕组→电磁开关→离合器总成"步骤进行启动机拆解,详见图4.13所示。

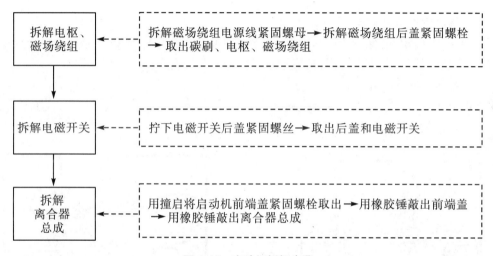

图 4.13 启动机拆解步骤

(2) 启动机装配

启动机装配过程同拆解过程相反,注意在装配过程中,给电磁开关导向管加装润滑油及工作面打磨等。

**3. 启动机性能测试**

启动机测试是在不解体情况下对启动机性能进行的测试,包括吸引动作测试、保持动作测试、驱动齿轮回位测试、无负荷操作测试。

(1) 吸引动作测试

如图4.14所示,拆下启动机"C"端子电缆引线,另用电缆将启动机"C"端子与电磁开关壳体及蓄电池负极相连,将启动机"50"端子与蓄电池正极相连,看驱动齿轮是否向外移动,如移动,是好的,如不移动,则电磁开关有故障。

(2) 保持动作测试

如图4.15所示,保持驱动齿轮在伸出位置,拆下启动机"C"端子电缆引线,此时,驱动齿轮应保持在伸出位置,如驱动齿轮复位,说明保持线圈断路,需维修。

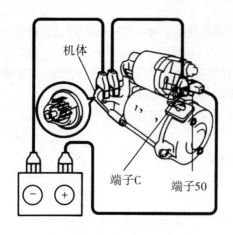
图4.14 启动机吸引动作测试

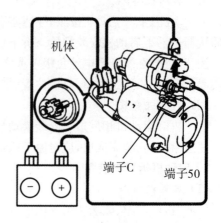
图4.15 启动机保持动作测试

（3）驱动齿轮回位测试

如图4.16所示，在保持动作基础上，拆下启动机壳体上电缆夹，拆开启动电机外壳搭铁线，驱动齿轮应回位，如不立刻回位，应检查复位弹簧及柱塞。

（4）无负荷操作测试

如图4.17所示进行连接，用台虎钳夹住启动机，电流表读数应该小于90 A，如不符合，应该更换启动机总成。

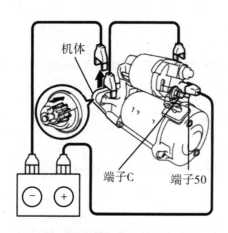
图4.16 驱动齿轮回位测试

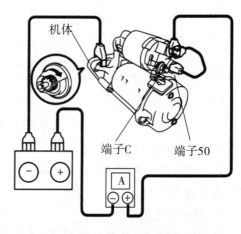
图4.17 无负荷操作测试

**4．启动机部件检修**

在解体情况下对各部件进行的检修。

（1）磁场绕组检测

用万用表检测磁场绕组是否存在断路、短路、搭铁。

（2）电枢总成检测

用万用表检测电枢绕组、换向器是否存在断路、短路、搭铁。对于换向器检查还包括：表面脏污或烧坏检查，如有，用400号砂纸或车床修复表面；使用百分表对径向圆跳动检查，如图4.18所示，径向圆跳动应小于0.05 mm，否则更换；使用游标卡尺检查直径，如图4.19所示，如小于最小直径28.0 mm，应进行更换。

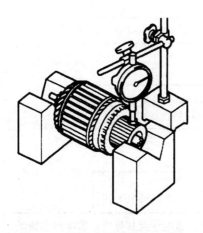
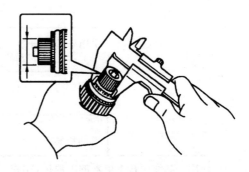

图 4.18 百分表检查径向圆跳动　　　　图 4.19 游标卡尺检查换向器直径

(3) 电刷架总成检测

使用游标卡尺检查电刷长度(最小值为 9.0 mm),使用万用表检测电刷之间电阻,看是否符合要求,如不符合要求,更换电刷架总成。

(4) 传动机构检修

传动机构检修主要是单向离合器的检修,将其放在虎钳上进行,滚柱式单向离合器在 25.5 N·m 以上的转矩下不打滑;摩擦片式单向离合器应能在 117~176 N·m 转矩之间不打滑。

(5) 电磁开关检修

电磁开关检修包括吸引线圈和保持线圈检测,短路、断路可通过万用表检测,电磁开关工作时,一般要求,吸合电压应不小于额定电压的 75%,释放电压应不大于额定电压的 40%。

(二) 启动系统故障的诊断与元件更换

启动系统故障主要通过启动机表现出来,主要表现为启动机不工作、启动机启动无力、启动机工作正常但发动机不转动等。

**1. 启动机不工作**

启动机不工作可以对照图 4.20 检查接线,按照图 4.21 流程进行诊断和检查。

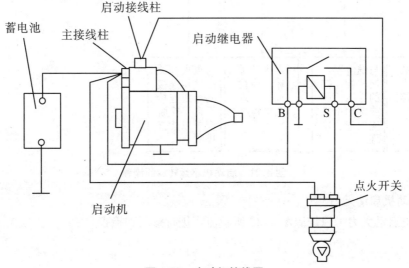

图 4.20 启动机接线图

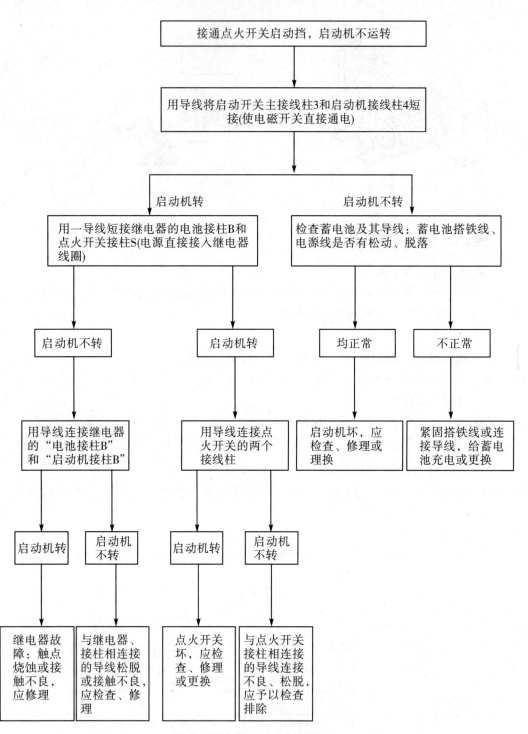

图 4.21 启动机不运转诊断流程

**2. 启动机启动无力**

启动机启动无力可以按照图 4.22 所示流程进行诊断和检查。

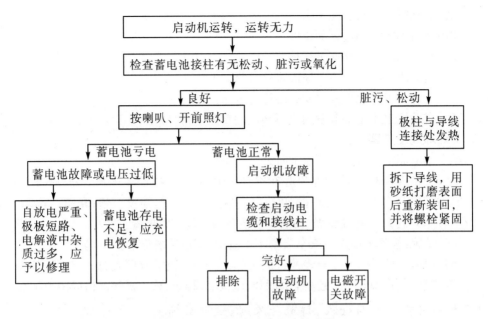

图 4.22　启动机启动无力诊断流程

### 3. 启动机工作正常但发动机不转动

启动机工作正常但发动机不转动诊断如图 4.23 所示。

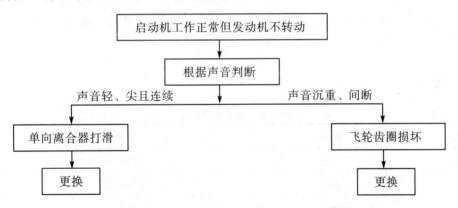

图 4.23　启动机工作正常但发动机不转动诊断流程

## 二、学生实操训练

### (一) 训前准备

#### 1. 学生分组

学生按照 3~4 人一组进行分组，每组内按照实训要求进行分工，主要有测量、工具准备、故障分析推导等工作。

#### 2. 记忆强化

通过教师提问、小组讨论、相关视频播放等形式，进一步强化拆装方法、检测方法。

问题：

① 简述启动机拆卸与安装步骤。

② 简述启动机拆解与装配步骤。
③ 如何对启动机性能进行测试?
④ 如何对启动机主要部件进行检修?
⑤ 请对启动机不工作的主要原因进行分析。
⑥ 请对启动机工作无力的主要原因进行分析。
⑦ 请对启动机工作正常但发动机不转动的现象进行分析。

**3. 实训场地及工具**

① 在汽车电器实训室按照分组准备好实训场地。
② 准备好奇瑞A3车:将汽车停驻在举升机中央位置;拉紧驻车制动器操作杆,并将变速杆置于空挡位置;套上转向盘护套、变速杆手柄套、座位套、铺设脚垫;在车内拉动发动机舱盖手柄;在车外打开发动机舱盖;粘贴翼子板和前格栅磁力护套。
③ 故障设置:教师事前设置汽车启动不了故障,其他系统正常。
④ 准备相关工具、量具:百分表及台虎钳、组合工具、数字万用表、扭力扳手、钳子、螺丝刀、砂纸、润滑脂、转向盘护套、变速杆手柄套、座位套、脚垫、翼子板和前格栅磁力护套。

### (二) 启动机拆卸与安装、拆解与装配、检测实训

根据前面启动机拆卸与安装、拆解与装配、检测导训部分介绍,在教师或视频演示指导下进行实训。

### (三) 启动机不转实训

按照已经分好的小组,让学生制订维修计划,计划包括:资讯、查阅维修手册进行原因分析(诊断方案)、故障点确认(实施诊断方案)、故障排除等。

**1. 资讯**

资讯见表4.2。

表4.2 维修车辆登记表

| 基本信息 | 车主 | | 电话 | |
|---|---|---|---|---|
| | 性别 | | 检修日期 | |
| | 车型 | | 保养次数 | |
| | 底盘号 | | 行驶里程 | |
| 使用状况 | 道路 | | | |
| | 载荷 | | | |
| 故障日期 | | | | |
| 用户对故障描述 ||||| 
| 故障现象确认 |||||
| 故障原因分析 |||||

**2．查阅维修手册进行原因分析**

按照图 4.21 所示诊断流程进行原因分析。

**3．故障点确认**

按照表 4.3 进行故障点确认。

表 4.3　故障点确认

| 序号 | 检查项目 | 正常与否 |
| --- | --- | --- |
|  |  |  |
|  |  |  |

**4．故障排除**

按照表 4.4 所示程序进行故障排除。

表 4.4　故障排除

| 序号 | 故障部位或零部件 | 故障原因 | 修复方法 |
| --- | --- | --- | --- |
|  |  |  |  |
|  |  |  |  |

**5．废料和废品处理**

对实训产生的废料的废品进行处理。

**（四）学生撰写实训报告**

学生在实训完成后，撰写实训报告。

**（五）实训结果评价**

对实训后的结果进行评价。

拓展提升

结合所学启动机内容，通过问题法引导同学们扩展知识、展开想象，提升创新能力。

问题：

① 启动机和直流电动机有什么区别？

② 汽车启动机能使用交流电动机吗？

③ 一般汽车启动机中使用了多少绕组或线圈？分别起什么作用？

④ 汽车启动机产品化思路是什么？

⑤ 当电路出现大电流需要控制时，我们的思路是什么？

⑥ 故障诊断方法往往不是固定或唯一的，请大家通过对启动机不转和启动无力的实训自己总结方法。

阅读导航：

① 阅读百度上相关资料。

② 阅读奇瑞 A3 车维修手册。

# 项目反馈

请将评价反馈填入表4.5。

表4.5 项目评价反馈表

| 项目名称 | | | | | | | |
|---|---|---|---|---|---|---|---|
| 学生基本信息 | | 姓名 | | 学号 | | 班级 | |
| | | 组别 | | 时间 | | 成绩 | |
| 考核能力 | 考核项目 | 评分标准 | 分数 | 学生自评 | 小组互评 | 教师评价 | 平均分小计 |
| 专业能力 | 理论知识 | 是否正确 | 25 | | | | |
| | 实践知识 | 是否正确 | 20 | | | | |
| | 实践操作 | 是否正确 | 25 | | | | |
| 社会能力 | 团队合作 | 是否和谐 | 5 | | | | |
| | 劳动纪律 | 是否严格遵守 | 5 | | | | |
| | 沟通讨论 | 是否积极 | 5 | | | | |
| 方法能力 | 制订计划 | 是否合理 | 5 | | | | |
| | 学习新技术能力 | 是否具备 | 5 | | | | |
| | 总结能力 | 能否正确总结 | 5 | | | | |

# 项目五

# 汽车照明与信号系统基本结构、工作原理及检修方法

## 项目描述

汽车在天气条件不好时或夜晚行车时,如何才能确保行车安全呢?一定需要良好的照明装置。汽车在繁忙的道路上行驶,怎样才能保证行驶安全呢?必须在车上配置各种确保行车安全的信号装置。本项目将介绍汽车照明与信号系统基本结构、工作原理及检修方法。

## 学习目标

**1. 专业能力要求**

(1) 理论知识

掌握汽车照明系统组成,前照灯结构;汽车信号系统组成,闪光灯工作原理,喇叭结构与工作原理。

(2) 实践知识

掌握前照灯、闪光灯、喇叭等用途、型号识别、使用注意事项及符号表示。

(3) 实践技能

掌握前照灯、闪光灯、喇叭等好坏检测与更换;照明系统故障的检测与元件更换;信号系统故障的检测与元件更换方法。

**2. 社会能力要求**

通过理论的分组讨论沟通、检测的分工协助、课堂纪律等培养学生社会能力。

**3. 方法能力要求**

通过照明系统、信号系统检测方法步骤的研讨、方法的总结与提炼、网上产品查询等培养学生照明和信号系统检修的能力。

**4. 重点和难点**

汽车前照灯、闪光灯、喇叭等检修与更换,照明和信号系统故障检修的一般方法与步骤。

## 项目实施

汽车上照明与信号装置是保证其在特殊交通环境下安全行驶的重要电器设备。那么，这些装置是由哪些元件组成？它们是如何工作的？常见故障有哪些？如何检测、维修与更换？

 理论知识导学和师生互动讨论

### 一、理论知识导学

#### （一）汽车照明系统组成

为了提高汽车的行驶速度确保夜间行车的安全，汽车上装有多种照明设备，用于夜间行车照明、车厢照明及检修照明。汽车照明系统根据安装位置和用途不同，一般可分为：外部照明灯具，如图5.1所示；内部照明灯具，如图5.2所示。

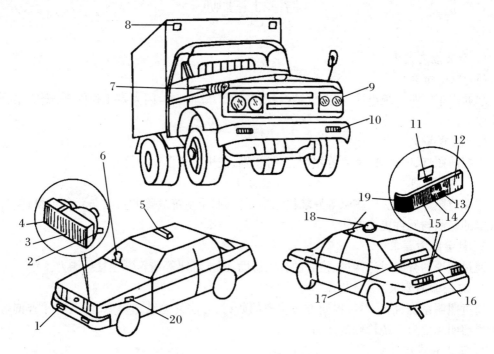

图5.1　汽车外部照明灯具

1.前转向灯；2.前位灯；3.前照灯；4.前雾灯；5.出租车标志灯；6.出租车空车灯；7.转向示位组合灯；8.示廓灯；9.前照灯；10.前雾灯；11.行李厢灯；12.倒车灯；13.后雾灯；14.后位灯；15.制动灯；16.牌照灯；17.高位制动灯；18.警示灯；19.后转向灯；20.侧转向灯

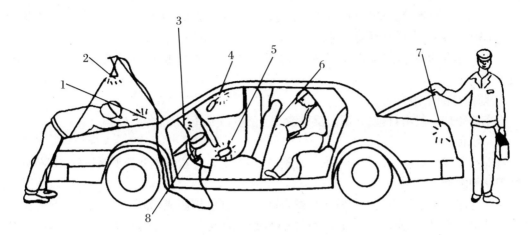

**图 5.2　常见汽车内部灯具**
1. 发动机罩下灯；2. 工作灯；3. 仪表照明灯、报警指示灯；
4. 顶灯；5. 门灯；6. 阅读灯；7. 行李厢灯；8. 开关照明灯

汽车照明系统主要由照明设备、电源、线路、控制开关等组成，其主要照明设备如下。

**1．前照灯**

前照灯装在汽车头部的两侧，用于夜间行车道路的照明。有两灯制和四灯制之分，功率一般为 40～60 W。

**2．雾灯**

雾灯有前雾灯和后雾灯两种。前雾灯装于汽车前部比前照灯稍低的位置，用于在雨雾天气行车时道路的照明。为保证雾天较高大的汽车向后方车辆或行人提供本车位置信息，交通管理部门规定，运行车辆应在车辆后部加装功率较大的后雾灯，以降低交通事故发生率。雾灯的光色规定为光波较长的黄色、橙色或红色。

**3．牌照灯**

牌照灯装于汽车尾部的牌照上方，用于夜间照亮汽车牌照。

**4．仪表灯**

仪表灯装在汽车仪表板上，用于仪表照明，以便于驾驶员获取行车信息和进行正确操作，其数量根据具体的仪表设计布置而定。

**5．顶灯**

顶灯装于驾驶室或车厢顶部，用于车内照明。

**6．其他辅助灯**

为了便于夜间检修，设有工作灯，用于在排除汽车故障或检修时提供照明。车上一般只装工作灯插座，配导线及移动式灯具。有的在发动机罩下面还装有发动机罩下灯，其功用与工作灯相同。

**（二）前照灯**

**1．对前照灯的要求**

由于汽车前照灯的照明效果直接影响着夜间的交通安全，故世界各国交通管理部门一般都以法律形式规定了汽车前照灯的照明标准，以确保夜间行车的安全，基本要求如下：

① 前照灯应保证车前有明亮而均匀的照明，使驾驶员能看清车前 100 m 内路面上的任

何障碍物。随着高速公路的建成,汽车行驶速度的提高,对汽车前照灯的照明距离要求也相应提高,现代有些汽车的前照灯照明距离已达到 200～250 m。

② 应具有防止眩目的装置,确保夜间两车迎面相遇时,不使对方驾驶员因产生眩目而造成事故。

**2. 前照灯的结构**

汽车前照灯一般由灯泡(光源)、反射镜、配光镜(散光镜)三部分组成。

(1) 灯泡

目前汽车前照灯所用的灯泡有充气灯泡(白炽灯泡)、卤素灯泡和新型高压(20 kV)放电氙灯等几种类型。

充气灯泡和卤素灯泡的灯丝均采用熔点高、发光强的钨制成,如图 5.3 所示。前者由玻璃泡内抽出空气,然后充以 86% 氩气和约 14% 氮气的混合惰性气体制成。灯泡通电后,灯丝发热,惰性气体受热膨胀而产生较大的压力,可以减少钨的蒸发,延长其使用寿命,灯丝制成紧密的螺旋状。灯泡在长期使用后发黑,表明灯丝的损耗依然存在,因此并不能阻止钨丝的蒸发。卤素灯泡是在惰性气体中加入了一定量的卤族元素(如碘、溴),使得从灯丝上蒸发出来的气态钨与卤族元素反应生成了一种挥发性的卤化钨,在扩散到灯丝附近的高温区域后又受热分解,使钨重新回到灯丝上,如此循环防止了钨的蒸发和灯泡黑化的现象。该种灯泡尺寸较小,外壳用耐高温且机械强度较高的石英玻璃或硬玻璃制成,可以充入较高压力的气体。灯泡内工作气压高,亦可抑制钨的蒸发。由于卤钨灯泡体积小、耐高温、发光强度高、使用寿命长,故而目前得到广泛的应用。

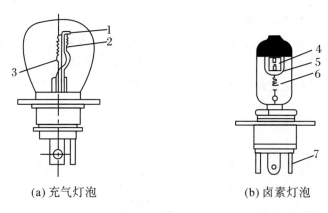

图 5.3 前照灯灯泡

1、5. 遮光罩;2、4. 近光灯丝;3、6. 远光灯丝;7. 插片

新型高压放电氙灯的组件系统由弧光灯组件、电子控制器和升压器三大部件组成,图 5.4 所示是其外形及原理示意图。氙灯发出的光色和日光灯非常相似,亮度是目前使用的卤素灯泡的 3 倍左右,寿命可达卤素气体灯泡的 5 倍,克服了传统卤钨灯的缺陷,几万伏的高压使得其光亮强度增加,可以完全满足汽车夜间高速行驶的需要。这种灯的灯泡里没有传统灯泡的灯丝,取而代之的是装在石英管内的两个电极,管内充有氙气及微量金属(或金属卤化物)。在电极上加上数万伏的引弧电压后,气体开始电离而导电,气体原子即处于激发状态,使电子发生能级跃迁而开始发光,电极间蒸发少量水银蒸气,光源立即引起水银蒸气弧光放电,待温度上升后再转入卤化物弧光灯工作。

(a) 外形

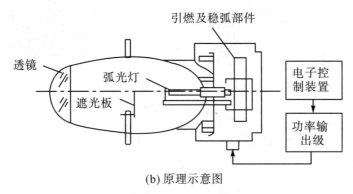

(b) 原理示意图

**图 5.4 高压放电氙灯外形及原理示意图**

(2) 反射镜

前照灯灯泡的光度不大,如果没有反射镜,驾驶员只能辨清车前 6 m 处有无障碍物。反射镜的作用是将灯泡的光线聚合并导向远方。反射镜材料有薄钢板、玻璃、塑料等,其表面形状是旋转抛物面,内表面镀银、铝或铬,再进行抛光。如图 5.5 所示为反射镜反射灯泡光线的情况。灯丝位于焦点 $F$ 上,灯丝的绝大部分光线向后射在立体角 $\omega$ 范围内,经反射镜反射后变成平行光束射向远方,使光度增强几百倍,从而使车前 100～150 m 处的路面被照得足够清楚。从灯丝射出的位于 $4\pi-\omega$ 范围内的光线则向各方散射,散射向侧方和下方的部分光线,可照亮车前 5～10 m 的路面和路缘。

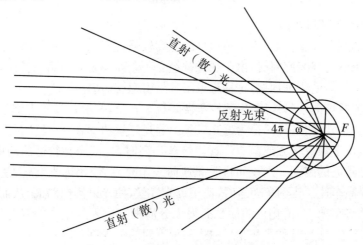

**图 5.5 反射镜反射灯泡光线的作用**

（3）配光镜

配光镜又称散光玻璃，由透光玻璃压制而成，是多块特殊棱镜和透镜的组合，外形一般为圆形和矩形，如图5.6所示。

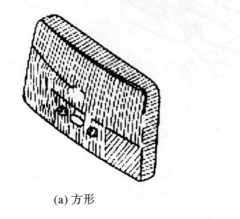

(a) 方形　　　　　　　　　　　　(b) 圆形

图5.6　配光镜

配光镜的作用是将反射镜反射出的平行光束进行折射，使车前的路面有良好而均匀的照明，如图5.7所示。

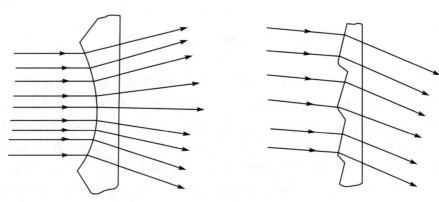

图5.7　配光镜的作用

**3．前照灯的防眩目措施**

夜间行驶的汽车在交会时，由于前照灯的亮度较强，会引起对方驾驶员眩目。所谓眩目是指人的眼睛突然受强光照射时，由于视觉神经受刺激而失去对眼睛的控制，本能地闭上眼睛或看不清暗处物体的生理现象，这种现象很容易引起交通事故。

为了避免前照灯的眩目作用，保证汽车夜间行车安全，一般在汽车上都采用双丝灯泡的前照灯。一根为远光灯丝，另一根为近光灯丝。远光灯丝功率较大，位于反射镜焦点。近光灯丝功率较小，位于焦点上方或前方。远光灯丝点亮时，光束照亮较远的路面；近光灯丝点亮时，光束照亮较近的路面。当夜间行驶无迎面来车时，可使用远光灯丝，使前照灯光束射向远方，便于提高车速。当两车相遇时，使用近光灯丝，使光束倾向路面，从而避免迎面来车驾驶员眩目，并将车前50 m内的路面也照得十分清晰。国内外生产的双丝灯泡的前照灯，按近光的配光不同，分为对称式和非对称式两种不同的配光制。

(1) 对称式配光

远光灯丝位于反射镜的焦点上,而近光灯丝则位于焦点的上方并稍向右偏移(从灯泡向反射镜看去)。对称式配光的工作情况如图5.8所示。

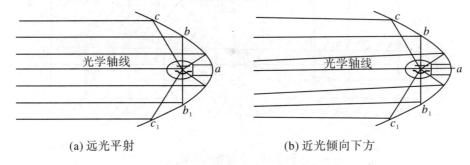

(a) 远光平射　　　　　　　　(b) 近光倾向下方

图5.8　对称式配光的工作情况

射到反射镜 $bab_1$ 上的光线由反射镜反射后倾向路面,而反射到 $bc$ 和 $b_1c_1$($bb_1$为焦点平面)上的部分光线反射后倾向上方,但射向路面的光线占大部分,从而减轻了迎面来车驾驶员的眩目感。

双丝灯泡仍有部分光线偏上照射,防眩目作用不很理想,对称式配光的另一种灯泡的结构形式是在近光灯丝下设置配光屏,具有配光屏的双灯丝灯泡的工作情况如图5.9所示。配光屏遮挡灯丝射向反光镜下半部的光线,极大地减少了引起对面驾驶员目眩的光线;而射向反射镜上部的光线反射后倾向路面,满足了汽车近距离范围内的照明需要。美国、日本多采用这一配光方式。

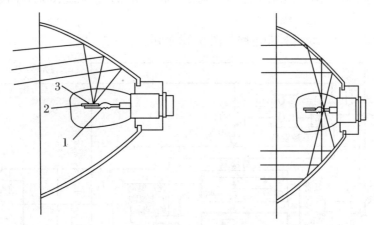

图5.9　具有配光屏的双灯丝灯泡的工作情况

1. 近光灯丝;2. 配光屏;3. 远光灯丝

(2) 非对称式配光

远光灯丝位于反射镜的焦点处,近光灯丝位于焦点前方且稍高出光学轴线,其下方装有金属配光屏,非对称式配光的配光屏安装时偏转一定角度,左侧边缘倾斜15°,与新型配光镜配合使用,形成如图5.10所示的近光光形。光形中有条明显的明暗截止线,区域Ⅲ是一个明显的暗区,如该区点 B50L(相距对面驾驶员眼睛的位置 50 m)处于暗区,避免迎面驾驶员的眩目。下方Ⅰ、Ⅱ、Ⅳ区域及上方15°区域是亮区,将车前路面和右方人行道照亮。我国及欧洲国家采用该种配光方式。

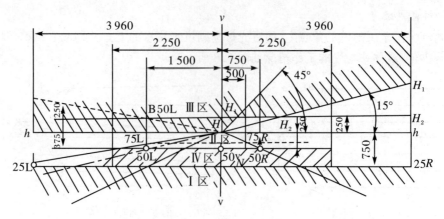

图 5.10 非对称式配光

近来,国外又发展了一种更优良的光形,其近光光形如图 5.11 所示。明暗截止线呈 Z 形,故称 Z 形配光,不仅可以避免迎面来车驾驶员的眩目,还可以防止迎面而来的行人和非机动车使用者的眩目,更加保证了汽车夜间行驶的安全。

**4. 前照灯的控制系统**

为保证行车照明的安全与方便,减轻驾驶员的劳动强度。近年来,出现了多种新型的灯光控制系

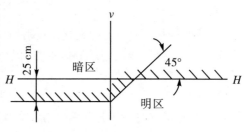

图 5.11 Z 形非对称配光示意图

统,常见的有日间行车自动点亮系统、会车自动变光系统、光束调整系统、延时控制等。

(1)前照灯自动点亮系统

前照灯自动点亮系统的控制电路如图 5.12 所示。

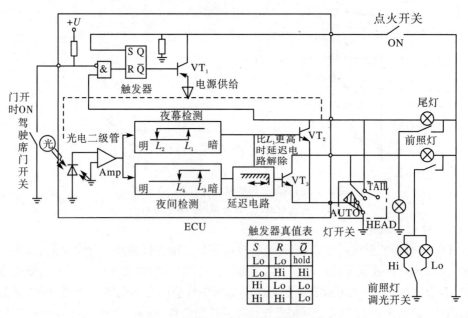

图 5.12 前照灯自动点亮系统的控制电路

当前照灯开关位于 AUTO 位置时,由安装在仪表板上部的光传感器检测周围的光线强度,自动控制灯光的点亮。下面介绍其工作原理。

当车门关闭,点火开关处于 ON 状态时,触发器控制晶体管 $VT_1$ 导通,为灯光自动控制器提供电源。

周围环境明亮时:当周围环境的亮度比夜幕检测电路的熄灯照度 $L_2$(约 550 lx)及夜间检测电路的熄灯照度 $L_4$(200 lx)更亮时,夜幕检测电路与夜间检测电路都输出低电平,晶体管 $VT_2$ 和 $VT_3$ 截止,所有灯都不工作。

夜幕及夜间时:当周围环境的亮度比夜幕检测电路的点灯照度 $L_1$(约 130 lx)暗时,夜幕检测电路输出高电平,使 $VT_2$ 导通。此时,尾灯电路接通,点亮尾灯。当环境更暗的时候,达到夜间点灯电路的点灯照度 $L_3$(约 50 lx)以下时,夜间检测电路输出高电平,此时,延迟电路也输出高电平,使晶体管 $VT_3$ 导通,前照灯继电器动作,点亮前照灯。

接通后周围亮度变化时:在前照灯点亮时,由于路灯等原因使得周围环境变为明亮的情况下,夜间检测电路的输出变为低电平。但在延迟电路的作用下,在时间 $T$ 内,$VT_3$ 仍保持导通状态,所以前照灯不熄灭。在周围的亮度比夜幕检测电路的熄灯照度 $L_2$ 更亮的情况下(如白天汽车从隧道驶出来),从夜幕检测电路输出低电平,从而解除延迟电路,尾灯和前照灯都立即熄灭。

自动熄灯:点火开关断开,使发动机停止工作时,触发器 S 端断电处于低电平。但是,触发器由 $+U$ 供电,$VT_2$ 仍是导通状态,因为触发器 R 端上也是低电平,不能改变触发器的输出端 Q 的状态。在这种状态下打开驾驶室门时,触发器 R 端上就变成高电平,$\overline{Q}$ 端输出就反转成为高电平,向电路供应电源的晶体管 $VT_1$ 截止,$VT_2$ 及 $VT_3$ 也截止,所有灯都熄灭。在夜间黑暗的车库等处下车前,因为有车灯照亮周围,所以给下车提供了方便。

(2)前照灯会车自动变光器

夜间会车时,驾驶员可通过手或脚操纵变光开关进行切换来避免迎面来车司机发生眩目。但这种变光方式会增加驾驶员的工作强度,容易分散注意力,若驾驶员忘了变光或变光不及时,仍会造成对方司机眩目。为解决这些问题,国外从 20 世纪 70 年代起就开始使用前照灯自动变光器。例如,美国通用、福特和克莱斯勒三家公司生产的轿车同时采用的一种带有光敏电阻的前照灯自动变光器,其电路如图 5.13 所示。该装置保留有原脚踏式机械变光开关,其工作原理如下:

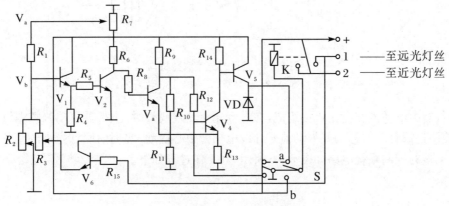

图 5.13 带光敏电阻的自动变光器电路

在使用前照灯时,把远光灯工作作为初始状态,此时在继电器 K 作用下将电源"+"与至远光灯丝的接柱"1"连通。当迎面来车灯光照射于光敏电阻 $R_1$ 上时,$R_1$ 的阻值将减小,三极管 $V_1$ 获得正向偏压而导通,$V_2$ 亦导通,使得 $V_3$ 截止而 $V_4$ 导通,并把低电平信号送至功率三极管 $V_5$ 的基极,$V_5$ 导通,使继电器 K 得电动作,断开远光灯丝接柱而接通近光灯丝接柱,此时汽车前照灯由远光转换成近光照明。

当两车交会之后,该变光器光敏电阻 $R_1$ 上的光信号消失,$R_1$ 阻值增大,三极管 $V_1$ 截止,$V_2$ 亦截止;多谐振荡器翻转一次;$V_3$ 导通,$V_4$ 截止,输出高电平至 $V_5$ 的基极,$V_5$ 截止,切断继电路 K 线圈中的电流,其触点恢复接通远光灯丝接柱,即恢复前照灯远光照明。

如果前照灯处于远光灯工作时,用脚踏下机械式变光开关 S 时,S 就由"a"位置转到"b"位置,此时继电器 K 的线圈可由电源"+"→"b"→S 而获得电流,于是继电器 K 得电动作,使前照灯由远光变为近光。与此同时,三极管 $V_4$ 的基极直接接地,使多谐振荡器停振。

(3)前照灯光束调整控制

当车辆的载荷发生变化时,前照灯光束的照射位置也随之发生变化,因而不能准确地照亮前方路面。前照灯光束调整机构如图 5.14 所示。

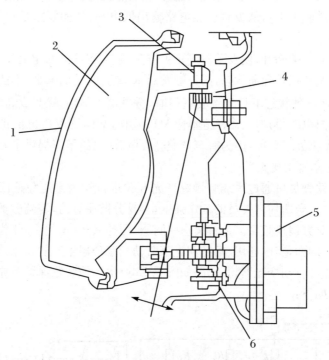

**图 5.14 前照灯光束调整机构**
1. 透镜;2. 前照灯部分;3. 枢轴臂;4. 枢轴;5. 执行器;6. 调整螺钉

执行器由电动机和齿轮机构组成,在进行光束轴线调整时,执行器驱动调整螺钉正反向旋转,使调整螺钉左右移动并带动前照灯以枢轴为中心摆动,实现前照灯光束的调整。前照灯光束调整的控制系统电路如图 5.15 所示,其工作过程如下。

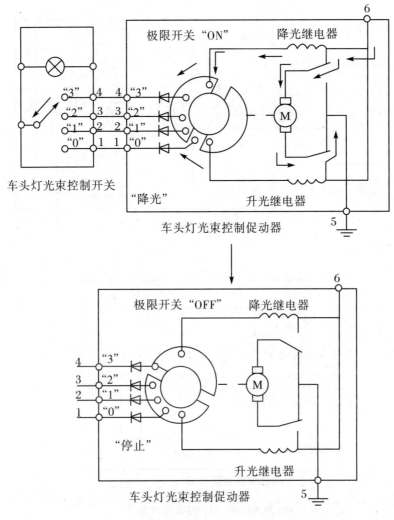

**图 5.15 前照灯光束调整的控制系统电路**

降低光束照射位置:当光束控制开关打至"3"时,如图 5.15(a)所示。电流路径为:灯光束控制执行器(促动器)端子 6→降光继电器线圈→执行器端子 4→光束控制开关端子 6→搭铁构成回路,前照灯降光继电器触点闭合。于是电流从执行器端子 6→前照灯降光继电器→电动机→前照灯升光继电器→执行器端子 5→搭铁构成回路,电动机工作,使前照灯光束照射位置降低。电动机转过一定角度后,限位开关工作,执行器端子 6 与 4 之间断开,前照灯降光继电器断开,前照灯光束停留在"3"的水平位置上。

升高光束照射位置:当光束控制开关打至"0"时,如图 5.15(b)所示。电流路径为灯光束控制执行器(促动器)端子 6→升光继电器线圈→执行器端子 1→光束控制开关端子 1→光束控制开关端子 6→搭铁构成回路,前照灯升光继电器触点闭合。于是电流从执行器端子 6→前照灯升光继电器→电动机→前照灯降光继电器→执行器端子 5→搭铁构成回路,电动机工作,使前照灯光束照射位置升高。电动机转过一定角度后,限位开关工作,执行器端子 6 与 1 之间断开,前照灯升光继电器断开,前照灯光束停留在"0"的水平位置上。

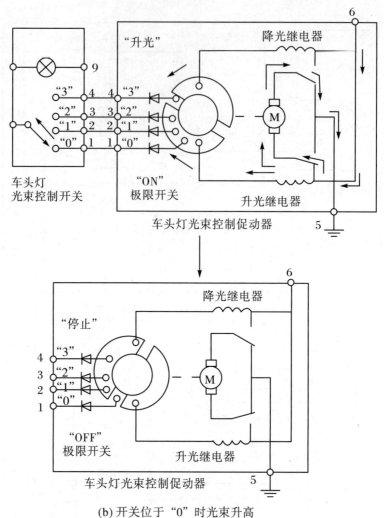

(b) 开关位于"0"时光束升高

图 5.15 续

(4) 前照灯延时控制

前照灯延时控制电路可使前照灯在电路被切断后,仍然继续照明一段时间后自动熄灭,为驾驶员离开黑暗的停车场所提供照明。

图 5.16 所示为美国德克萨斯仪表公司研制的前照灯延时控制电路。其工作原理如下:当汽车停驶切断点火开关时,三极管 $VT_1$ 处于截止状态,此时电容 $C_1$ 立即经 $R_3$、$R_4$ 开始充电;当 $C_1$ 上的电压达到单结晶体管 $VT_2$ 的导通电压时,$C_1$ 则通过其发射极、基极和电阻 $R_7$ 放电;于是在 $R_7$ 上产生一个电压脉冲,使三极管 $VT_3$ 瞬时导通,消除加在晶闸管 $VT$ 上的正向电压,使晶闸管 $VT$ 关断。随后,$VT_3$ 很快恢复截止,晶闸管还来不及导通,前照灯继电器就失电而使其触点 $K'$ 打开(如图 5.16 中所示位置),将前照灯电路切断,实现自动延时关灯的功能。

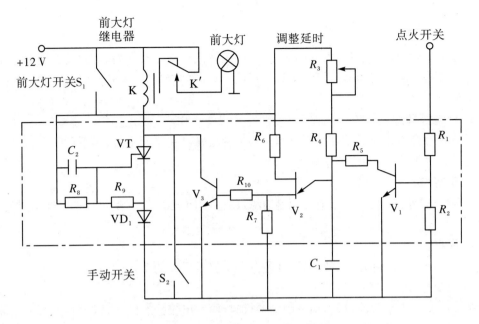

图 5.16 前照灯延时控制电路

除此之外,汽车上还装备有雾灯照明,在雨雾天气,能见度较低时,提高行车安全。雾灯照明,采用波长较长的黄色、橙色或红色,其穿透性较强。前雾灯装于汽车前部比前照灯稍低的位置,左右各一个,用于照亮车辆前方路面。后雾灯装于汽车尾部,有些车辆只有一个后雾灯,用于向后方车辆或行人标示行车位置。打开雾灯开关,电流经雾灯继电器至雾灯接地,雾灯点亮,如图 5.17 所示。

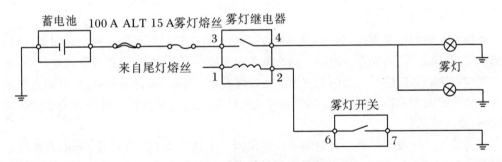

图 5.17 雾灯系统控制电路

(三)汽车信号系统组成

汽车上除照明灯外,还有用以指示其他车辆或行人的灯光信号标志,这些灯称为信号灯。

信号灯也分为外信号灯和内信号灯,外信号灯指转向指示灯、制动灯、尾灯、示廓灯、倒车灯;内信号灯泛指仪表板的指示灯,主要有转向、机油压力、充电、制动、关门提示等仪表指示灯。汽车信号系统主要由信号设备、电源、线路、控制开关等组成,其主要信号设备如下。

**1. 转向信号灯**

汽车转弯时,发出明暗交替的闪光信号,以表明汽车向左或向右转向行驶,使前后车辆、行人知其行驶方向。转向信号灯一般有 4 只或 6 只,它有前、后、侧转向信号灯之分,光色一般为橙色。

**2. 危险报警灯**

危险报警灯与转向信号灯共用。当车辆出现故障停在路面上时,按下危险警报开关,全部转向灯同时闪亮,提醒后方车辆避让。

**3. 示宽灯**

示宽灯(前小灯)装于汽车前后两侧边缘,白色,用于标示汽车夜间行驶或停车时的宽度轮廓。

**4. 尾灯**

尾灯装于汽车尾部,左右各一只,红色。用于警示后面的车辆,保持车距。

**5. 制动灯**

制动灯装于汽车后面,每当踏下制动踏板时,便发出较强的红光,以示制动或减速停车,向车后发出灯光信号,警示随后车辆及行人。制动灯多采用组合式灯具,一般与尾灯共用灯泡(双丝灯),但制动灯功率较大,为 20 W 左右。

**6. 倒车灯**

倒车灯装于汽车尾部,左右各一只,白色。用于照亮车后路面,并警告车后的车辆和行人,表示该车正在倒车。

目前多将汽车后部的尾灯、后转向信号灯、制动灯、倒车灯等组合起来称为组合后灯。而将前照灯、雾灯和前转向灯等组合在一起称为组合前灯。

**(四)闪光灯工作原理**

为指示车辆的行驶方向,汽车上都装有转向信号灯。转向灯系统一般由转向信号灯、转向指示灯、转向开关、闪光器等组成。当汽车要向左或向右转向时,通过操纵转向开关,使车辆左侧或右侧的转向信号灯经闪光器通电而闪烁发光。转向后,回转转向盘,转向盘控制装置可自动使转向开关回位,转向灯熄灭。驾驶员还可以通过操纵危险警报开关使全部转向灯闪亮,发出警示。

转向信号灯一般应具有一定的频闪。我国国标中规定为 60～120 次/min,日本转向闪光灯规定为 85±10 次/min,而且要求信号效果要好,亮暗时间比(通电率)在 3∶2 为佳。

转向信号灯的频闪由闪光器控制。闪光器按结构和工作原理可分为电热丝式(俗称电热式)、电容式、翼片式、水银式、晶体管式等多种。电热式闪光器结构简单,制造成本低,但由于闪光频率不够稳定,使用寿命短,已被淘汰;电容式闪光器闪光频率稳定;翼片式闪光器结构简单、体积小、闪光频率稳定、监控作用明显、工作时伴有响声;晶体管式闪光器具有性能稳定、可靠等优点,故得到了广泛的应用。

**1. 电容式闪光器**

电容式闪光器是利用电容器充、放电延时特性,使继电器的两个线圈产生的电磁吸力时而相同叠加,时而相反削减,从而使继电器产生周期性开关动作,使得转向信号灯及指示灯实现闪烁的。如图 5.18 所示为电容式闪光器的结构及工作原理。

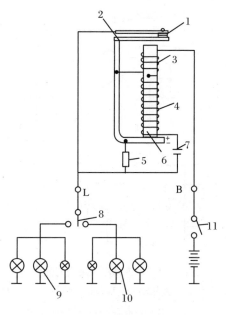

**图 5.18 电容式闪光器**

1. 触点；2. 弹簧片；3. 串联线圈；4. 并联线圈；5. 灭弧电阻；6. 铁芯；7. 电解电容器；
8. 转向灯开关；9. 左转向信号灯及指示灯；10. 右转向信号灯及指示灯；11. 电源开关

其工作过程如下：当汽车向左转弯接通转向灯开关 8 时，电流便从蓄电池正极、电源开关 11、线圈 3、触点 1、转向灯开关 8、左转向信号灯及指示灯 9、搭铁、蓄电池负极构成回路，电流通过线圈 3 产生的电磁吸力大于弹簧片 2 的作用力，触点 1 被打开，转向灯处于暗的状态。此时，蓄电池向电容器 7 充电，充电电流由蓄电池正极、电源开关 11、线圈 3 和 4、电容器 7、转向灯开关 8、左转向信号灯及指示灯 9、搭铁、蓄电池负极构成回路。由于线圈 4 电阻较大，充电电流很小，转向灯仍处于暗的状态。同时充电电流通过线圈 3、4 产生的电磁吸力方向相同，使触点继续打开，随着电容器两端电压的逐渐升高，其充电电流逐渐减小，线圈 3、4 的电磁吸力减小，使触点 1 重新闭合，转向灯处于亮的状态。此时，电容器 7 通过线圈 4 和触点 1 放电，使线圈 3 和 4 产生的电磁吸力方向相反，电磁吸力减小，故触点 1 仍保持闭合，转向灯继续发亮。随着电容器的放电，其两端电压逐渐下降，电流减小，在线圈 3 的电磁吸力作用下，触点 1 重又打开，灯变暗。如此反复，使转向灯发出闪光。

**2. 翼片式闪光器**

翼片式闪光器是利用电流的热效应，以热胀条的热胀冷缩为动力，使翼片产生突变动作，接通和断开触点，使转向信号灯及转向信号指示灯实现闪烁的。根据热胀条受热情况的不同，可分为直热式和旁热式两种

**（1）直热翼片弹跳式闪光器**

直热翼片弹跳式闪光器的结构与工作原理如图 5.19 所示。它主要是由翼片 2、热胀条 3、动触点 4、静触点 5 及支架 1、8 等组成。翼片 2 为弹性钢片，平时靠热胀条 3 绷紧成弓形。热胀条由膨胀系数较大的合金钢带制成，在其中间焊有动触点 4，在动触点 4 的对面安装有静触点 5，整个弹跳组件被焊在支架 1 上，支架的另一端伸出底板外部作为接线柱"B"。静触点 5 焊在支架 8 上，支架 8 伸出底板外部作为另一接线柱"L"。热胀条 3 在冷态时使触点 4、5 闭合。

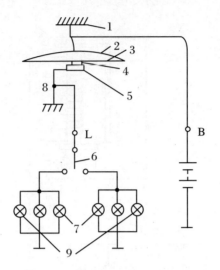

**图 5.19 直热翼片弹跳式闪光器**

1、8. 支架；2. 翼片；3. 热胀条；4. 动触点；5. 静触点
6. 转向开关；7. 转向指示灯；9. 转向信号灯

汽车转向时，接通转向灯开关 6，蓄电池即向转向信号灯供电，电流路径为：蓄电池正极→接线柱"B"→支架 1→翼片 2→热胀条 3→动触点 4→静触点 5→支架 8→接线柱"L"→转向灯开关 6→转向信号灯 9 和指示灯 7→搭铁→蓄电池负极，形成回路，转向信号灯 9 立即发亮。这时，热胀条 3 由于通过电流而发热伸长，翼片 2 突然绷直，动触点 4 和静触点 5 分开，切断电流，于是转向信号灯 9 熄灭。当通过转向信号灯的电流被切断后，热胀条开始冷却收缩，又使翼片突然弯成弓形，动触点 4 和静触点 5 再次接触，接通电路，转向信号灯再次发光，如此反复变化使转向信号灯一亮一暗地闪烁，标示车辆的行驶方向。

(2) 旁热翼片弹跳式闪光器

国产 SG124 型闪光器就是旁热翼片弹跳式闪光器，其结构与工作原理如图 5.20 所示。

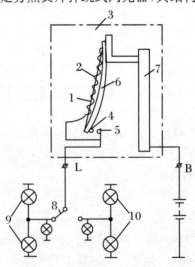

**图 5.20 旁热翼片弹跳式闪光器**

1. 热胀条；2. 电阻丝；3. 闪光器；4. 动触点；5. 静触点；6. 翼片；7. 支架
8. 转向灯开关；9. 左转向信号灯和指示灯；10. 右转向信号灯和指示灯

116

它的主要功能零件是不锈钢制成的叶片6(也称弹簧片),翼片上固定有热胀条1,热胀条上绕有电阻丝2,电阻丝的一端与热胀条1相连,另一端与静触点5相连,翼片6靠热胀条1绷紧成弓形。动触点4固定在翼片6上,整个弹跳组件焊在支架7上,由支架伸出底板外部作接线柱"B",静触点与接线柱"L"相连。当闪光器不工作时,触点4和5处于分开状态。

当汽车向左转弯时,接通转向灯开关8,电流路径为:蓄电池正极→接线柱"B"→支架7→电阻丝2→静触点5→接线柱"L"→转向灯开关8→左转向信号灯和指示灯9→搭铁→蓄电池负极,形成回路。这时,虽然信号灯有电流通过,但由于电阻丝2的电阻较大,电路中电流较小,此时信号灯不亮。同时,电阻丝对热胀条1进行加热,使热胀条受热伸长,于是翼片6依靠自身弹性使触点4与5闭合。电流路径为:蓄电池正极→接线柱"B"→支架7→叶片6→动触点4→静触点5→接线柱"L"→转向灯开关8→左转向信号灯和指示灯9→搭铁→蓄电池负极,形成回路。此时由于电流不再通过电阻丝2,电流增大,转向信号灯和指示灯发亮。同时,因触点4与5闭合,电阻丝被短路,使热胀条1逐渐冷却收缩,拉紧翼片,触点4和5再次分开,如此反复变化,使转向信号灯9一明一暗地闪烁,标示车辆的行驶方向。

**3. 晶体管式闪光器**

晶体管闪光器分有触点式和无触点式两种。

(1) 有触点晶体管式闪光器

图5.21所示为带继电器的有触点晶体管式闪光器。它由一个晶体管的开关电路和一个小型继电器组成,其工作原理如下。

当汽车向右转弯时,接通电源开关S和转向灯开关K,电流路径为:蓄电池正极→电源开关S→接线柱"B"→电阻$R_1$→继电器J的常闭触点→接线柱"S"→转向灯开关K→右转信号灯→搭铁→蓄电池负极,则右转向信号灯亮。当电流通过$R_1$时,在$R_1$上产生电压降,晶体管VT因正向偏压而导通,集电极电流$I_c$通过继电器J的线圈,使继电器常闭触点立即断开,右转向信号灯熄灭。

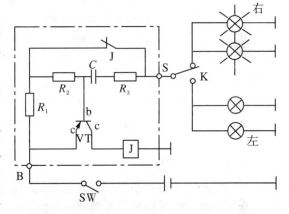

图5.21 有触点晶体管式闪光器电路图

晶体管VT导通的同时,VT的基极电流向电容器C充电。充电电路电流路径为:蓄电池正极→电源开关S→接线柱"B"→VT的发射极e、基极b→电容器C→电阻$R_3$→接线柱S→转向灯开关K→右转向信号灯→搭铁→蓄电池负极。在充电过程中,随着电容器电荷的积累,充电电流$I_b$逐渐减小,晶体管VT的集电极电流$I_c$也随之减小,当此电流不足以维持衔铁的吸合而释放时,继电器J的常闭触点J又重新闭合,转向信号灯再次发亮。这时电容器C通过电阻$R_2$、继电器的常闭触点J和电阻$R_3$放电。放电电流在$R_2$上产生的电压降为VT提供反向偏压,加速了VT的截止,使继电器J的常闭触点J迅速断开。当放电电流接近零时,$R_1$上的电压降又为VT提供正向偏压使其导通。这样,电容器C不断地充电和放电,晶体管VT也就不断地导通与截止,控制继电器的触点反复地闭合、断开,使转向信号灯发出闪光。

(2) 无触点晶体管式闪光器

图5.22所示为无触点晶体管式闪光器电路图,它是利用电容器充放电延时的特性,控

制晶体管 $VT_1$ 的导通和截止,从而实现闪光的目的。其工作过程如下:

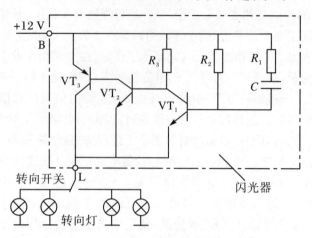

图 5.22　国产 SG131 型无触点晶体管式闪光器电路图

当接通转向开关后,晶体管 $VT_1$ 的基极电流由两路提供,一路经电阻 $R_2$,另一路经 $R_1$ 和 $C$,使 $VT_1$ 导通。$VT_1$ 导通时,$VT_2$、$VT_3$ 组成的复合管处于截止状态。由于 $VT_1$ 的导通电流很小,仅 60 mA 左右,故转向信号灯暗。与此同时,电源对电容器 $C$ 充电,随着 $C$ 两端电压的升高,充电电流减小,$VT_1$ 的基极电流减小,使 $VT_1$ 由导通变为截止。这时 A 点电位升高,当其电位达到 1.4 V 时,$VT_2$、$VT_3$ 导通,于是转向信号灯亮。

此时电容器 $C$ 经过 $R_1$、$R_2$ 放电,放电时间为灯亮时间。$C$ 放完电,接着又充电,$VT_1$ 再次导通,使 $VT_2$、$VT_3$ 截止,转向信号灯又熄灭,$C$ 的充电时间为灯灭的时间。如此反复,使转向信号灯发出闪光。改变 $R_1$、$R_2$ 的电阻值和 $C$ 的大小以及 $VT_1$ 的 $\beta$ 值,即可改变闪光频率。

**4. 集成电路闪光器**

集成电路闪光器可用通用集成电路制成,也有专用闪光器集成电路。进口汽车上的集成电路闪光器一般采用的是专用集成电路。

上海桑塔纳轿车装用的电子闪光器的核心器件 ICU243B 是一块低功耗、高精度的汽车电子闪光器专用集成电路。U243B 的标称电压为 12 V,实际工作电压范围为 9~18 V,采用双列 8 脚直插塑料封装,桑塔纳轿车电子闪光器引脚及电路原理图如图 5.23 所示。内部电路主要由输入检测器 SR、电压检测器 D、振荡器 Z 及功率输出级 4 部分组成。

输入检测器用来检测转向信号灯开关是否接通。振荡器由一个电压比较器和外接 $R_4$ 及 $C_1$ 构成。内部电路给比较器的一端提供了一个参考电压(其值的高低由电压检测器控制),比较器的另一端则由外接 $R_4$ 及 $C_1$ 提供一个变化的电压,从而形成电路的振荡。

振荡器工作时,输出级控制继电器线圈的电路使继电器触点反复开、闭。于是,转向信号灯和转向指示灯便以 80 次/min 的频率闪光。

如果一只转向信号灯损坏,则流过取样电阻 $R_s$ 的电流减小,其电压降减小,经电压检测器识别后,便控制振荡器电压比较器的参考电压,从而改变振荡(即闪光)频率,则转向指示灯的闪光频率加快一倍,以示需要检修或更换灯泡。

有些汽车利用闪光器还可作危险报警之用,当汽车出现危险情况时,只要接通危险报警开关,则汽车前、后、左、右的转向信号灯同时闪烁以示危险。

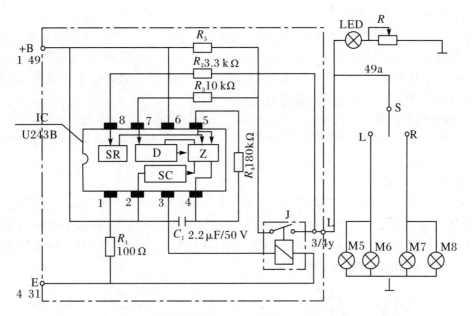

图 5.23　桑塔纳轿车电子闪光器引脚及电路原理

### （五）制动与倒车信号装置

**1. 制动信号装置**

制动信号灯与汽车制动系统同步工作，它通常由制动信号灯开关控制。气压制动系统的制动信号通常由安装在制动系统管路中或制动阀上的制动信号灯开关控制；液压制动系统的制动信号灯一般由与制动踏板直接连动的机械行程开关控制，也可采用安装在制动回路上的液压式开关来控制。

（1）气压式制动信号灯开关

气压式制动信号灯开关通常安装在制动系统管路中或制动阀上，图 5.24 所示为气压式制动信号灯开关的结构图。制动时，制动压缩空气推动橡皮膜片 2 上拱，使触点 6 闭合，接通制动灯电路。

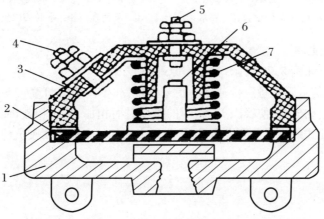

**图 5.24　气压式制动信号灯开关**

1. 壳体；2. 膜片；3. 胶木盖；4、5. 接线柱；6. 触点；7. 弹簧

### (2) 液压式制动信号灯开关

液压式制动信号灯开关通常安装在制动总泵的前端,图 5.25 所示为液压式制动信号灯开关。当踩下制动踏板时,制动系统中油液压力增大,膜片 2 向上拱曲,克服弹簧 5 的作用力使动触片 4 接通接线柱 6 和 7,制动信号灯通电发亮。松开制动踏板时,油液压力降低,动触片在弹簧 5 的作用下复位,制动信号灯熄灭。

### 2. 倒车信号装置

汽车倒车时,为了警告车后的行人和车辆驾驶员,在汽车的后部常装有倒车灯、倒车蜂鸣器或语音倒车报警器,它们均由装在变速器盖上的倒车灯开关自动控制。

#### (1) 倒车灯开关

倒车信号装置由倒车灯开关控制。倒车灯开关的结构如图 5.26 所示。当把变速杆拨到倒车挡时,由于倒车开关中的钢球 1 被松开,在弹簧 5 的作用下,触点 4 闭合,于是倒车灯、倒车蜂鸣器或语音倒车报警器便与电源接通,使倒车灯发出闪烁信号、蜂鸣器发出断续的鸣叫声、语音倒车报警器发出警告声音。

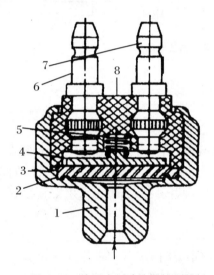

图 5.25 液压式制动信号灯开关

1. 管接头;2. 膜片;3. 壳体;4. 动触片;
5. 弹簧;6、7. 接线柱及静触头;8. 胶木

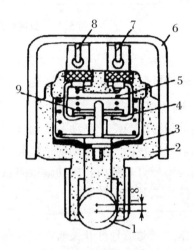

图 5.26 倒车灯开关

1. 钢球;2. 壳体;3. 膜片;4. 触点;5. 弹簧;
6. 保护罩;7、8. 导线;9. 金属盘

#### (2) 倒车信号电路

倒车信号电路如图 5.27 所示,其工作原理如下:

倒车时,倒车信号开关触点接通倒车信号灯电路,倒车信号灯亮。与此同时,倒车蜂鸣器利用电容的充电和放电,使线圈 $L_1$ 和 $L_2$ 的磁场时而相加、时而相减,使触点 4 时开时闭,从而控制电磁振动式蜂鸣器间歇发声,以警告行人和其他车辆的驾驶员注意。

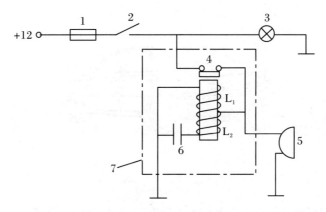

**图 5.27 倒车信号电路**

1. 熔断丝；2. 倒车信号灯开关；3. 倒车信号灯；4. 继电器触点；
5. 蜂鸣器；6. 电容器；7. 倒车信号间歇发声控制器

(3) 倒车蜂鸣器

图 5.28 所示为在解放 CA1091 汽车上使用的电子倒车间歇发声控制器，主要是利用多谐振荡器控制 $VT_3$ 的导通与截止，为蜂鸣器提供断续电流并产生间歇发声。

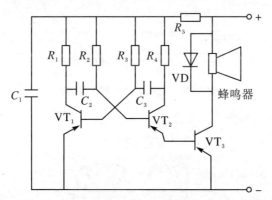

**图 5.28 解放 CA1091 汽车的电子倒车间歇发声控制器**

晶体管 $VT_1$、$VT_2$ 组成一个无稳态电路(也叫多谐振荡器)，由于 $VT_1$ 和 $VT_2$ 之间采用电容器耦合，所以 $VT_1$ 与 $VT_2$ 只有两个暂时的稳定状态，或 $VT_1$ 导通、$VT_2$ 截止，或 $VT_1$ 截止、$VT_2$ 导通，这两个状态周期性地自动翻转。$VT_3$ 在电路中起开关作用。当 $VT_2$ 导通时，$VT_3$ 基极有足够大的基极电流，也导通。电流便从电源正极，经 $VT_3$ 和蜂鸣器流回电源负极，蜂鸣器产生声音。当 $VT_2$ 截止时，$VT_3$ 无基极电流，也截止，蜂鸣器静音。如此周而复始，$VT_3$ 按照无稳态电路的翻转频率不断地导通、截止，从而使得倒车蜂鸣器发出间歇性的鸣叫。

(4) 倒车雷达系统

倒车雷达系统在倒车时起到辅助报警作用，使安全性大大提高。当驾驶员挂入倒挡后，倒车雷达侦测器进入自我检测。当自我检测通过后，就开始检测汽车后部障碍物。

倒车雷达系统由倒车雷达侦测器、控制器、蜂鸣器等组成。倒车雷达侦测器安装在车辆后部保险杠上，如图 5.29 所示。它向汽车后部发射超声波，并接收反射回来的超声波。控制器接收从侦测器传来的信号，经计算判断障碍物离车尾的距离。如达到报警位置，就传送信号给蜂鸣器。

图 5.29　倒车雷达安装位置

倒车雷达系统利用声呐原理工作,如图 5.30 所示。当发射的超声波频率达到 40 kHz,超声波遇到障碍物时,会有反射波产生,被传感器接收后,控制器就会利用发射波与反射波之间的延迟时间计算出障碍物与雷达发射器的距离,并据此采取相应的报警提示。

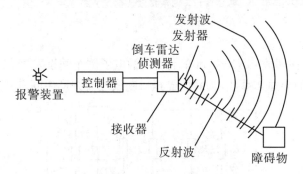

图 5.30　倒车雷达系统工作原理

倒车雷达系统的有效侦测范围如图 5.31 和图 5.32 所示。

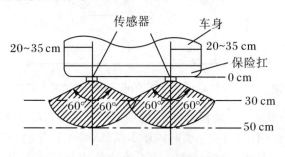

图 5.31　倒车雷达系统左右有效侦测范围

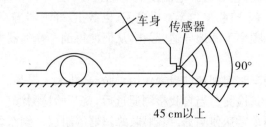

图 5.32　倒车雷达系统上下有效侦测范围

### (六）喇叭结构与工作原理

汽车上喇叭的作用是用来警告行人和其他车辆以引起注意，保证行车安全。

电喇叭由振动机构和电路断续机构两个部分组成，根据外形的不同可分为筒形、螺旋形和盆形电喇叭。电喇叭利用电磁力使金属膜片振动产生音响，电喇叭具有操作方便、结构简单、检修容易、声音悦耳等优点，广泛应用于各种类型的汽车上。

电喇叭按有无触点可分为普通电喇叭和电子电喇叭。普通电喇叭主要是靠触点的闭合和断开，控制电磁线圈激励膜片振动而产生音响的；电子电喇叭中无触点，它利用晶体管电路激励膜片振动产生音响。

#### 1. 盆形电喇叭

盆形电喇叭具有尺寸小、质量轻、指向性好等特点，因此被现代汽车普遍采用。盆形电喇叭的结构如图 5.33 所示。

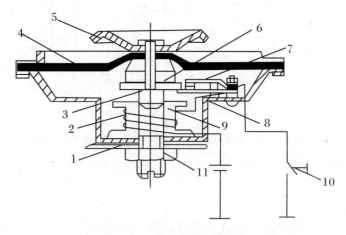

**图 5.33 盆形电喇叭的结构**

1. 下铁芯；2. 线圈；3. 上铁芯；4. 膜片；5. 共鸣板；6. 衔铁；7. 触点；
8. 调整螺钉；9. 铁芯；10. 喇叭按钮；11. 锁紧螺母

其工作原理如下：当按下喇叭按钮 10 时，进入喇叭的电流由蓄电池正极→线圈 2→触点 7→喇叭按钮 10→搭铁→蓄电池负极构成回路。线圈 2 通电后产生电磁吸力，吸动上铁芯 3 及衔铁 6 下移，使膜片 4 向下拱曲，衔铁 6 下移中将触点 7 顶开，线圈 2 电路被切断，其电磁力消失，上铁芯 3、衔铁 6 在膜片 4 弹力的作用下复位，触点 7 又闭合。如此反复一通一断，使膜片及共鸣板连续振动辐射发声。为了保护触点，在触点 7 之间并联一只电容器（或消弧电阻）。

#### 2. 电子电喇叭

普通电磁振动式电喇叭由于触点易烧蚀、氧化，影响电喇叭的工作可靠性，故障率高。因此，无触点电喇叭应运而生，它利用晶体管控制电路来激励膜片振动产生声响。无触点电喇叭主要由多谐振荡电路和功率放大电路组成，无触点电喇叭电路如图 5.34 所示。

工作原理如下：由 $VT_1$、$VT_2$、$VT_3$ 和 $C_1$、$C_2$ 及 $R_1 \sim R_9$ 组成多谐振荡电路。按下喇叭按钮，电路即通电。由于 $VT_1$ 和 $VT_2$ 的电路参数有微小差异，因此两个三极管的导通程度不可能完全一致。假设在电路接通瞬间 $VT_1$ 先导通，$VT_1$ 的集电极电位首先下降，于是，多谐振荡电路通过 $C_1$、$C_2$ 正反馈电路形成正反馈过程，使 $VT_1$ 迅速饱和导通，而 $VT_2$ 则迅速截止，$VT_3$ 也截止，电路进入暂时稳态。此时，$C_1$ 充电使 $VT_2$ 的基极电位升高，当达到 $VT_2$ 的导通电压时，$VT_2$ 开始导通，$VT_3$ 也随之导通。多谐振荡电路又形成正反馈过程，使 $VT_2$ 迅速导通，而 $VT_1$ 则迅速截止，电路进入新的暂时稳态。这时，$C_2$ 的充电又使 $VT_1$ 的基极电位升高，使 $VT_1$ 又导通，电路又产生一个正反馈过程，使 $VT_1$ 迅速饱和导通，而 $VT_2$、$VT_3$ 则迅速截止。如此周而复始，形成振荡。此振荡电流信号经 $VT_4$、$VT_5$ 的直流放大，控制喇叭线圈电流的通断，从而使喇叭发出声响。

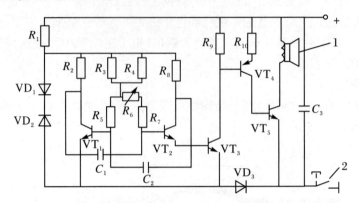

图 5.34　无触点电喇叭电路

1. 喇叭；2. 喇叭按钮

电路中，电容 $C_3$ 是喇叭的电源滤波电容，以防其他电路瞬变电压的干扰。$VD_2$、$R_1$ 为多谐振荡器的稳压电路，使振荡频率稳定。$VD_1$ 用作温度补偿，$VD_3$ 起电源反接保护作用。$R_6$ 可用于调节喇叭的音量。

### 3. 喇叭继电器

为了得到更加悦耳的声音，在汽车上常装有两个不同音调（高、低音）的喇叭。其中高音喇叭膜片厚，扬声筒短，低音喇叭则相反。当装用双喇叭时，由于其消耗的电流较大，用按钮直接控制时，按钮容易烧坏，故常采用喇叭继电器控制，其构造与接线方法见图 5.35。当按下喇叭按钮 5 时，喇叭继电器线圈 3 通电产生电磁力，触点 1 闭合，大电流通过支架 4、触点臂 2、触点 1 流到喇叭。由于喇叭继电器线圈的电阻很大，因此通过按钮 5 的电流很小，故可起到保护按钮作用。

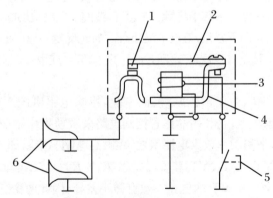

图 5.35　喇叭继电器

1. 触点；2. 触点臂；3. 线圈；4. 支架；5. 喇叭按钮；6. 喇叭

## 二、理论知识师生互动讨论

将学生分组,对照图5.1和图5.2,开展小组内、小组之间及师生之间提问及讨论。
① 汽车照明系统由哪几个部分组成?
② 前照明灯的结构组成有哪些?各自作用分别是什么?
③ 汽车信号系统由哪几个部分组成?
④ 汽车信号装置由哪些?它们各自的作用是什么?

# 实践知识导学和师生互动讨论

## 一、实践知识导学

### (一) 前照灯用途、分类

**1. 前照灯用途**

前照灯是保证夜间行车时,车前有明亮而均匀的照明,使驾驶员能辨明车前100 m以内路面上的任何障碍物。汽车在行驶过程中,速度越快要求前照灯的照明距离就越远。

**2. 前照灯的分类**

前照灯按其结构不同可分为半封闭式和全封闭式两种,如图5.36和图5.37所示。半封闭式前照灯的前透镜和反射镜密封,可从反射镜的后端拆装灯泡,其优点是维修方便,但反射镜易被污染。全封闭式前照灯的反射镜和前透镜熔焊为一个整体,灯丝直接焊在反射镜的底座上,其优点是可完全避免反射镜被污染,但灯丝烧坏后需更换整个总成,维修成本高。

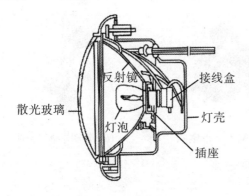

图5.36 半封闭式前照灯

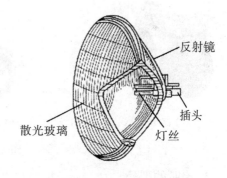

图5.37 全封闭式前照灯

### (二) 闪光器的用途、类型

**1. 闪光器的用途**

闪光器是控制汽车转向灯电路间歇方式工作,使汽车在起步、转弯、变更车道或路边停车时,需要打开转向信号灯以发出闪烁的灯光,表示汽车的趋向,提醒周围车辆和行人注意,保证车辆安全。

**2. 闪光器的类型**

常见的闪光器(Flasher)有电容式、翼片式、晶体管式等几类(图5.38)。翼片式和带继电器的晶体管式闪光器结构简单体积小、闪光频率稳定、监控作用明显、工作时伴有响声,故被广泛使用。

(a)翼片式　　　　　　(b)电容式　　　　　　(c)晶体管式

图 5.38　闪光器

### (三)喇叭的用途、类型、型号

**1. 喇叭的用途**

汽车上喇叭属于声音信号装置,用来警告行人和其他车辆,以引起注意,保证行车安全。

**2. 喇叭的类型**

喇叭按发音动力的不同分为电喇叭和气喇叭两类;按外形分有盆形、螺旋形、筒形(图 5.39)三类;按声频分有高音和低音两种。

(a)盆形喇叭　　　　　(b)螺旋(蜗牛)形喇叭　　　　　(c)筒形电动气喇叭

图 5.39　喇叭类型

**3. 喇叭的型号**

型号标记分为 5 部分。

第一部分为为名称代号,用字母表示:DL 为有触点,DLD 为无触点。

第二部分为为电压等级,用数字表示:1 为 12 V,2 为 24 V,6 为 6 V。

第三部分为为结构代号,用数字表示:1 为长筒形,2 为盆形,6 为螺旋形。

第四部分为音量代号,用字母表示:G 为高音,D 为低音。

第五部分为为设计序号,用数字表示。

如 DL12G 或 DLD12D。

### (四)照明与信号装置的维护注意事项

① 安装车灯时,应根据标志及使用维修说明书要求,不得倾斜侧置。
② 要按车型,配套使用灯泡等光学组件。
③ 车灯应注意装配固定,以保证其密封、性能,防止水分及灰尘进入车灯。
④ 注意灯的搭铁极性,尤其对没有明显标记的灯泡,要注意判别远光、近光灯丝及搭铁极性。
⑤ 保证车灯电路接触良好并保持清洁。
⑥ 更换灯泡前,应先切断电源,更换的灯泡要选择与原车型号和功率规格相同的原厂件。
⑦ 更换灯泡时,手指不能触及镜面,以免留下汗水或油印使反射镜失去光泽,降低反光效率。
⑧ 保证转向灯的灯泡功率相等并与闪光器匹配。
⑨ 车灯发生故障不外乎灯泡及线路断、短路。排除时可检查相应的熔断丝和灯泡的技术状况以及相应的线路是否良好。
⑩ 做好定期维护,并按标准检验和调整,以保持灯光的技术状况完好。

## 二、实践知识师生互动讨论

将学生分组,开展小组内、小组之间及师生之间提问及讨论。
① 汽车前照灯、闪光器、喇叭各有什么用途?
② 前照灯、闪光器、喇叭常见类型有哪些?
③ 如何使用前照灯、闪光器、喇叭等照明与信号装置?

## 实践技能导训和学生实训

### 一、实践技能导训

#### (一)前照灯的检测与调整

**1. 前照灯的检测**

为保证前照灯的性能,应及时对前照灯进行检测和调整。检测调整前汽车应空载停放在平整的场地上,前照灯总成应清洁,屏幕与场地应垂直,轮胎气压符合规定,并且驾驶室内只允许乘坐一名驾驶员。

根据 GB7258—2004《机动车运行安全技术条件》的规定,机动车在检验前照灯的近光光束照射位置时,前照灯在距离屏幕 10 m 处,光束明暗截止线转角或中点高度应为 $0.6\sim0.8\ H$($H$ 为前照灯基准中心高度),其水平方向位置向左右偏差均不得大于 100 mm。

四灯制前照灯其远光单光束灯的调整,要求在屏幕上光束中心离地高度为 $0.85\sim0.90\ H$,水平位置要求左灯向左偏差不得大于 100 mm,左灯向右偏差和右灯向左向右偏差均不得大于 170 mm。

前照灯发光强度要求见表 5.1。

表 5.1 前照灯远光光束发光强度要求(单位:cd)

| 检查项目 | 新注册车 | | 在用车 | |
| --- | --- | --- | --- | --- |
| 车辆类型 | 两灯制 | 四灯制 | 两灯制 | 四灯制 |
| 汽车,无轨电车 | 15 000 | 12 000 | 12 000 | 10 000 |

四灯制的机动车其中两只对称的灯达到两灯制要求视为合格。

前照灯的检测可采用屏幕法检验(图5.40)和检验仪检验两种方法。

(1) 屏幕法检验

用屏幕法检验前照灯的配光性能。

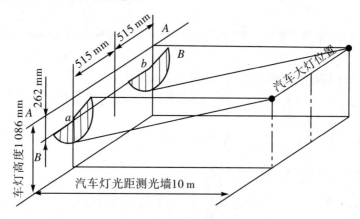

图 5.40 前照灯的屏幕法检查

(2) 检验仪检验

用检验仪检验前照灯的发光强度和配光性能。

前照灯检验仪大多采用光电池感光。把光电池与光度计(电流表)连接起来,在适当的距离内使前照灯照射光电池,光电池会产生相应大小的电流,使光度计动作,便可测出前照灯的发光强度。

把光电池分割成上下左右4块,经前照灯照射后,各块光电池分别产生电动势,其差值可以使上下偏斜指示计或左右偏斜指示计产生动作,从而判断出光轴位置,如图5.41所示。

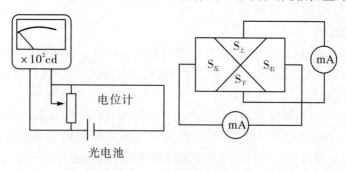

图 5.41 前照灯检测原理

注意事项:使用前照灯检测仪时,应按规程进行操作,最好参阅其使用说明书。

**2. 前照灯的调整**

前照灯光轴方向偏斜时,应进行调整,调整部位一般分外侧调整式(图5.42的左图)和内侧调整式(图 5.42 的右图)两种。

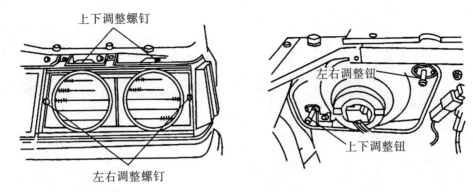

图 5.42　前照灯调整部位

注意事项:调整前照灯光束照射位置时,最好参阅具体检测车型的维修手册。

(二)前照灯的拆卸与安装

**1. 前照灯拆卸**

下面以速腾汽车前照灯的拆装为例进行说明,前大灯的装配图如图 5.43 所示。
前照灯拆卸步骤如下:
① 关闭点火开关并断开所有用电器,拔出点火钥匙。
② 松开多芯插头连接,如图 5.44 中箭头所示,并将其拔下。

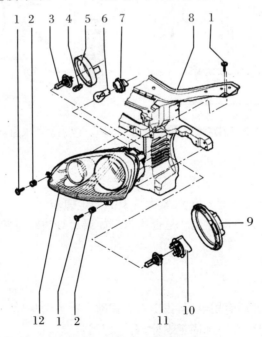

图 5.43　前大灯的装配图

1. 固定螺钉;2. 调节衬套;3. 左远光灯灯泡;4. 左停车灯灯泡;5. 盖罩;
6. 左前转向信号灯灯泡;7. 带拉手的灯座;8. 车身的凹槽;9. 盖罩;
10. 带拉手的灯座;11. 左近光灯灯泡;12. 大灯

③ 从大灯上旋出上部固定螺栓,如图 5.45 所示。

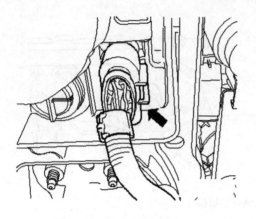
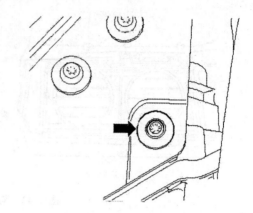

图 5.44　松开多芯插头连接　　　　图 5.45　拆卸上部固定螺栓

④ 从大灯上旋出左下部固定螺栓,如图 5.46 所示。
⑤ 从大灯上旋出右下部固定螺栓,如图 5.47 所示。

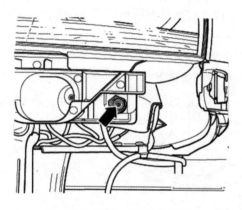
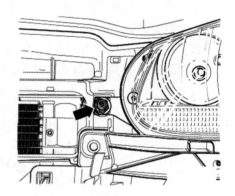

图 5.46　拆卸左下部固定螺栓　　　　图 5.47　拆卸右下部固定螺栓

**2. 前照灯的安装**

安装以倒序进行,安装过程中要注意以下几点:
① 以规定的拧紧力矩(4 N·m)拧紧大灯上的固定螺栓。
② 检查大灯安装位置的间隙尺寸是否均匀。如果大灯与车身间的间隙尺寸不均匀,就必须校正安装位置
③ 检查大灯的功能。

**3. 校正前照灯安装位置**

关闭点火开关并断开所有用电器,拔出点火钥匙。拆下散热器格栅、嵌条和饰板。从前照灯上松开上部固定螺栓、左下部固定螺栓、右下部固定螺栓。

如图 5.48 所示,通过旋入或旋出在前照灯左下部或右下部的调节衬套来调节与车身的齐平度。然后以规定的拧紧力矩拧紧固定螺栓。检查前照灯安装位置是否间隙均匀,必要时重新校正。安装散热器格栅、嵌条和饰板。

检查前照灯的功能。

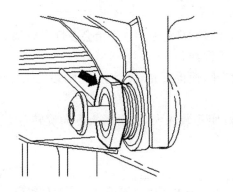

图 5.48 校正前照灯安装位置

### 4．更换前照灯灯泡

（1）更换近光灯灯泡

①拆卸。

关闭点火开关并断开所有用电器,拔出点火钥匙。沿箭头方向旋转盖罩1,如图5.49所示,并将其取出。

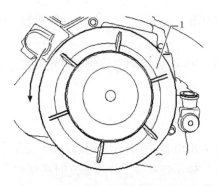

图 5.49 取出盖罩

1.盖罩

将带有近光灯灯泡的灯座1沿箭头方向旋转,如图5.50所示,并从大灯中取出。
将近光灯灯泡2沿箭头方向从灯座1上拔下,如图5.51所示。

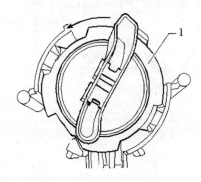 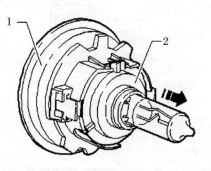

图 5.50 取出近光灯灯座　　　　　　图 5.51 拔下近光灯灯泡

1.灯座　　　　　　　　　　　　1.灯座；2.近光灯灯泡

② 安装。

注意:在安装灯泡时不要接触灯泡玻璃。手指会在灯泡玻璃上留下油脂痕迹,在接通灯泡时蒸发,并使灯泡玻璃变得混浊。

将近光灯灯泡1插入灯座,使得近光灯灯泡上的轴颈位于灯座2的凹口,如图5.52中箭头所示。

将带有近光灯灯泡的灯座1装入大灯,沿箭头方向旋转带有近光灯灯泡的灯座,如图5.53所示。

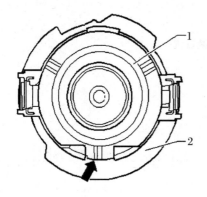

图5.52 安装近光灯灯泡
1.近光灯灯泡;2.灯座

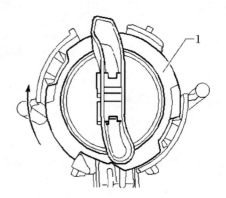

图5.53 安装近光灯灯座
1.灯座

将盖罩装入大灯上的凹口中,拧紧盖罩。检查大灯的功能。检查大灯调节装置,必要时调整大灯。

(2)更换远光灯灯泡

① 拆卸。

关闭点火开关并断开所有用电器,拔出点火钥匙,拔下盖罩1,如图5.54所示。

如图5.55所示,拔下多芯插头连接3。沿箭头方向将钢丝弹簧夹2压到锁止凸耳1下面,并将钢丝弹簧夹2向上翻,从大灯中取出远光灯灯泡。

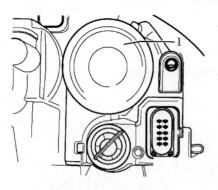

图5.54 拆卸盖罩
1.盖罩

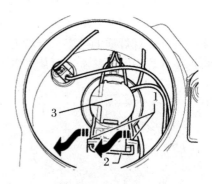

图5.55 拆卸远光灯灯泡
1.锁止凸耳;2.弹簧夹;3.插头

② 安装。

安装以倒序进行,安装过程中要注意以下几点:

将远光灯灯泡1装入大灯上的凹口(如图5.56中箭头所示)内。

检查大灯的功能。

检查大灯调节装置,必要时调整大灯。

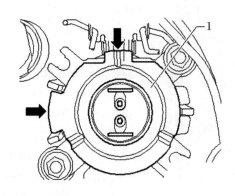

图 5.56　安装远光灯灯泡

1.远光灯灯泡

**(三)闪光器的检测与更换**

**1. 检查和调整闪光继电器的频率**

(1)测定闪光器的频率值

将闪光继电器与电路正确连接后,接通转向开关,同时按下计时电子秒表,记下 1 min 内转向灯的闪光次数,即为被测闪光器的频率值。

(2)调整闪光器的频率

转向灯的闪光频率一般为 60～120 次/min,但以 60～90 次/min 为宜。低于或超出规定值应进行调整。电热式与电容式闪光器,可打开闪光继电器外壳,用尖嘴钳拨动调节片改变触点间隙进行调整;电子式闪光继电器可改变充电电容数值进行调整。

**2. 闪光器技术性能测试**

(1)连接电源

将闪光继电器"B"接 12 V 直流稳压电源"+","E"接 12 V 直流稳压电源"-","L"接试灯后再接直流稳压电源"-"。

(2)判明故障

打开 12 V 直流稳压电源开关,观察灯泡的闪光频率,若能正常闪烁,则闪光继电器完好;如灯泡不亮或长亮不闪,为闪光继电器故障,应调整或更换闪光继电器。

**3. 闪光器的更换**

关闭点火开关并断开所有用电器,拔出点火钥匙,打开发动机机舱,打开中央接线盒,对照维修手册中闪光器安装位置将其拔出,再将新件对好插孔位置均匀用力装上。

**(四)电喇叭的维护与调整**

不同形式的电喇叭其构造不完全相同,所以调整方法也不一致。为了保证声音正常,喇叭不作刚性安装,在喇叭与固定架之间装有片状弹簧或橡胶垫。

技术良好的喇叭,发音响亮清晰而无沙哑声。喇叭触点应保持清洁且接触良好。电喇叭的调整包括音调和音量的调整。

**1. 音调调整**

电喇叭音调的调整原理是:改变上、下铁芯的间隙,如图 5.57 所示。先松开铁芯下部的

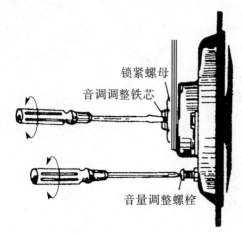

图 5.57 盆形电喇叭的调整

锁紧螺母,用螺钉旋具转动铁芯,顺时针方向旋转,上下铁芯之间的间隙减小,音调提高;逆时针方向旋转,铁芯之间的间隙增大,音调降低。铁芯间隙一般为 0.5~1.5 mm,调整时,铁芯要平整,上下铁芯间隙要均匀。

**2. 音量的调整**

电喇叭音量的调整原理是:改变电喇叭内部触点的预紧压力,从而调整喇叭线圈电流的大小,改变音量大小。先松开音量调整螺栓的锁紧螺母,用螺钉旋具转动调整螺栓,顺时针方向旋转,使动静触点之间压力增大,音量提高;逆时针方向旋转,使动静触点之间压力减小,音量降低。

**(五) 照明系统故障的检测与元件更换**

汽车照明系统的常见故障一般有前照灯灯光不亮、灯光亮度低、灯泡频繁烧坏等。在进行故障诊断时,应根据电路图对电路进行检查,判断出故障的部位。

**1. 灯光不亮**

引起灯光不亮的原因主要有灯泡损坏、熔断丝熔断、灯光开关或继电器损坏及线路短路或断路等。如果只有一只灯不亮,一般为该灯的灯丝烧断,可将灯泡拆下后检查。如果是几只灯都不亮,再按喇叭,喇叭也不响,则是总熔断器熔断。若同属一个熔断丝的灯泡都不亮,则可能是该支路的熔断丝被熔断。处理熔断器熔断故障时,在将总熔断器复位或更换新的熔断丝之前,应查找出超负荷的原因。其方法是:将熔断丝所接各灯的接线从灯座拔掉,用万用表电阻挡测量灯端与搭铁之间的电阻,若电阻较小或为 0,则可断定线路中有搭铁故障。排除故障后,再把熔断器复位或更换新的熔断丝。

另外,其他部位的检查方法有:

① 继电器的检查:将继电器线圈直接供电,可检查出继电器是否能正常工作,如不能正常工作,应更换继电器。

② 灯光开关的检查:可用万用表检查开关各挡位的通断情况,若与要求不符,应更换灯光开关。

③ 线路的检查:在检查线路时,可用万用表或试灯逐段检查线路,以便找出短路或断路故障的部位。

**2. 灯光亮度下降**

灯光亮度不够,多为蓄电池电量不足或发电机和调节器的故障所致。

另外,导线接头松动或接触不良、导线过细或搭铁不良、散光镜损坏或反射镜有尘垢、灯泡玻璃表面发黑或功率过低及灯丝没有位于反射镜的焦点上,均可导致灯光暗淡,需要逐一检查排除。

检查时,首先要检查蓄电池和发电机的工作状态,若不符合要求,应先恢复电源系统的正常工作电压。在电源正常的状态下,再检查线路的连接情况及灯具是否良好。

**3. 灯泡频繁烧坏**

灯泡频繁烧坏的原因一般是电压调节器不当或失调,使发电机输出电压过高,应重新将输出电压调整到正常工作范围。

此外,灯具的接触不良也是造成灯泡频繁损坏的原因。

### (六) 信号系统故障的检测与元件更换

**1. 转向开关打到左侧或右侧时,转向指示灯闪烁比正常情况快**

这种故障现象说明这一侧的转向灯灯泡有烧坏的,或转向灯的接线、搭铁不良。

排除方法:更换灯泡。若接线搭铁不良时,视情况处理。

**2. 左、右转向灯均不亮**

这种故障的原因可能是熔丝烧断、闪光器坏、转向开关出现故障或线路有断路的地方。

排除方法:

① 检查熔丝,断了更换。

② 检查闪光器。

③ 若以上正常,检查转向灯开关及其插接器及引线,视情况修理或更换。

左、右转向灯均不亮,除以上检查方法外,还可以先打开危险警告开关,若左、右转向、灯不亮,说明闪光器有故障。

## 二、学生实操训练

### (一) 训前准备

**1. 学生分组**

学生按照3~4人一组进行分组,每组内按照实训要求进行分工,主要有测量、工具准备、故障分析推导等工作。

**2. 记忆强化**

通过教师提问、小组讨论、相关视频播放等形式,进一步强化拆装能力、检测能力。

问题:

① 简述前照灯拆卸与安装步骤。

② 简述前照灯电路故障诊断与维护。

③ 简述转向灯电路的故障诊断与维护。

④ 简述电喇叭的检测与调整。

**3. 实训场地及工具**

① 在汽车电器实训室按照分组准备好实训场地。

② 准备好大众速腾轿车:将汽车停驻在举升机中央位置;拉紧驻车制动器操作杆,并将变速杆置于空挡位置;套上转向盘护套、变速杆手柄套、座位套,铺设脚垫;在车内拉动发动机舱盖手柄;在车外打开发动机舱盖;粘贴翼子板和前格栅磁力护套。

③ 故障设置:教师事前设置汽车前照灯不亮故障,其他照明装置正常。

④ 准备相关工具、仪表:汽车电工组合工具、数字万用表、扭力扳手、钳子、螺丝刀、转向盘护套、变速杆手柄套、座位套、脚垫、翼子板和前格栅磁力护套。

### (二) 前照灯的拆卸与安装、故障诊断实训

根据前面前照灯的拆卸与安装、前照灯的故障诊断导训部分介绍,在教师演示或视频指导下进行实训。

## （三）前照灯不亮实训

按照已经分好的小组，让学生制订维修计划，计划包括：资讯、查阅维修手册进行原因分析（诊断方案）、故障点确认（实施诊断方案）、故障排除等。

### 1. 资讯

资讯见表 5.2。

表 5.2　维修车辆登记表

| 基本信息 | 车主 | | 电话 | |
| --- | --- | --- | --- | --- |
| | 性别 | | 检修日期 | |
| | 车型 | | 保养次数 | |
| | 底盘号 | | 行驶里程 | |
| 使用状况 | 道路 | | | |
| | 载荷 | | | |
| 故障日期 | | | | |
| 用户对故障描述 | | | | |
| 故障现象确认 | | | | |
| 故障原因分析 | | | | |

### 2. 查阅维修手册进行原因分析

按照检修车前照灯电路进行故障诊断和原因分析。

### 3. 故障点确认

按照表 5.3 进行故障点确认。

表 5.3　故障点确认

| 序号 | 检查项目 | 正常与否 |
| --- | --- | --- |
| | | |
| | | |

### 4. 故障排除

按照表 5.4 进行故障排除。

表 5.4　故障排除

| 序号 | 故障部位或零部件 | 故障原因 | 修复方法 |
| --- | --- | --- | --- |
| | | | |
| | | | |

**5．废料和废品处理**

对实训产生的废料和废品进行处理。

**（四）学生撰写实训报告**

学生在实训完成后，撰写实训报告。

**（五）实训结果评价**

对实训后的结果进行评价。

结合所学汽车照明与信号系统内容，通过问题法引导同学们扩展知识、展开想象，提升创新能力。

问题：

现代汽车照明和信号系统的发展趋势是什么？

阅读导航：

① 百度上有关资料。

② 大众速腾维修手册。

## 项目反馈

请将评价反馈填入表5.5。

表5.5 项目评价反馈表

| 项目名称 | | | | | | | |
|---|---|---|---|---|---|---|---|
| 学生基本信息 | 姓名 | | 学号 | | 班级 | | |
| | 组别 | | 时间 | | 成绩 | | |
| 考核能力 | 考核项目 | 评分标准 | 分数 | 学生自评 | 小组互评 | 教师评价 | 平均分小计 |
| 专业能力 | 理论知识 | 是否正确 | 25 | | | | |
| | 实践知识 | 是否正确 | 20 | | | | |
| | 实践操作 | 是否正确 | 25 | | | | |
| 社会能力 | 团队合作 | 是否和谐 | 5 | | | | |
| | 劳动纪律 | 是否严格遵守 | 5 | | | | |
| | 沟通讨论 | 是否积极 | 5 | | | | |
| 方法能力 | 制订计划 | 是否合理 | 5 | | | | |
| | 学习新技术能力 | 是否具备 | 5 | | | | |
| | 总结能力 | 能否正确总结 | 5 | | | | |

# 项目六

# 汽车仪表与报警系统基本结构、工作原理及检修方法

## 项目描述

汽车仪表（automob ileinstrument）是汽车与驾驶员进行信息交流的界面，为驾驶员提供必要的汽车运行信息，同时也是维修人员发现和排除故障的重要工具。本项目介绍的是汽车仪表与报警系统基本结构、工作原理及检修方法。

## 学习目标

**1．专业能力要求**

（1）理论知识

掌握汽车仪表与报警系统组成；机油压力表、水温表、燃油表、电流表、发动机转速表、多功能显示器等结构、类型与工作原理；几种常见报警系统结构与工作原理。

（2）实践知识

掌握机油压力表、水温表、燃油表、电流表、发动机转速表、多功能显示器等用途、使用注意事项及符号表示。

（3）实践技能

掌握机油压力表、水温表、燃油表、电流表、发动机转速表、多功能显示器等好坏检测与更换；仪表与报警系统故障的检测与元件更换的技能。

**2．社会能力要求**

通过理论的分组讨论沟通、检测的分工协助、课堂纪律等培养学生社会能力。

**3．方法能力要求**

通过对仪表与报警系统检测方法步骤的研讨、对方法的总结与提炼和网上产品查询等，培养学生的仪表与报警系统检修方法能力。

**4．重点和难点**

机油压力表、水温表、燃油表、电流表、发动机转速表、多功能显示器等检修与更换，仪表与报警系统故障检修的一般方法与步骤。

# 项目实施

汽车仪表与报警系统由哪几个部分组成?它们是如何工作的?常见故障有哪些?如何检测、维修与更换?

  理论知识导学和师生互动讨论

## 一、理论知识导学

### (一)汽车仪表与报警系统组成

汽车仪表与报警系统是为驾驶员提供汽车运行重要信息的装置,同时也是维修人员发现和排除故障的重要工具。

汽车仪表与报警系统主要由机油压力表、水温表、燃油表、电流表、发动机转速表、多功能显示器及各种报警装置等组成。不同汽车装用的仪表个数及结构类型不同。汽车仪表应结构简单、工作可靠、耐振动、抗冲击,在电源电压允许变化的范围内,仪表显示值应准确,且不随周围温度的变化而变化。奇瑞 A3 车型仪表如图 6.1 所示。

图 6.1 奇瑞 A3 车型仪表

仪表板总成一般由面罩、边框、表芯、表座、印刷线路板、插接器、故障报警灯及指示灯等部件组成。北京切诺基仪表板分解如图 6.2 所示。有些汽车仪表还带有仪表稳压器和报警蜂鸣器等。

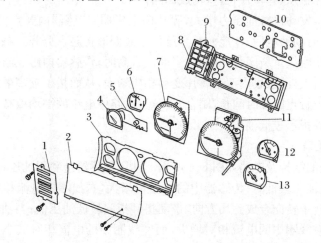

图 6.2 北京切诺基仪表板分解图

1.指示灯显示屏;2.面罩;3.表框;4.燃油表;5.低燃油警报组件;6.发动机冷却液温度表;7.转速表;8.组合仪表壳;9.指示灯印制线路板;10.仪表印制线路板;11.车速表;12.发动机油压表;13.电压计

## （二）机油压力表结构与工作原理

机油压力表简称机油表或油压表,其作用是指示发动机主油道机油压力,它与装在发动机主油道上的油压传感器配合工作。常用油压表结构有电热式和电磁式两种。

**1. 电热式机油压力表**

电热式机油压力表的结构及电路如图 6.3 所示,油压传感器为圆盘形,内部有感受机油压力的膜片,膜片下方的油腔与润滑系主油道相通。膜片上方顶着弓形弹簧片,弹簧片的一端焊有银合金触点,另一端固定并搭铁。双金属片绕有电热线圈,线圈的一端焊在双金属片上,另一端接在接触片上。校正电阻与电热线线圈并联。

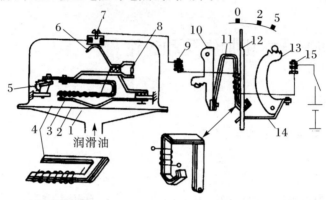

**图 6.3 电热式机油压力表**

1. 油腔;2. 膜片;3. 弹簧片;4. 双金属片;5. 调节齿轮;6. 接触片;7. 传感器接线柱;
8. 校正电阻;9. 机油压力表传感器接线柱;10、13. 调节齿扇;11. 双金属片;12. 指针;
14. 弹簧片;15. 机油压力表电源接线柱

电热式机油压力表内装有双金属片,其上绕有电热线圈,线圈一端经接线柱和传感器的触点串联,另一端接电源正极。双金属片的一端制成勾状,勾在指针上,另一端则固定在调整齿扇上。当油压表接入电路中工作时,电流由电源正极经油压表双金属片电热线圈到传感器接线柱、接触片触点、弹簧片、搭铁构成回路。

发动机运转时,发动机机油压力增大,膜片向上拱曲,传感器内触点的压力增大,这时,电热线圈必须经长时间通电后,才能使双金属片弯曲变形将触点分开。触点分开后,只需较短时间的冷却,又使触点重新闭合。因此,当油压升高时,传感器内触点断开时间短,闭合时间长,电流平均值增大,油压表内双金属片变形相应增大,从而指示较高的油压。反之,当油压降低时,传感器内触点断开时间长,闭合时间短,电路中电流的平均值减小,油压表内双金属片变形减少,指针指示较低油压。

**2. 电磁式油压表**

电磁式油压表的结构及电路如图 6.4 所示。油压传感器是利用油压推动滑臂来改变可变电阻阻值的。当油压较低时,传感器中的电阻值增大,右线圈中电流相对减小,左线圈中的电流相对增大,转子转向合成磁场方向,带动指针指向较低油压值;当油压升高时,传感器中的电阻值减小,右线圈中的电流相对增大,而左线圈中的电流相对减小,转子朝合成磁场方向转动,使指针指向较高油压值。

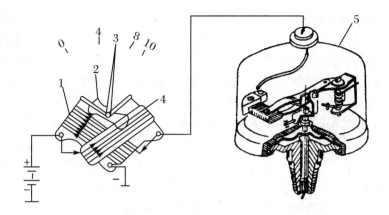

**图 6.4 电磁式机油压力表**

1. $L_1$ 线圈；2. 铁磁转子；3. 指针；4. $L_2$ 线圈；5. 可变电阻式机油压力传感器

发动机处于怠速工况时，机油表的指示值不得低于 100 kPa；低速工况时，指示值不得低于 150 kPa。正常值应为 200～400 kPa，一般最高不允许超过 600 kPa。

### （三）水温表结构与工作原理

水温表的作用是指示发动机水套内冷却水的温度，正常情况下，水温表指示值应为 85～95 ℃。它由装在发动机水套上的水温传感器配合工作。常用的水温表有电热式和电磁式两类，电磁式水温表又分双线圈式和三线圈式两种。

**1．电热式水温表**

电热式水温表可以配电热式水温传感器使用，也可以配热敏电阻式水温传感器使用。

（1）配电热式水温传感器电热式水温表

配电热式水温传感器电热式水温表如图 6.5 所示，由图可见电热式水温表除刻度板示值与电热式油压表不同外，其他结构都是相同的。

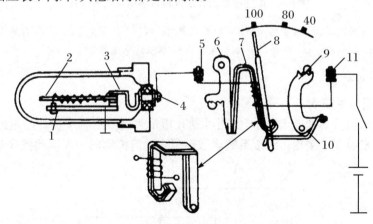

**图 6.5 配电热式水温传感器电热式水温表**

1. 固定触点；2. 双金属片；3. 连接片；4. 水温传感器接线柱；5、11. 水温表接线柱；6、9. 调节齿扇；7. 双金属片；8. 指针；10. 弹簧片

水温传感器外面是铜质外壳，壳内的底板支架上，装有可调整触点，并直接搭铁。双金属片与支架平行地固定于底板上，其上绕有电热线圈，线圈一端接触点，另一端经接线柱与

水温表相连。双金属片使触点具有一定的初始压力,当水温升高时,双金属片向固定触点方向弯曲,使触点间压力减弱,触点的闭合时间变短,断开时间变长,流过电热线圈的脉冲电流平均值减小,水温表指针指在高温区。水温低时,触点间压力增大,触电的闭合时间变长,断开时间缩短,电流的平均值增大,水温表指针指在低温区。这种水温表电路有一明显特征,就是当点火开关切断时,指针停留在刻度值最高位置。

(2) 配热敏电阻式水温传感器电热式水温表

配热敏电阻式水温传感器电热式水温表如图6.6所示。热敏电阻式水温传感器主要由热敏电阻、弹簧、壳体等组成。热敏电阻下端与壳体接触,通过壳体搭铁,上端通过弹簧与导线柱、接线柱相通。现代汽车多采用负温度系数热敏电阻传感器。当发动机冷却水温度较低时,传感器负温度系数热敏电阻值较大,水温表电路电流较小,水温表加热线圈温度较低,双金属片受热弯曲变形量较小,拉动指针指示低温区。当发动机冷却水温度上升后,负温度系数热敏电阻阻值减小,水温表电路电流增大,水温表加热线圈温度上升,双金属片受热弯曲变形量增大,指针被推动指示高温区。由于电源电压变化会影响配热敏电阻传感器的电热式水温表的指示误差,因此配有仪表稳压器。

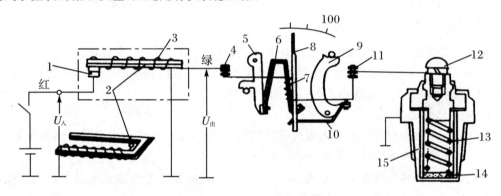

图6.6 配热敏电阻式水温传感器电热式水温表

1. 触点;2、6. 双金属片;3、7. 加热线圈;4、11、12. 接线柱;5、9. 调节齿扇;
8. 指针;10、13. 弹簧;14. 热敏电阻;15. 水温传感器外壳

**2. 电磁式水温表**

(1) 双线圈式水温表

双线圈式水温表如图6.7所示,由图可见其指示表部分除刻度板外与电磁式油压表相同。双线圈式水温表也采用负温度系数热敏电阻式水温传感器。当发动机冷却水温度发生

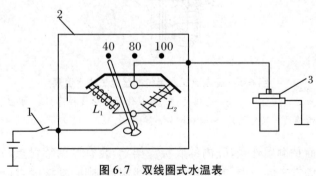

图6.7 双线圈式水温表

1. 点火开关;2. 水温表;3. 水温传感器

变化时,热敏电阻传感器直接控制左、右线圈中的电流大小,使两个铁芯作用于衔铁上的电磁力发生变化,从而带动指针偏转,指示相应的温度值。

(2) 三线圈式水温表

三线圈式水温表如图6.8所示,五十铃N系列汽车采用了这种水温表,三线圈式水温表与负温度系数热敏电阻式水温传感器配套。水温表内有一矩形塑料架,框架中安装永久转子、转轴与指针的旋转组合件。框架上绕有三个环绕永久转子的线圈。线圈C(冷)与线圈H(热)通电后产生磁场,其方向呈90°夹角。线圈B(补偿)与线圈C串联,磁场方向一致。三个线圈的合成磁场决定永磁转子的偏转角度以及指针的指向。

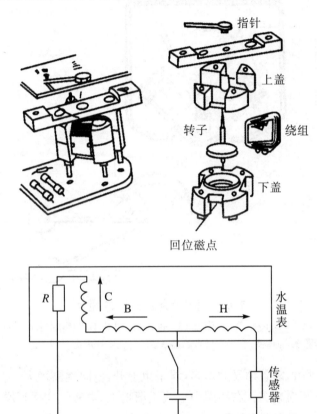

图6.8 三线圈式水温表

当发动机冷却水温度变高时,传感器负温度系数热敏电阻阻值变小、水温表线圈H电流增大,磁场增强,三个线圈的合成磁场向线圈H一侧偏转,永磁转子随之偏转,指针指示高温区。切断水温电路,转子会在线圈架上的回位磁点作用下,缓缓退回零位。

为防止车辆行驶过程中由于震动引起指示器指针摆动,该类指示器使用了硅酮阻尼油,因此,当接通或断开点火开关后,指针将稍停一段时间后才偏转。

(四) 燃油表结构与工作原理

燃油表用来指示汽车油箱中的存油量。它与装在油箱内的燃油传感器配套工作。燃油表也分电磁式和电热式两种。传感器一般为可变电阻式。

**1. 电磁式燃油表**

双线圈燃油表的结构和电路如图 6.9 所示。其燃油表由左右两个线圈(线圈内有铁芯),中间置有转子,转子上连有指针。可变电阻式传感器由电阻器、划片、浮子等组成。浮子漂浮在油面上,随油面的高低而起落带动滑片改变电阻器的阻值。

当油箱内无油时,浮子下降到最低位置,传感器上的电阻值被短路。同时右线圈也被短路;而左线圈在电源电压的作用下,电流达到最大,产生的电磁强度也最大,吸引转子带动指针偏转向最左端,指针在 0 位上。

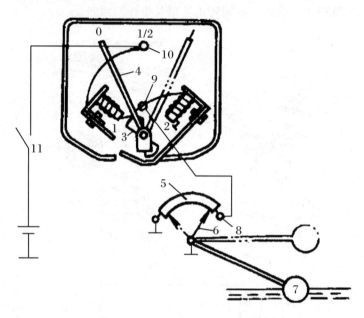

**图 6.9 电磁式燃油表结构和电路**

1. 左线圈;2. 右线圈;3. 转子;4. 指针;5. 可变电阻;6. 滑片;7. 浮子;
8. 传感器接线柱;9、10. 燃油表接线柱;11. 点火开关

当向油箱中加油时,随着油量的增多,浮子也上升,电阻逐渐增大。左右线圈中的电流逐渐减小,电磁强度相对减弱。右线圈中电流逐渐增大,电磁强度逐渐增强,两线圈中合成磁场偏向右方,吸引指针顺时针偏转,指示油量增多。

当油箱注满时,浮子上升到最高处,传感器的电阻被全部接入,指示左线圈中的电流最小,而右线圈中的电流最大,电磁力也达到最大,在两线圈的合成磁场作用下,带动指针偏向最右端指在 1 的刻度上,表示油箱已盛满油。

传感器的可变电阻末端搭铁,可避免滑片与可变电阻接触不良时产生火花,引起火灾危险。

**2. 电热式燃油表**

电热式燃油表的结构和电路如图 6.10 所示,为了稳定电源电压,在电路中还串接了一个仪表稳压器。当燃油量较多时,浮子上升,传感器阻值减小,流过指示表电热圈中的电流较大,双金属片变形大,指针指向燃油较多方向;相反燃油较少时,浮子下降,传感器电阻较大,双金属片变形小,指针指向燃油较少方向。

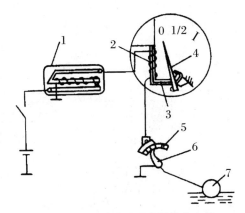

**图 6.10 电热式燃油表结构和电路**

1. 稳压器；2. 加热线圈；3. 双金属片；4. 指针；5. 可变电阻；6. 滑片；7. 浮子

### (五) 电流表结构与工作原理

电流表用来指示蓄电池的充放电电流值,监视充电系统是否正常工作。电流表按结构分为电磁式和动磁式两种,其结构和工作原理如下。

**1. 电磁式电流表**

解放 CA1092 型汽车装用电磁式电流表的结构如图 6.11 所示。电流表由黄铜板条或铝合金架固定在绝缘地板上,两端与接线柱相连,下边前侧夹有永久磁铁,后侧支撑有转子轴,在转轴上装有带指针的软钢转子。

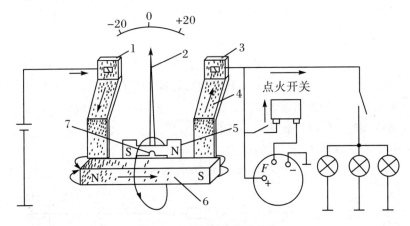

**图 6.11 电磁式电流表结构**

1、3. 接线柱；2. 指针；4. 黄铜片；5. 软钢转子；6. 永久磁铁；7. 转轴

没有电流时,软钢转子被永久磁铁磁化而相互吸引,使指针保持在中间"0"的位置。当铅蓄电池向外供电时,放电电流通过黄铜板条产生的磁场与永久磁铁形成一个合成磁场。使软钢转子逆时针转一个与合成磁场方向一致的角度。于是转子带动指针指向刻度盘"—"的一侧,放大电流越大,合成磁场越强,电流表指针偏转角度越大,指针指示放电电流越大。当发电机向铅蓄电池充电时,其电流流向相反,则电流表指针朝顺时针方向偏转,指向刻度盘"+"的一侧,充电电流越大,指针的偏转角度也越大,指针指示充电电流越大。

## 2. 动磁式电流表

东风 EQ1092 型汽车装有动磁式电流表,其结构如图 6.12 所示。黄铜导电板固定在绝

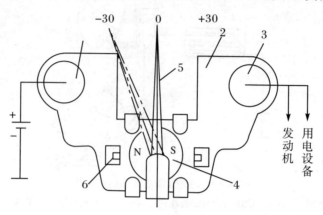

图 6.12 动磁式电流表结构

1、3. 接线柱;2. 导电板;4. 永磁转子;5. 指针;6. 磁轭

缘地板上,两端与连线柱相连,中间夹有磁轭,与导电板固装在一起的针柱上装有指针与永久磁铁转子组件(称磁钢指针)。

没有电流时,永久磁针转子通过磁轭构成磁回路,使指针保持在中间"0"的位置。当蓄电池向外供电时,放电电流通过导电板产生磁场,使永磁转子带动指针向"—"侧偏转。放电电流越大,指针偏转角度就越大,指针放电电流的数值也越大。当发电机向蓄电池充电时,充电电流通过导电板产生的磁场使指针向"+"侧偏转,指示出充电电流的大小。

### (六)发动机转速表结构与工作原理

发动机转速表用来测量发动机曲轴转速。转速表按其结构不同可分为机械式和电子式,其中应用最广泛的是电子式。电子式转速表按转速信号的获取方式不同可分为:

① 从点火系获取信号的转速表;

② 测取飞轮(或正时齿轮)转速的转速表;

③ 从发电机上获取转速信号的转速表。

图 6.13 所示为利用电容充放电的脉冲式电子转速表的原理图,其信号取自点火系初级电路。

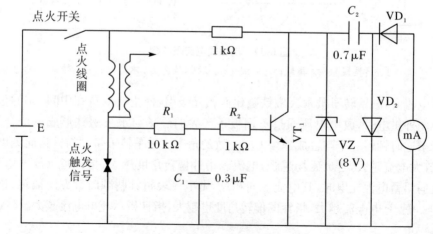

图 6.13 脉冲式电子转速表原理图

当发动机工作时,继电器触点不断开闭,其开闭次数与发动机转数成正比,如六缸发动机,曲轴转一圈,触点开闭3次,当触点闭合时,三极管 $VT_1$ 无偏压而处于截止状态,电容器 $C_2$ 被电源充电,充电电路为蓄电池正极→电阻 $R_3$ →电容器 $C_2$ →二极管 $VD_2$ →蓄电池负极。

当触点断开时,三极管 $VT_1$ 的基极电位接近电源正极而导通,此时电容器 $C_2$ 便通过导通的三极管 $VT_1$、转速表测量机构 M(实际上为毫安表)和二极管 $VD_1$ 构成放电电路,从而驱动转速测量机构。

当触点不断开闭时,$C_2$ 不断进行充放电,其放电电流的平均值与发动机转速成正比,通过转速表指针便可指示出发动机的转速。

使用转速表驾驶员可以正确地选择换挡时机、防止发动机超速运转。转速表上都有红色危险区,发动机转速一般不得超过危险标线,否则会后造成发动机早期损坏。

(七)车速里程表

车速里程表用来指示汽车行驶速度和汽车累计行驶过里程,它由车速表和里程表两部分组成。按其工作原理可分为磁感应式和电子式两种。

**1. 磁感应式车速里程表**

磁感应式车速里程表的结构如图6.14所示,其主动轴由变速器或分动器传动输出轴经软轴驱动。汽车行驶时,主动轴带动U形永久磁铁旋转,在感应罩上产生涡流磁场和转矩,驱使感应罩克服盘形弹簧弹力作用旋转,从而带动指针在刻度盘上指示相应的车速值,车速越快,永久磁铁旋转越快,感应罩上的涡流转矩越大,感应罩带着指针偏转的角度越大,指示的车速值也越大;反之,车速越慢,则指示的车速值越小。另外,主动轴旋转还带动三套涡轮涡杆按一定传动比传动,从而逐级带动计数轮转动,计数器为十进制,右边数字轮每旋转一周,

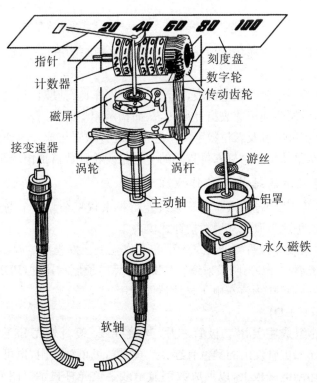

**图6.14 磁感应式车速里程表结构**

相邻的左边数字轮指示数便自动增加1,从右往左其单位依次是 1/10 km,1 km,10 km ……如此就能累计出汽车所行驶过的里程。

汽车行驶时永久磁铁以及涡轮涡杆均停止转动,感应罩上的涡流转矩消失,在盘形弹簧作用下使转速表指针回到"0"位置,同时里程表也停止计数。当汽车继续行驶时,里程表又继续计数。

**2. 电子式车速里程表**

电子车速里程表电路主要由车速传感器、电子电路、车速表和里程表4部分组成。奥迪100型轿车的组合仪表中装有指针式电子车速里程表。

车速传感器由变速器驱动,能够产生正比于汽车行驶速度的电信号。它由一个干簧开关和一个含有4对磁极的转子组成如图6.15所示。转子每转一周,干簧开关中的触点闭合8次,产生8个脉冲信号,汽车每行驶1 km,车速传感器将输出4 127个脉冲。

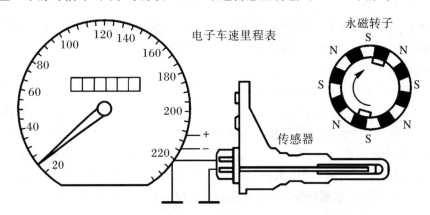

图 6.15 奥迪100电子式车速表与干簧式车速传感器

电子电路的作用是将车速传感器送来的具有一定频率的电信号,经整形、触发,输出一个与车速成正比的电流信号。

车速表实际上是一个磁极式电流表,当汽车以不同车速行驶时,从电子电路输出的与车速成正比的电流信号便驱动车速表指针偏转,从而指示相应的车速。

里程表由一个步进电机及六位数字的十进位齿轮计数器组成。车速传感器输出的频率信号,经功率放大器驱动步进电机六位数字的十进位齿轮计数器工作从而积累行驶里程。

(八)多功能显示器结构与工作原理

随着电子设备的不断增加,汽车电子系统变得越来越复杂。汽车电子显示装置因其指示清晰、准确等优点正逐步取代常规的指针式仪表。

电子显示器件大致分为两类,即:发光型和非发光型。发光型的显示器件有:发光二极管(LED)、真空荧光管(VFD)、阴极射线管(CRT)、等离子显示器件(PDP)和电致发光显示器件(ECD)等,这些均可作为汽车电子显示器件使用。

**1. 发光二极管(LED)**

发光二极管的组成主要由二极管芯片、连接导线、塑料外壳和正负极引线组成,如图6.16所示。发光二极管发出的颜色有红、绿、黄、橙,可单独使用,也可组合数字。在使用中,常把它焊接到印制电路板上,以形成数字显示或带色光杆显示。图6.17所示即为用7只发光二极管制成的数码显示装置。有些仪表则用发光二极管所组成的光电矩阵型显示器。LED（发光二极管）较适用于汽车指示灯，数字符号段或点数不太多的光杆图形显示。

**2. 真空荧光管**

VFD（真空荧光显示）具有色彩鲜艳、可见度高、立体感强等特点，是最早引入汽车仪表中的发光型显示件。真空荧光管实际上是一种低压真空管，它由玻璃、金属等材料构成。真空荧光显示是一种主动显示，其发光原理与电视中的显像相似。真空荧光管的结构和工作原理如图6.18所示，为汽车用的数字式车速表的真空荧光显示屏，三位数字。其阳极为20个字形笔画小段，上面涂有荧光体（或磷光体），各与一个接线柱相接，且笔画内部相互连接；其阳极为灯丝，在灯丝与笔画小

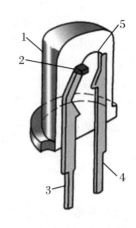

图6.16 发光二极管的结构

1. 塑料外壳；2. 二极管芯片；3. 阴极引线；
4. 阳极引线；5. 连接导线

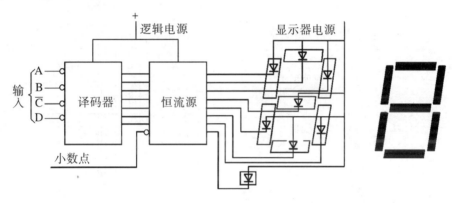

图6.17 发光二极管数码显示装置

段（阳极）之间插入栅格，其构造与一般电子管相似。整个装置密封在一个被抽空了的玻璃罩内。当阳极（字形）接至电源"＋"极，而阴极（灯丝）与电源"－"极相接时，便获得一定的电源电压，其灯丝作为阴极发射电子（在电场力的作用下），栅格便控制着电子流加热并加速，

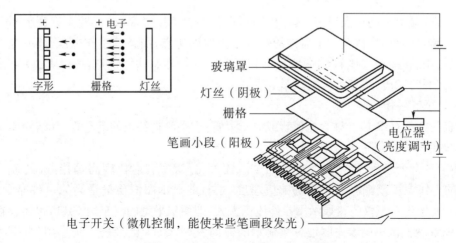

图6.18 真空荧光管的结构和工作原理

使其射向阳极(字形)。由于玻璃管(罩)内抽成真空,前面长有平板玻璃、并配有滤色镜,故能使通过栅格攻击阳极(字形)的电子激发出亮光来,因而能显示出所要看到的内容。但由于大型多功能的 VFD 成本较高,故现在大多由一些单功能的小型 VFD 组成汽车电子式仪表盘。

液晶显示器件(LCD):

液晶是一种有机化合物,它由长杆形分子构成。在一定的范围内,它具有普通液体的流动性质,也具有晶体的某种特征。

液晶显示器件(LCD)是一种新型的非发光型平板显示器件,其结构如图 6.19 所示。它有两块厚约 1 mm 的玻璃基板,基板上涂有透明的导电材料,以形成电极图形,两基板间注入主层 5～20 μm 厚的液晶,再在两玻璃基板的外表面上分别贴上前偏振片和后偏振片,并将整个显示板完全密封,以防湿气和氧气侵入,这便构成透射式 LCD。若在后玻璃基板的后面再加上反射镜,便组成反射—透射式 LCD。图 6.20 所示即为反射—透射式 LCD 结构原理示意图。

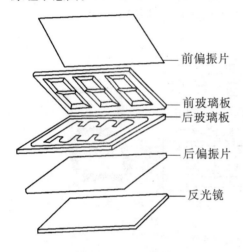
图 6.19　LCD 结构

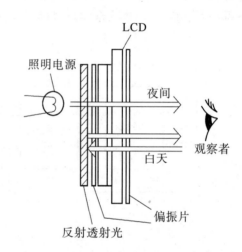
图 6.20　反射—透射式 LCD 结构原理示意图

由于 LCD 为非发光型显示,所以夜间显示必须采用照明光源,这便削弱了它所具有的低功耗之优点;其次 LCD 的低温响应特性较差;另外 LCD 的显示图形不够华丽、明显,这也是所有非发光型显示器件共有的缺陷。

但是,液晶显示的优点很多,其电极图形设计的自由度极高,设计成任意显示图形的工艺都很简单,这是用作汽车显示器件的一个很重要的优点,而且其工作电压低,一般为 3 V 左右,功耗小,且能很好地与 CMOS 电路相匹配。因为它有这些优点,所以 LCD 常作为汽车电子钟和彩色光杆式仪表板在汽车上得到应用。

**3. 阴极射线管**

阴极射线管(CRT)亦称为显像管或电子束管,它是一种特殊的真空管,其结构原理与家用及办公用电脑彩色显示器相同。

CRT 具有全彩色显示、图像显示的灵活性大、分辨率和对比度高等特点,具有 -50～100 ℃的工作温度范围和微秒级的响应速度,是目前显示图像质量最高的一种显示器件。但是,CRT 作为汽车仪表盘显示用器件体积太大,即便扁平型的汽车用 CRT,也还存在一些缺点。随着现代汽车向着高度信息化显示的方向发展,CRT 已经进一步小型化,一些大的汽车公司已推出了彩色阴极射线管(CRT)的汽车信息中心。

### （九）汽车信息系统

目前，汽车仪表技术发展很快。传统的机电式模拟仪表已经落伍，在电子仪表基础上开发出来的，基于网络技术的汽车信息系统已经在奔驰、宝马、奥迪、荣威等汽车上应用，这代表着汽车仪表技术的发展方向。

**1. 汽车信息系统特点**

① 采用网络通信。
② 信息显示中心。
③ 更大的记忆容量。
④ 低功耗及高整合度（高度集成）。
⑤ 传感器的运用。
⑥ 个性化设置。

下面以上汽荣威 ROEWE550 轿车为例，介绍汽车信息系统的基本构成。

荣威 ROEWE550 汽车信息系统显示屏布置在仪表盘右侧，用以显示车辆保养、导航等丰富的行车状态信息，也可以在行车前、后对汽车状态信息进行设置和显示，如图 6.21 所示。

图 6.21　荣威 550 汽车仪表

主要内容包括：建议保养公里数（能折算出日期）、当前阶段行驶里程、行驶总里程、当前挡位、瞬时油耗显示等，甚至可以预先设置限速报警、行程计算等选项。

通过按压布置在方向盘左右两侧盘辐上的滚轮式手控按钮，可以采用电脑化的操作，来实现各种信息的显示。

**2. 汽车信息抬头显示（HUD）系统**

HUD 是英文 head up display 的缩写，意为抬头显示，亦称平视显示器。最早装备 HUD 系统的是法国的幻影战斗机。

在汽车上装备 HUD 系统，可以将有关信息显示在前挡风玻璃的驾驶员平视范围上，且显示位置、显示亮度可调，雪铁龙 C6 汽车的 HUD 系统如图 6.22 所示。

图 6.22　雪铁龙 C6 汽车的 HUD 系统

在汽车 HUD 系统中,位于仪表台后端的 HUD 显示屏将重要信息(如车辆速度、导航提醒等信息)投射到挡风玻璃上,通过挡风玻璃再将其反射给驾驶员。由于驾驶员看到的是 HUD 显示屏的虚像,所以 HUD 所显示的信息仿佛是浮在前方发动机盖上一样。

HUD 系统严格来说并不是单一的电子系统,其成像依赖光学技术和材料学技术两个方面,透明的高折射率镀膜是成像的关键。

一般采用浸渍法和网印法等方法将这种高折射率镀膜镀到前挡风玻璃的表层。

由于含有氧化的 Ti 和 Si,高折射率镀膜的折射率介于 1.8 至 2.2,大于普通前挡风玻璃 1.52 的折射率,所以表面的反射率就可以增大,再经过多次光干涉就可在远处成像。

在 HUD 上使用的透明放大反射膜,最初光透射率在 70% 左右,膜厚多在 530 nm 左右,这个厚度正是绿色光线的选择性反射的峰值波长,这也是早期汽车 HUD 显示多为绿色的原因所在,早期的汽车 HUD 显示如图 6.23 所示。

图 6.23 早期的汽车 HUD 显示(字符为绿色)

透明放大反射膜的缺点不仅仅是颜色单调,观测方向不同还会造成光线干涉,引起字符外观的变化。

目前的 HUD 投影载体膜都增加了膜厚,能支持整个可见光区域反射,从而实现 HUD 的多彩色显示和与角度无关的均匀外观,当然它需要高亮度的光源支持,透明放大反射膜膜厚增大后的 HUD 显示如图 6.24 所示。

图 6.24 透明放大反射膜膜厚增大后的 HUD 显示(清晰、醒目)

(十)汽车报警系统

为了警示汽车、发动机或某一系统处于不良或特殊状态,引起汽车驾驶员的注意,保证汽车可靠工作和安全行驶,防止事故发生,汽车上安装了多种报警装置,主要包括报警灯和监视器两类。

报警灯由报警开关控制,当被监测的系统或总成工作不正常时,开关自动接通而使报警灯发亮,以提醒驾驶员注意,如大灯尾灯故障报警灯、水温报警灯、机油压力报警灯、燃油不足报警灯、气压不足报警灯、制动灯断线报警灯、液面过低报警灯等。报警灯通常安装在仪表板上,功率为1~4 W,在灯泡前设有滤光片,使报警灯发出黄光或红光,滤光片上通常制有标准图形符号。有些汽车报警灯采用发光二极管显示,标准图形符号标在发光二极管旁边。常见报警灯图形符号、作用及检查方法见表6.1。

表6.1 常见报警灯图形符号、作用及检查方法

| 序号 | 名称 | 图形 | 颜色 | 灯泡(W) | 作用 | 灯泡断路检查 |
|---|---|---|---|---|---|---|
| 1 | 蓄电池液面过低报警灯 | | 红 | 1~4 | 蓄电池的液面比规定量低时灯亮 | 发动机停止时,由点火开关接通时灯亮 |
| 2 | 机油压力过低报警灯 | | 红 | 1~4 | 发动机机油压力低于0.03 Mpa时灯亮 | 发动机停止时,由点火开关接通时灯亮 |
| 3 | 充电指示灯 | | 红 | 1~4 | 硅整流发电机不发电时灯亮 | 发动机停止时,由点火开关接通时灯亮 |
| 4 | 预热指示灯 | | 黄 | 1~4 | 点火开关闭合时灯亮,预热结束时灯灭 | 发动机停止时,由点火开关接通时灯亮 |
| 5 | 燃油滤清器积水报警灯 | | 红 | 1~4 | 燃油滤清器内积水时灯亮 | 发动机停止时,由点火开关接通时灯亮 |
| 6 | 远光指示灯 | | 蓝 | 1~4 | 使用前照灯远光时灯亮 | 接通远光时灯亮 |
| 7 | 散热器液量不足报警灯 | | 黄 | 1~4 | 散热器液量比规定的量少时灯亮 | 发动机停止时,由点火开关接通时灯亮 |
| 8 | 转向指示灯 | | 绿 | 1~4 | 开转向灯时灯亮 | 开转向灯时灯亮 |
| 9 | 驻车制动报警灯 | | 红 | 1~4 | 驻车制动器起作用时灯亮 | 拉紧驻车制动手柄时灯亮 |
| 10 | 车轮制动失败报警灯 | | 红 | 1~4 | 制动器失败时灯亮 | 发动机停止时,由点火开关接通时灯亮 |
| 11 | 燃油过少报警灯 | | 黄 | 1~4 | 燃油余量在10 L以下时灯亮 | 发动机停止时,由点火开关接通时灯亮 |
| 12 | 安全带报警灯 | | 红 | 1~4 | 发动机启动后约7 s灯灭 | 发动机停止时,由点火开关接通时灯亮 |

续表

| 序号 | 名称 | 图形 | 颜色 | 灯泡(W) | 作用 | 灯泡断路检查 |
|---|---|---|---|---|---|---|
| 13 | 车门未关报警灯 |  | 红 | 1~4 | 车门打开或未关严密时灯亮 | 发动机停止时,由点火开关接通时灯亮 |
| 14 | 制动灯或后示位灯失效报警 |  | 黄 | 1~4 | 制动灯或后示位灯断路时灯亮 | 发动机停止时,由点火开关接通时灯亮 |
| 15 | 洗涤器液面过低报警灯 |  | 黄 | 1~4 | 洗涤器液面过低时灯亮 | 发动机停止时,由点火开关接通时灯亮 |
| 16 | 安全气囊报警灯 | AIR BAG | 黄 | 1~4 | 安全气囊失效时灯亮 | 接通点火开关灯亮,6 s后灯灭 |
| 17 | 制动防抱死失效报警灯 | ABS | 黄 | 1~4 | ABS电控系统有故障时灯亮 | 接通点火开关灯亮,3 s后灯灭 |
| 18 | 发动机故障报警灯 | CHFCK | 黄 | 1~4 | 发动机电控系统有故障时灯亮 | 发动机停止时,由点火开关接通时灯亮 |

**1. 机油压力过低报警灯**

(1) 弹簧管式机油压力过低报警灯

如图 6.25 所示为机油压力过低报警灯电路。报警灯开关为盒形,内有管形弹簧,管形弹簧一端经管接头通润滑系主油道,另一端焊有动触点,静触点经接触片与接线柱相连。

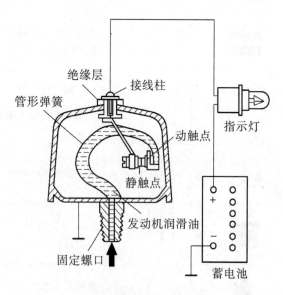

图 6.25 弹簧管式机油压力过低报警灯电路

当机油压力低于某一定值时(一般为 $0.03\sim0.15$ MPa),管形弹簧呈向内弯曲状态,于是触点闭合,电路接通,报警灯发亮。当机油压力达到正常值时,管形弹簧变形大,触点张开,报警灯熄灭。

(2) 膜片式机油压力过低报警器

膜片式机油压力过低报警器电路如图 6.26 所示。当机油压力低于一定值时,油压报警传感器中的动触点下降与静触点相接触,接触油压报警灯电路,报警灯发亮。

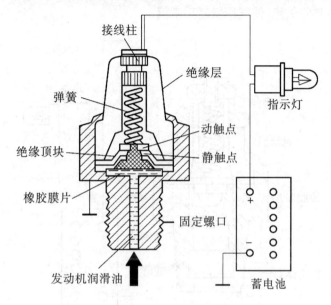

图 6.26 膜片机油压力过低报警灯电路

## 2. 燃油不足报警器

燃油不足报警灯的电路如图 6.27 所示。其报警开关为热敏电阻式,安装在油箱内。当油箱内燃油量多时,负温度系数的热敏电阻元件浸没在燃油中,散热快,温度较低,电阻值较大,因此电路中几乎没有电流,报警灯不亮。而当燃油减少到规定值以下时,热敏电阻元件露出油面,散热较慢,温度升高,电阻值减小,电路中电流增大,则报警灯发亮。

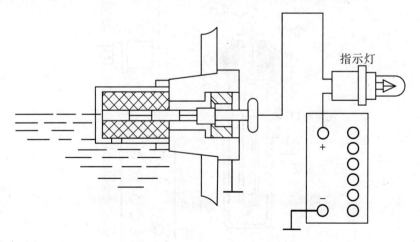

图 6.27 燃油不足报警灯电路

## 3. 气压过低报警灯

制动系气压过低报警电路如图 6.28 所示。气压过低报警开关装在储气筒或制动阀压缩空气输入管中。接通电源,当储气筒内的气压低于 0.35~0.45 MPa 时,因为作用在气压报警开关膜片下方的空气压力减小,所以膜片在复位弹簧的作用下向下移动,使触点闭合,电路接通,报警灯发亮;当储气筒中的气压升到 0.45 MPa 以上时,由于膜片下方气压增加,使复位弹簧压缩,触点打开,电路切断,报警灯熄灭。行车中气压过低报警灯突然亮时,应立即停车,查找原因,排除故障,使气压恢复正常值。

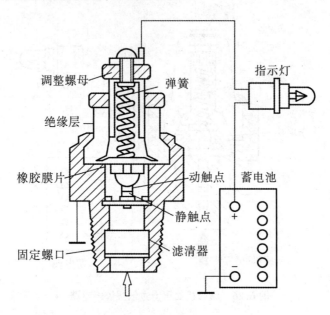

图 6.28 制动系气压过低报警电路

## 4. 水温过高报警器

水温过高报警灯电路如图 6.29 所示,其报警开关为双金属片式温度开关。当冷却水温

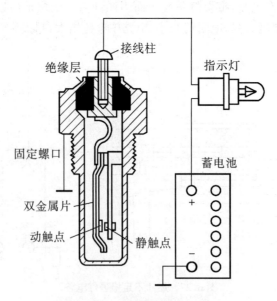

图 6.29 水温过高报警灯电路

正常时,双金属片变形小,触点分开,报警灯不亮。如果冷却水温升高到95～105 ℃以上时,双金属片由于温度升高而弯曲变形较大,使触点闭合,报警灯电路接通发亮报警。

### 5. 冷却水、制动液、挡风玻璃清洗液液面过低报警灯

液面过低报警装置,适用于发动机冷却水、制动液、挡风玻璃清洗液等液面过低的报警,如图6.30所示。工作原理是:当浮子随液面下降到规定值以下时,永久磁铁吸动干簧开关使之闭合,接通电路,使报警灯发亮,以示告警。当液面在规定值以上时,浮子上升,磁铁吸力不足,干簧开关在自身弹力作用下,使电路断开,报警灯熄灭。

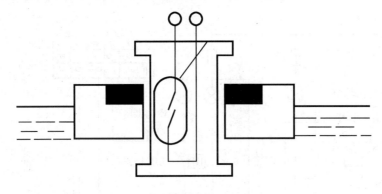

图6.30 液面过低报警灯电路

### 6. 蓄电池液面过低报警灯

如图6.31所示为蓄电池液面过低报警装置。其报警开关为一电子开关,由传感器和放大器组成,传感器为一铅棒,通常安装在由正极柱算起的第三个单元格内。当蓄电池液面高于正常时,传感器铅棒上的电压为8 V,从而使$VT_1$导通,$VT_2$截止,报警灯不亮。当电解液在最低限以下时,铅棒无法与电解液接触,电压为0,从而使$VT_1$截止,$VT_2$导通;报警灯发亮。

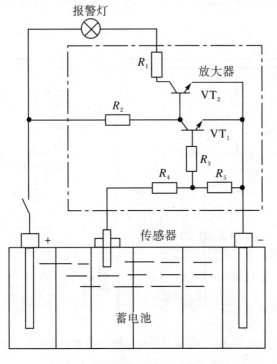

图6.31 蓄电池液面过低报警灯电路

**7. 常见汽车报警灯电路**

一般汽车普遍采用楔形仪表灯泡作为报警灯光源。解放 CA1092 型汽车报警灯电路如图 6.32 所示。接通点火开关 ON 挡时,充电指示灯通过充电指示灯继电器常闭触点构成回路而发亮。当发动机发动后,充电指示灯因发电机中性接线柱 N 已向充电指示灯继电器线圈供电,触点被吸开而熄灭;油压过低报警灯因发动机已建立油压而熄灭。驻车制动器指示灯在驻车制动器拉杆拉紧时发亮,而在拉杆松开时熄灭。制动气压过低时,气压过低报警灯发亮,此时若松开驻车制动器拉杆,制动气压过低报警蜂鸣器会发出鸣笛声,以示气压过低起步有危险。

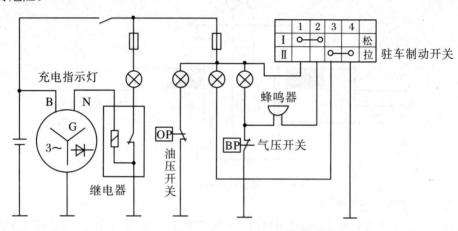

图 6.32 解放 CA1092 型汽车报警灯电路

有些轿车如桑塔纳(普通型)、捷达轿车等采用发光二极管做报警灯。发光二极管报警灯具有结构简单、寿命长、耗电省、美观鲜艳、易于识别等特点。电路一般增设降压电阻及驱动控制器,较白炽灯泡型仪表报警灯复杂。上海桑塔纳普通型轿车报警灯电路如图 6.33 所示。

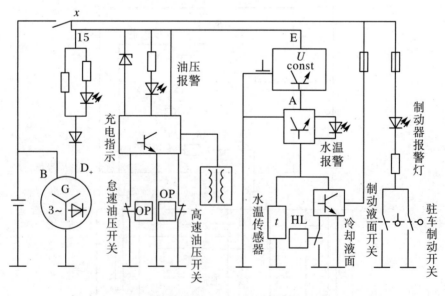

图 6.33 发光二极管型报警灯电路(上海桑塔纳普通型轿车)

## 二、理论知识师生互动讨论

将学生分组,对照汽车各仪表电路和表6.1,开展小组内、小组之间及师生相互提问及讨论。
① 汽车上有哪些仪表?简述各自作用及电路组成?
② 汽车报警系统有哪些?试述各自作用及电路组成?

# 实践知识导学和师生互动讨论

## 一、实践知识导学

### (一)汽车各仪表作用

仪表作用:仪表用来指示汽车运行以及发动机运转状况,以便驾驶员随时了解各系统的工作情况,保证汽车行驶安全而且可靠。

仪表种类:常见仪表有冷却液温度表、燃油表、车速里程表等。

指示灯作用:通常为绿色,起指示作用,表示该系统正在起作用。

报警灯作用:当汽车或发动机的某一系统处于不良或特殊状态时,突然发亮,以提醒驾驶员注意以便采取适当措施,保证行车安全。报警灯有红色和黄色两种:红色报警灯一般表示比较严重的故障,需要立即排除故障;黄色报警灯亮起表示该系统失效,不影响正常行驶。

仪表板的作用:使驾驶员随时掌握汽车主要运行参数和重要部位的状态参数,以便能正确地使用汽车并及时发现故障和不安全因素。仪表板上装有各种指示仪表和报警装置。

各仪表及报警装置作用见表6.2。

表6.2 各仪表及报警装置作用

| 仪表系统 | | 功用 |
| --- | --- | --- |
| 充放电显示系统 | 电流表 | 指示蓄电池充电或放电的电流值 |
| | 电压表 | 指示蓄电池充电或放电的电压值 |
| | 充电指示灯 | 指示蓄电池充电或放电 |
| 机油压力显示系统 | 机油压力表 | 指示发动机主油道机油压力大小 |
| | 油压报警灯或蜂鸣器 | 机油压力过低时报警 |
| 燃油量显示系统 | 燃油表 | 指示燃油箱存油量的多少 |
| | 液面报警灯 | 燃油箱内燃油量过少时报警 |
| 冷却液温度显示系统 | 水温表 | 指示发动机水套冷却液温度高低 |
| | 水温报警灯或蜂鸣器 | 冷却液温度过高时报警 |
| 车速里程显示系统 | 车速里程表 | 指示汽车行驶速度和累计行驶里程 |
| | 转速表 | 指示发动机转速高低 |

## （二）汽车各仪表类型

汽车仪表类型见表6.3。

表6.3 汽车仪表类型

| 仪表 | 表芯 | 传感器 | 仪表 | 表芯 | 传感器 |
|---|---|---|---|---|---|
| 电流表 | 电磁式 | | 机油压力表 | 电热式 | 电热式 |
| | 动磁式 | | | 电磁式 | 可变电阻式 |
| 电压表 | 电磁式 | | | 动磁式 | 可变电阻式 |
| 燃油表 | 电热式 | 可变电阻式 | 水温表 | 电热式 | 电热式或热敏电阻式 |
| | 电磁式 | | | 电磁式 | 热敏电阻式 |
| | 动磁式 | | | 动磁式 | 热敏电阻式 |
| 车速里程表 | 磁感应式 | | 转速表 | 机械式 | |
| | 电子式 | | | 电子式 | |

## （三）汽车常见仪表符号

汽车常见仪表指示灯及报警灯见表6.4。

表6.4 汽车常见仪表指示灯及报警灯

| | | |
|---|---|---|
| 左转向指示灯 | 右转向指示灯 | 前雾灯指示灯 |
| 近光指示灯 | 远光指示灯 | 后雾灯指示灯 |
| 小灯或位置灯 | 充电指示灯 | 机油压力报警灯 |
| 水温报警灯 | 燃油液面报警灯 | 车门报警灯 |
| 安全带未系报警灯 | 驻车制动指示灯 | 停车检查灯 |
| 发动机故障灯 | 安全气囊报警灯 | 后风窗除霜指示灯 |
| ABS故障灯 | 发动机防盗指示灯 | ESP报警灯 |

### （四）汽车仪表使用注意事项

① 正确识读各仪表及报警装置。

② 确保接线正确。

③ 仪表（报警灯）正极接由点火开关控制的火线，负极接相应传感器。

④ 注意传感器应与仪表匹配使用。

⑤ 报警灯在点火开关接通时发亮，并不说明有故障，这只是电脑系统在自检，如果系统没有故障则会自动熄灭。只有发动机运转时，报警灯发亮，才表明该系统有故障，需要进行维修。

⑥ 机油压力报警灯或者冷却液报警灯点亮时应立即停机检查，否则将引起发动机拉缸、烧瓦等严重故障。

## 二、实践知识师生互动讨论

将学生分组，开展小组内、小组之间及师生相互提问及讨论。

① 汽车各仪表的用途是什么？

② 如何正确使用汽车各仪表？

③ 讨论黄色报警灯与红色报警灯的区别。

# 实践技能导训和学生实训

## 一、实践技能导训

### （一）汽车仪表板维修注意事项

**1. 汽车仪表拆装注意事项**

① 应先拆下蓄电池负极电缆，以免造成线路短路。

② 仪表板后面的线束插接器及车速里程表软轴接头，都带有锁止机构，切忌强拆，安装时要确保到位。

③ 拆下仪表表芯时，小心不要损坏印制电路。

**2. 正确搭配**

仪表与传感器必须配套使用。

**3. 注意安装方向**

电热式机油压力传感器安装时有方向要求。

**4. 注意接线柱极性**

电磁式仪表的接线柱有极性之分，不得接错。

**5. 防静电**

① 作业时应使用静电保护装置，通常使用一根与车身搭铁的手腕带和放置部件的导电板。

② 应在干净的地方从电子仪表上拆下母板，应不时接触接地点；只能拿仪表板的侧边，不能触及显示窗和显示屏的表面部分。

③ 只有在临近安装时才能从镀镍袋中取出新元器件，注意不要碰触导电接头。需要修理的仪表板也应注意爱护，拆下应立即装进包装包内。

④ 处理车速里程表时,必须使用原有的塑料盒,以免因静电放电而损坏。如不慎碰及电路片接头,会使表上的读数消除。

### (二)汽车仪表检测

**1. 机油压表及传感器的检测**

① 用万用表分别测量机油压力表和传感器的电阻值,并做好记录。

② 传感器的检测:安装如图 6.34 连接好试验装置及电路,不断转动油压机手柄使油压升高,观察标准油压指示表和标准油压表读数的差别,如果差别不大说明被测传感器正常,否则说明有故障需要更换。

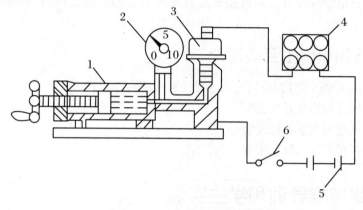

**图 6.34　机油压力传感器检测**

1. 油压机;2. 标准油压表;3. 被测传感器;4. 标准油压指示表;5. 铅蓄电池;6. 开关

③ 检测油压指示表。将被试油压指示表串联在如图 6.35 油压指示表检测电路中,接通开关,调整可变电阻,当毫安表分别指在规定值时,指示表应对应指在规定的位置上,其误差不超过允许的范围。

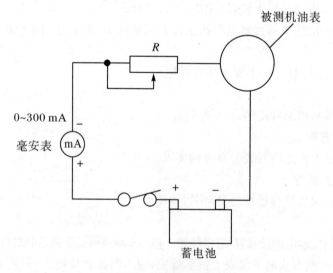

**图 6.35　油压指示表检测**

**2. 燃油表及传感器的检测**

检测燃油指示表是否准确,按如图 6.36 连接检测线路,将被试指示表与标准传感器进行连接,然后闭合开关 K,将标准传感器的浮子与垂直轴线分别成 31°和 89°。此时,指示表必须对应指在"0"和"1"的位置上,其误差不得超过 10%,否则应更换新表。

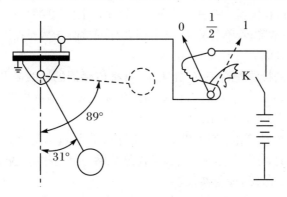

图 6.36 燃油指示表的检测

**3. 稳压器的测试**

测量稳压器输出电压,应在 7~8 V(12 V 系统电源);若接试灯,约 15 s 试灯应闪烁。

**4. 仪表就车测试**

① 用一试灯代替传感器接入电路中,接通点火开关,试灯亮起的同时表针应迅速从一端摆向另一端。

② 水温表和传感器都是电热式,加热线圈的电阻值,应分别为 18 Ω 和 8 Ω 左右。

③ 机油压力表及传感器加热线圈的电阻值,应分别为 36 Ω 左右和 8~12 Ω。

**(三)汽车仪表常见故障诊断**

汽车仪表常见故障、原因及排除方法见表 6.5。

表 6.5 汽车仪表常见故障

| 故障现象 | 故障原因 | 排除方法 |
| --- | --- | --- |
| 转速表不工作或工作不正常 | 转速表插座接触不良;<br>转速表连接导线松脱,接头损坏 | 检修插座;<br>修理或更换导线 |
| 燃油表不工作 | 燃油表与传感器之间的导线断路或接触不良;<br>传感器损坏;<br>电源稳压器损坏 | 修理或更换导线;<br>检修或更换传感器;<br>更换电源稳压器 |
| 燃油表指针跳跃或停留在某一刻度上 | 传感器触头与可变电阻接触不良;<br>可变电阻损坏 | 检修传感器;<br>更换传感器 |
| 水温表不工作或指示不正确 | 水温传感器表面有水垢;<br>电源稳压器输出电压不正常;<br>导线接触不良 | 清除水垢或更换传感器;<br>检修或更换电源稳压器;<br>检修水温表线路 |
| 车速里程表不工作 | 车速里程表软轴松脱或断裂 | 检修或更换车速里程表软轴 |
| 机油压力表不工作 | 机油表与传感器之间导线断路或短路;<br>机油压力传感器损坏 | 修理或更换导线;<br>检修或更换传感器;<br>检修或更换机油压力表 |

**1. 燃油表、水温表、机油压力表的常见故障的诊断与排除**

在所有汽车仪表电路中,大部分都配有电源稳压器,而且不论是电磁式仪表还是电热式仪表,又都配有传感器。这样,在仪表故障中,若有两个或两个以上仪表同时不工作,应先检查仪表熔断丝和电源稳压器是否有故障;若单个仪表不工作时,应首先确定故障是在传感器上还是在仪表上。

(1) 单个仪表不工作

首先检查传感器的接线是否完好,如正常,可将传感器的接线断开,用万用表检测传感器的接线是否有电。如没有电,应检查传感器到仪表及蓄电池的电路;如有电,以奥迪车燃油表为例,检测方法如图 6.37 所示。

用变阻器代替传感器,当阻值为 40 Ω 时,指针指示为 1;当阻值为 78 Ω 时,指针指示为 1/2;当阻值为 283 Ω 时,指针指示为 0。如果检测结果与上述相符,说明传感器有故障,应更换传感器;否则,仪表有故障,应更换仪表。

(2) 两个或两个以上仪表同时不工作

首先检查熔断丝,若熔断丝正常,再检查电源稳压器,如图 6.37。

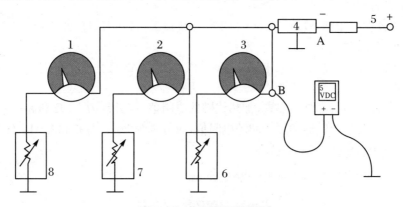

图 6.37 电源稳压器检测

1、2、3.仪表;4.电源稳压器;5.蓄电池+;6、7、8.传感器

**2. 车速里程表的故障诊断与排除**

对于机械式车速里程表:

常见故障:噪声、指针抖动或不工作。

故障原因:

① 噪声。一般是软轴(里程表线)缺油、表轴磨损。

② 车速里程表不工作、读数不准或抖动。首先检查软轴与其他线束是否有交错挤压的现象,然后检查驱动齿轮啮合间隙和涡轮涡杆啮合间隙。

**3. 电子式转速表的故障诊断与排除**

以桑塔纳轿车为例,检修电路如图 6.38 所示。

常见故障:不工作。

故障原因:线路或仪表本身有故障。

检查方法:

① 检查点火线圈"一"接线柱是否接触良好。

② 检查转速表后面的三孔插座是否接触良好。

③ 用万用表检查三孔插座的工作状况

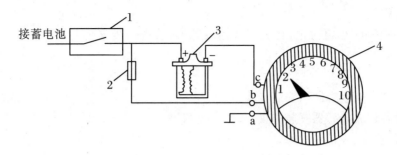

图 6.38 电子式转速表的检测
1. 点火开关；2. 熔断丝；3. 点火线圈；4. 转速表

**4. 冷却液温度报警灯常亮**

故障现象：汽车在行驶过程中，发动机无论处于冷态还是热态，冷却液报警灯常亮。

故障原因：

① 冷却液温度报警开关故障。

② 线路有搭铁处。

③ 贮液罐中冷却液液面过低。

④ 冷却液液位开关故障。

故障诊断与排除：首先检查发动机冷却液温度是否真的过高，贮液罐液面是否过低。若这些都正常，但仍然报警的话，可拔下贮液罐液位开关插头，如果报警灯熄灭，说明故障在液位开关。如果报警灯仍然亮，接好液位开关插头，拔下冷却液温度报警开关插头，若此时报警灯熄灭，说明故障在冷却液温度报警开关。反之，若仍然亮，则说明线路有搭铁处。

**5. 冷却液温度表指针不动**

故障现象：发动机工作时，冷却液温度表指针不动，反应不出发动机冷却液温度。

故障原因：

① 稳压器工作不正常。

② 冷却液温度自身故障（如双金属片发热线圈断路或脱落）。

③ 冷却液温度表传感器故障（如热敏电阻失效）。

④ 线路有断路。

故障诊断与排除：将冷却液温度表传感器的接线插头拔下，使该导线直接搭铁，打开点火开关，观察冷却液温度表的指针情况，若指针开始移动，则说明故障在传感器；若指针仍无指示，则说明仪表自身故障、稳压器故障或线路有断路。如果冷却液温度表与燃油表同时出现故障，则稳压器或线路出现故障的可能性较大，应首先检查稳压器工作是否正常，线路有无断路。在排除稳压器和线路故障之后即可断定故障发生在仪表自身。

## 二、学生实操训练

（一）训前准备

**1. 学生分组**

学生按照 3~4 人一组进行分组，每组内按照实训要求进行分工，主要有测量、工具准备、故障分析推导等工作。

**2. 记忆强化**

通过教师提问、小组讨论、相关视频播放等形式,进一步强化对拆装方法、检测方法的掌握。

问题:

① 简述汽车仪表拆卸与安装步骤。

② 简述各仪表传感器安装位置。

③ 分析汽车仪表常见故障。

④ 分析汽车报警装置常见故障。

**3. 实训场地及工具**

① 在汽车电器实训室按照分组准备好实训场地。

② 准备好奇瑞 A3 车:将汽车停驻在举升机中央位置;拉紧驻车制动器操作杆,并将变速杆置于空挡位置;套上转向盘护套、变速杆手柄套、座位套,铺设脚垫;在车内拉动发动机舱盖手柄;在车外打开发动机舱盖;粘贴翼子板和前格栅磁力护套。

③ 故障设置:教师事前设置汽车发动机冷却液报警灯常亮故障,其他系统正常。

④ 准备相关工具、量具:组合工具、数字万用表、扭力扳手、钳子、螺丝刀、转向盘护套、变速杆手柄套、座位套、脚垫、翼子板和前格栅磁力护套等。

**(二)汽车仪表板拆卸与安装、常见故障及检测实训**

根据前面汽车仪表及报警装置拆卸与安装、拆解与装配、检测导训部分介绍,在教师示或视频演示指导下进行实训。

**(三)汽车仪表检测**

根据前面导训部分介绍对机油压表、燃油表等进行检测。

**(四)冷却液温度报警灯常亮实训**

按照已经分好的小组,让学生制订维修计划,计划包括:资讯、查阅维修手册进行原因分析(诊断方案)、故障点确认(实施诊断方案)、故障排除等。

**1. 资讯**

资讯见表 6.6。

表 6.6 维修车辆登记表

| 基本信息 | 车主 | | 电话 | |
|---|---|---|---|---|
| | 性别 | | 检修日期 | |
| | 车型 | | 保养次数 | |
| | 底盘号 | | 行驶里程 | |
| 使用状况 | 道路 | | | |
| | 载荷 | | | |
| 故障日期 | | | | |
| 用户对故障描述 | | | | |
| 故障现象确认 | | | | |
| 故障原因分析 | | | | |

**2．查阅维修手册进行原因分析**

按照表6.5进行原因分析。

**3．故障点确认**

按照表6.7进行故障点确认。

表6.7　故障点确认

| 序号 | 检查项目 | 正常与否 |
|---|---|---|
|  |  |  |
|  |  |  |
|  |  |  |
|  |  |  |
|  |  |  |
|  |  |  |

**4．故障排除**

按照表6.8进行故障排除。

表6.8　故障排除

| 序号 | 故障部位或零部件 | 故障原因 | 修复方法 |
|---|---|---|---|
|  |  |  |  |
|  |  |  |  |
|  |  |  |  |
|  |  |  |  |
|  |  |  |  |
|  |  |  |  |

**5．废料和废品处理**

对实训产生的废料和废品进行处理。

**（五）学生撰写实训报告**

学生在实训完成后，撰写实训报告。

**（六）实训结果评价**

对实训后的结果进行评价。

拓展提升

结合所学汽车仪表及报警系统内容，通过问题法引导同学们扩展知识、展开想象，提升创新能力。

问题:
① 现代汽车还有哪些新型仪表?
② 寻找一个你最喜欢的汽车仪表。

阅读导航:
① 百度上相关资料。
② 奇瑞 A3 车维修手册。

## 项目反馈

请将评价反馈填入表 6.9。

表 6.9 项目评价反馈表

| 项目名称 | | | | | | | |
|---|---|---|---|---|---|---|---|
| 学生基本信息 | | 姓名 | | 学号 | | 班级 | |
| | | 组别 | | 时间 | | 成绩 | |
| 考核能力 | 考核项目 | 评分标准 | 分数 | 学生自评 | 小组互评 | 教师评价 | 平均分小计 |
| 专业能力 | 理论知识 | 是否正确 | 25 | | | | |
| | 实践知识 | 是否正确 | 20 | | | | |
| | 实践操作 | 是否正确 | 25 | | | | |
| 社会能力 | 团队合作 | 是否和谐 | 5 | | | | |
| | 劳动纪律 | 是否严格遵守 | 5 | | | | |
| | 沟通讨论 | 是否积极 | 5 | | | | |
| 方法能力 | 制订计划 | 是否合理 | 5 | | | | |
| | 学习新技术能力 | 是否具备 | 5 | | | | |
| | 总结能力 | 能否正确总结 | 5 | | | | |

# 汽车辅助电子系统基本结构、工作原理及检修方法

## 项目描述

随着现代化技术在汽车上的应用，装在汽车上的辅助电子系统越来越多。除了一些音响和通信等服务性装置外，还有与汽车自身使用有关的装置，如电动刮水器、洗涤与除霜器、电动车窗、电动门锁、电动座椅、防盗系统和倒车雷达等。本项目就是介绍汽车辅助电子系统基本结构、工作原理及检修方法。

## 学习目标

**1．专业能力要求**
（1）理论知识
掌握汽车辅助电子系统各装置的用途、结构组成与工作原理。
（2）实践知识
掌握主要辅助电子装置的故障分析、典型故障现象及故障诊断与排除方法。
（3）实践技能
掌握主要辅助电子装置的拆装、检测；辅助电子系统故障的诊断与元件更换方法。

**2．社会能力要求**
通过分组讨论沟通、检测的分工协助、课堂纪律等培养学生社会能力。

**3．方法能力要求**
通过对各汽车辅助电子装置检测方法步骤的研讨、方法的总结与提炼、网上产品查询等培养学生对各汽车辅助电子系统检修方法的能力。

**4．重点和难点**
汽车雨刮器等主要辅助电子装置的检测与故障诊断，各装置工作原理的分析。

# 项目实施

一辆轿车电动刮水器出现了所有挡位都不工作的故障,急需进行检修。根据检查分析,初步判断是刮水器电机故障。汽车刮水器常见的故障有刮水器不工作、间歇性工作、持续操作不停及刮水片不能复位等,针对这些故障,如何进行检修?进而引入:汽车辅助电子系统由哪些装置组成?它们是如何工作的?常见故障有哪些?如何检测、维修与更换?

## 理论知识导学和师生互动讨论

### 一、理论知识导学

（一）电动雨刮器

**1. 作用**

驾驶员在行车时,遇有雨天、雪天、雾天或扬沙天气时,会视线不良,给驾驶安全带来隐患。为了保证在上述不良天气时驾驶员仍具有良好的视线,汽车上都安装有电动雨刮器,有的车上还安装有后窗雨刮器。电动雨刮器一般具有1~3个橡皮刷,由驱动装置带着来回摆动,以除去挡风玻璃上的水、雪及沙尘等。

**2. 结构原理**

电动雨刮器主要由直流电动机、减速机构、自动停位器、雨刮器开关和杠杆联动机构及刮片等组成。它一般采用连杆机构并设有多个球头活节,转动和换向非常灵活自如。如图7.1所示,永磁式电动机11固装在支架12上,连杆3、7、8和摆杆2、4、6组成杠杆联动机构,摆杆2、6上连接有刮片架,刮片架1、5的上端连接橡胶刮片。电动机的旋转运动由轴端的涡杆10传给涡轮9并转换为往复运动,涡轮上的偏心销与连杆8铰接。涡轮转动时,通过连杆8、7、3带动摆杆4、6、2摆动,挡风玻璃上的刮水片便在刮片架1和5的带动下摆动刮水。

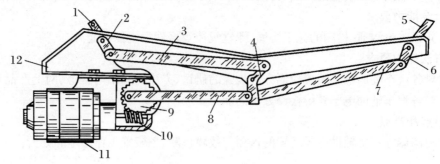

图7.1 电动雨刮器的组成

1、5. 刮片架;2、4、6. 摆杆;3、7、8. 连杆;9. 涡轮;10. 涡杆;11. 永磁式电动机;12. 支架

雨刮器电动机按磁场结构不同可分成绕线式和永磁式两种,由于永磁式电动机具有体积小、质量轻和结构简单等特点,故在轿车上得到了广泛的应用。永磁式电动机总成如图7.2所示,它主要由一个永磁式直流电动机,一个涡轮、涡杆减速器和一个自动停位器组成。

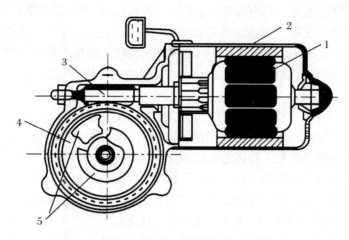

图7.2 永磁式电动机总成

1.电枢;2.永久磁铁磁极;3.涡杆;4.涡轮;5.自动停位器

电动机主要由磁极、电枢和电刷等组成,其磁极由铁氧体永久磁铁构成,磁场的强弱不能改变。为了改变电动机转速,采用三刷式电动机,利用3个电刷来改变正、负电刷之间串联的电枢线圈的个数,从而改变电动机的转速。因为直流电动机旋转时,在电枢绕组内同时还产生反电动势,其方向与电枢电流的方向相反。当电枢通电后转速逐渐上升时,其绕组内同时产生一个反电动势,方向与电枢电流的方向相反。电枢转速上升时,反电动势也相应上升,当电枢电流产生的电磁力矩与运转阻力矩平衡时,电枢的转速不再上升而趋于稳定。由于运转阻力矩一定时,电枢稳定运转所需要的电枢电流一定,对应的电枢绕组反向电动势的高低就一定。而电枢绕组反向电动势与转速和正、负电刷之间串联的电枢线圈个数的乘积成正比,电枢绕组反向电动势的高低一定时,转速和正、负电刷之间串联的电枢线圈个数成反比。正、负电刷之间串联的电枢线圈个数越多,转速越低;反之,正、负电刷之间串联的电枢线圈个数越少,转速越高。所以,利用3个电刷改变正、负电刷之间串联的电枢线圈个数可以实现变速,三刷式电动机电路原理如图7.3所示。

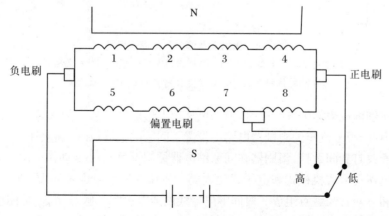

图7.3 三刷式电动机电路原理

电动机拆开后,可以看到3个电刷,即正电刷、负电刷和偏置电刷。当电源和正、负电刷接通时,其内部形成两条对称的并联支路,一条支路由线圈1、2、3、4串联组成,另一条支路由线圈5、6、7、8串联组成。由于各线圈反向电动势方向相同,互相叠加,相当于4对线圈串联,电动机以较低转速运转。当电源和负电刷及偏置电刷接通时,其内部形成两条不对称的并联支路,一条支路由线圈1、2、3、4、8串联组成,另一条支路由线圈5、6、7串联组成,其中线圈8和线圈1、2、3、4的反电动势方向相反,互相抵消后,相当于只有3对线圈串联,因而只有转速升高才能使反电动势达到与运转阻力矩相对应的值,形成新的平衡,故此时转速较高。

自动停位器能保证雨刮器开关在任何时刻断开,雨刷臂都能自动停在挡风玻璃的底部,使之不影响驾驶员的视线,永磁式双速雨刮器控制电路原理如图7.4所示。当电源开关闭合后,雨刮器开关不论是处在Ⅰ挡还是Ⅱ挡,电动机都可按要求运转。当雨刮器开关由Ⅰ挡或Ⅱ挡变成0挡时,自动停位器中的自动复位触片7可能处在自动复位滑片9处,也可能处在自动复位滑片8处。当自动复位触片7处在自动复位滑片9处时,电流从电刷4流入电动机,经电刷10→雨刮器开关→自动复位触片7→自动复位滑片9→搭铁,形成回路。此时,电动机继续转动。随着电动机转动,当自动复位触片7和自动复位滑片8接触时,电动机所在电路中无搭铁点,不能和电源构成通路,且此时电刷4→电刷10→雨刮器开关→自动复位触片7→自动复位滑片8→自动复位触片6→电刷4,又构成另一闭合回路。原电流突然消失,此回路中便产生一个反向电流(楞次定律),该反向电流使电动机克服原来的惯性迅速停止。因此,无论雨刮器开关在何时关闭,只有自动停位器中的自动复位触片7和自动复位滑片8接触时电动机才能停止运转,而此时必然是雨刷臂处在挡风玻璃的底部。

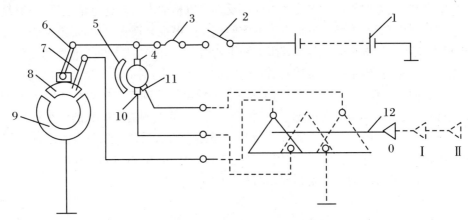

**图7.4 永磁式双速雨刮器控制电路**

1. 蓄电池;2. 电源开关;3. 熔丝;4、10、11. 电刷;5. 永久磁铁
6、7. 自动复位触片;8、9. 自动复位滑片;12. 雨刮器开关

当汽车在细雨或浓雾天气行驶时,因挡风玻璃上形成的是微小的水珠,这时适合雨刷器间歇动作。因此,很多汽车的雨刷器电路中设置了间歇继电器,在遇到上述天气时驾驶员便可将雨刷器开关打到间歇挡,雨刷器在间歇继电器控制下每5~8 s动作一次。

间歇继电器可分成机械式和电子式两大类。机械式间歇继电器主要由时间继电器、一对常开触点和一对常闭触点组成。时间继电器线圈通电后常开触点闭合,常闭触点断开,用这两对触点接通和断开不同的电路。而时间继电器的线圈通电后很快又自动断开,常开触点此时断开,常闭触点此时闭合电子式间歇继电器按时间能否调节可分为可调式和不可调式两种。如图7.5所示是无稳态方波发生器控制的间歇雨刮器。由 $VT_1$、$VT_2$ 组成无稳态多谐振荡器,$R_1$、$C_1$ 决定 K 的通电吸合时间,$R_2$、$C_2$ 决定 K 的断电时间。当雨刮器开关处在 0 挡时,雨刮器电动机电枢被电刷 $B_3$ 与 $B_1$、继电器的动断触点和自停开关短路,电动机不工作。此时,若接通间歇开关,则 $VT_1$ 导通,$VT_2$ 截止,K 通电使动合触点闭合,雨刮器以低速运转。当 $C_1$ 充电到一定值后,$VT_2$ 导通,$VT_1$ 迅速截止,K 断电使动断触点闭合,电动雨刮器自动复位后停止工作。当 $C_2$ 充电到 $VT_1$ 导通电压时,$VT_1$ 导通,$VT_2$ 截止,K 通电使动合触点闭合,重复上述过程。

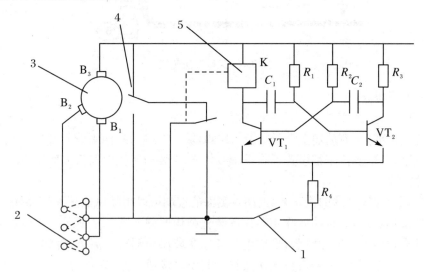

图 7.5 无稳态方波发生器控制的间歇雨刮器
1. 间歇刮水开关;2. 雨刮器;3. 刮水电机;4. 自停开关;5. 继电器

## (二)洗涤装置

### 1. 作用

汽车在风沙或尘土较多的环境中行驶时,会由于灰尘落在挡风玻璃上而影响驾驶员的视线。因此,很多汽车的刮水系统中安装了洗涤装置,必要时向挡风玻璃喷水或专用清洗液(北方地区冬季不宜用水,以免冻裂储液罐或输液管),在雨刮器的配合下,保持挡风玻璃洁净。

### 2. 结构原理

风窗洗涤装置的组成如图7.6所示,主要由储液罐、清洗泵、输液管、三通、喷嘴及清洗开关等组成。

储液罐一般由塑料制成,内盛清洗液或水。有些储液罐上装有液面位置传感器,用以监视储液罐中清洗液的液位。清洗泵就是喷水电动机,实际上是由一个小型直流电动机和一个小型离心式水泵共同构成的。它工作时可以将洗液加压至 70~88 kPa 通过输液管及三通送到喷嘴,然后喷洒到挡风玻璃表面。喷嘴安装在挡风玻璃下面(发动机盖的后方),其喷射方向可以调整,使洗液喷射到合适位置。

清洗泵连续工作的时间一般不超过 1 min。使用时应先打开清洗泵再打开雨刮器,以避免雨刮器在挡风玻璃上"干刮"。在喷水停止后,雨刮器应继续刮 2~5 次,这样配合使用才能达到良好的使用效果。所以,清洗装置的电路一般与雨刮器开关联合动作。

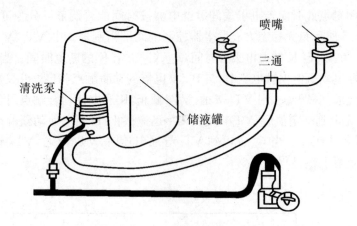

图 7.6 风窗洗涤装置

### （三）除霜装置

**1．作用**

在较冷的季节，车窗玻璃上会凝结上一层霜、雾、雪或冰，从而影响驾驶员的视线。为了避免水蒸气凝结，很多汽车都设置了除霜（雾）装置，需要时可以对风窗玻璃加热。

**2．结构原理**

在有空调及暖风装置的汽车上，前面及侧面的玻璃可以用暖风加热除霜，后面的玻璃一般采用电热丝加热除霜，自动后除霜器控制装置结构原理如图 7.7 所示。在后窗玻璃内表面均匀地镀有很多很窄的导电膜，形成电热丝。在玻璃两侧有汇流条，各焊有一个接线柱，其中一个用以供电，另一个是搭铁线接线柱。需要时接通电路，即可对其进行加热，其功率一般 50～100 W。除霜器的电阻一般具有正温度系数特性，即温度低时阻值减小，电流增大；温度高时阻值增大，电流减小。因此，除霜器自身具有一定的自动调节功能。

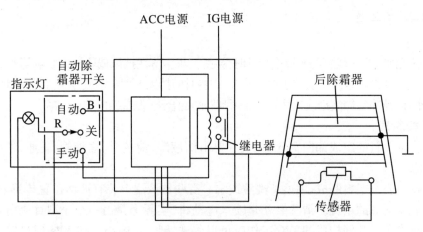

图 7.7 自动后除霜器控制装置结构原理

### （四）电动车窗

**1．作用**

电动车窗也叫电动门窗或自动车窗，它可以使驾驶员更加集中精力驾车，方便驾驶员及乘员的操作，许多轿车选装了这种装置。驾驶员操作时，可以使 4 个车窗中的任意一个上升或下降,乘员只能使所在的车窗上升或下降。

**2. 组成**

电动车窗主要由车窗升降器、电动机、继电器和开关等组成。车窗升降器主要有钢丝滚筒式升降器、齿扇式升降器及齿条式升降器等,如图7.8、图7.9和图7.10所示。

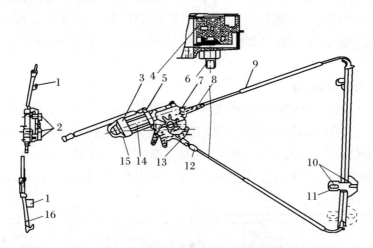

图7.8 钢丝滚筒式电动车窗升降器

1. 支架安装位置;2. 电动机安装位置;3. 固定架;4. 联轴缓冲器;5. 电动机;6. 卷丝筒;
7. 盖板;8. 调整弹簧;9. 绳索结构;10. 玻璃安装位置;11. 滑动支架;12. 弹簧套筒;
13. 安装缓冲器;14. 铭牌位置;15. 均压孔;16. 支架结构

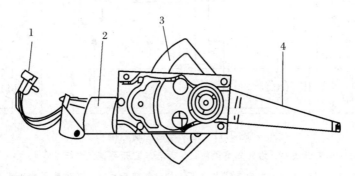

图7.9 齿扇式电动车窗升降器

1. 电缆接头;2. 电动机;3. 齿扇;4. 推力杆

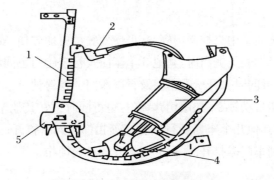

图7.10 齿条式电动车窗升降器

1. 齿条;2. 电缆接头;3. 电动机;4. 小齿轮;5. 定位架

钢丝滚筒式升降器的减速器上装有一个滚筒,滚筒上绕有钢丝,玻璃安装卡座固定在钢丝上并可在滑动支架上做上下移动。当电动机转动时,钢丝便带着卡座沿滑动支架上下移动,使车窗玻璃上升或下降。齿扇式升降器的齿扇上装有螺旋弹簧,当车窗上升时,弹簧伸展,放出能量,以减轻电动机负荷;当车窗下降时,弹簧被压缩,吸收能量,从而使车窗无论是上升还是下降,电动机的负荷基本相同。齿条式升降器使用了一个小齿轮和一根柔性齿条,车窗玻璃就固定在齿条的一端,电动机带动小齿轮转动,小齿轮带动齿条移动,最终使车窗玻璃上升或下降。

**3. 电动车窗的电路原理**

不同车型所采用的电动车窗的电动机及其控制电路各不相同。电动机可分成直接搭铁式和控制搭铁式两种。直接搭铁式电动机的一端直接搭铁,电动机内部有两组磁场线圈。通过接通不同的线圈,使电动机的转向不同,实现车窗的上升和下降动作。控制搭铁式电动车窗的电机结构简单,开关和控制线路复杂一些,在实际当中应用较广泛,其控制电路如图 7.11 所示。

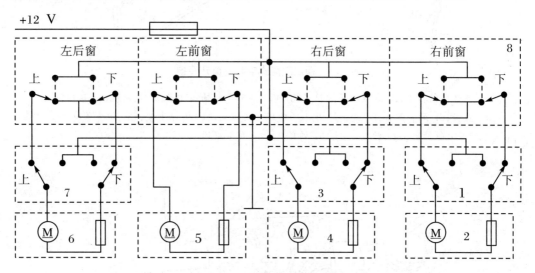

图 7.11 电动车窗控制电路

1. 右前车窗开关;2. 右前车窗电机;3. 右后车窗开关;4. 右后车窗电机;
5. 左前车窗电机;6. 左后车窗电机;7. 左后车窗开关;8. 驾驶员主控开关组件

**(五)中央控制门锁**

**1. 作用**

现代轿车多数都选装了中央控制门锁,它可使驾驶员更加方便、安全地使用汽车。当驾驶员用锁扣或钥匙锁定驾驶员侧门时,其他 3 个车门及行李舱门也同时被锁好,打开时可单独开驾驶员侧车门,也可同时打开所有车门及行李舱门。将驾驶员车门锁扣按下时,其他几个车门及行李舱门都能自动锁定;如用钥匙锁门,也可同时锁好其他车门和行李舱门。将驾驶员车门锁扣拉起时,其他几个车门及行李舱门锁扣都能同时打开;用钥匙开门,也可实现该动作。在车室内个别车门需打开时,可分别拉开各自的锁扣。

**2. 组成**

中央控制门锁按结构形式的不同,一般分为双向空气压力泵式和微型直流电动机式两种;按控制方式不同分为不带防盗系统的中央控制门锁和带防盗系统的中央控制门锁。以不带防盗系统的微型直流电动机式中央控制门锁为例,直流电动机式中央控制门锁利用控制直流电动机的正反转来实现门锁的开、关动作,它主要由门锁开关、双向直流电动机、传动机构、执行机构及继电器和导线等组成。

### 3. 工作原理

不同汽车所安装的中央控制门锁的功能和控制电路不同。有的门锁开关由门锁按钮操作,有的具有一套独立的开关系统。有的汽车具有多个集中控制的门锁开关,驾驶员和乘员都可以操作开关,把所有的车门锁住或打开。有的汽车则只有一个集中控制的门锁开关和几个单独控制的门锁开关,驾驶员操作集中控制的门锁开关,把所有的车门锁住或打开,乘员只能操作单独的门锁开关,把对应的车门锁住或打开。集中控制的门锁开关一般安装在驾驶室车门或前乘员车门上;单独控制的门锁开关一般安装在对应的车门上。

如图 7.12 所示是一种最基本的电动门锁控制电路。它主要由两个门锁开关 $S_1$、$S_2$,门锁继电器 K,5 个双向直流电动机(4 个车门及 1 个行李舱门)及导线和熔断丝等组成。门锁继电器实际上是由开锁和锁定两个继电器组成,其线圈不通电时,动触点与搭铁触点接通;通电时,动触点与搭铁触点断开,与另一触点接通。通过触点位置的改变,来改变电路及电动机中的电流方向,从而改变电动机的旋转方向,完成对车门的锁定和开锁动作。

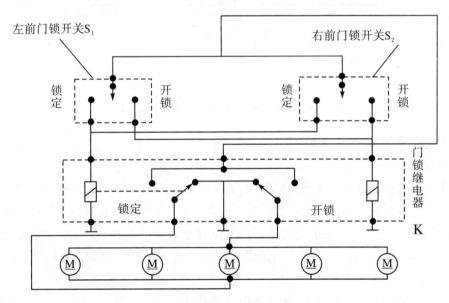

图 7.12 电动门锁控制电路

如图 7.13 所示是左前门锁开关在开锁位置时的电流方向示意图。将左前门锁开关置于开锁位置时,电源通过左前门锁开关给开锁继电器线圈供电,继电器动作,使其常闭触点打开,常开触点闭合。电动机的一端经该触点与电源正极接通,另一端经锁定继电器的常闭触点接地,电动机转动将 4 个车门锁及行李舱门锁打开。当门锁开关断开电源时(开关回到中间位置),开锁继电器释放。将开关置于锁定位置时,锁定继电器线圈通电,继电器吸合,其常闭触点打开,常开触点闭合。电动机一端经触点与电源正极接通,另一端经开锁继电器触点接地,电动机反向转动,将4个车门锁及行李舱门锁锁定。当门锁开关断开电源时(开关回到中间位置),锁定继电器释放。

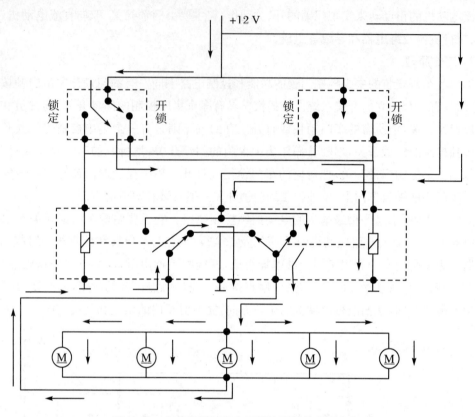

图 7.13　左前门锁开关在开锁位置时的电流方向

### (六)电动后视镜

**1. 作用**

为了便于驾驶员调整后视镜的角度,很多轿车安装了电动后视镜,驾驶员在行车时便可方便地对左右后视镜的角度进行随时调节。驾驶员在汽车上调整后视镜的位置是比较困难的,特别是在副驾驶座位一侧的后视镜,调整尤为困难。使用电力控制系统能很方便地解决这个问题,驾驶员只需要在驾驶位置上操纵电动后视镜开关,就可获得理想的后视镜位置。

**2. 组成**

电动后视镜主要由调整开关、双电动机、传动和执行机构、镜片、外壳及连接件等组成。反射镜的背后装有两套双向永磁电动机和驱动器,可操纵反射镜上下及左右转动。通常上下方向的转动用一个电动机控制,左右方向的转动用另一个电动机控制。通过改变电动机的电流方向,就可完成对后视镜的上下左右方向的调整。后视镜的结构和典型开关如图7.14所示。

为了使车能够获得最大的驻车间隙,通过尽可能狭小的路段,有的电动后视镜还带有伸缩功能,由伸缩开关控制伸缩电机工作,使两个后视镜整体回转伸出或缩回。

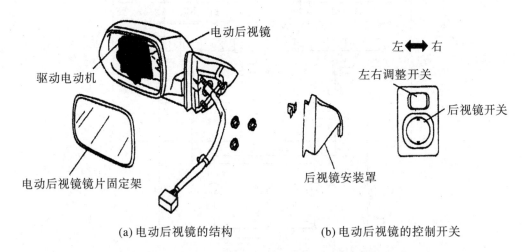

(a) 电动后视镜的结构　　　　　(b) 电动后视镜的控制开关

图 7.14　电动后视镜的结构和控制开关示意图

### 3. 控制电路

图 7.15 所示为桑塔纳 2000 型轿车电动后视镜控制电路,图 7.16 所示为调整左侧后视镜使之左转的电流方向示意图。

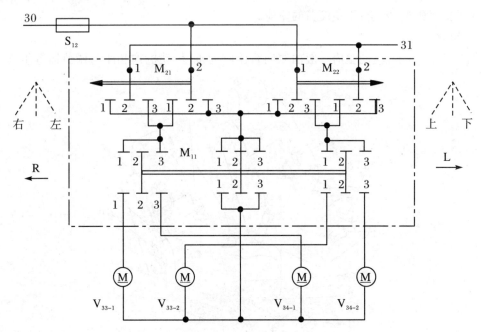

图 7.15　桑塔纳 2000 型轿车电动后视镜控制电路

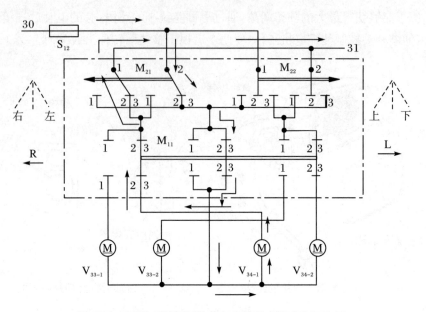

图 7.16 调整左侧后视镜使之左转的电流方向示意图

### （四）电动座椅

**1. 作用**

使驾驶员处于便于操作、舒适又安全、不易疲劳的驾乘最佳的驾驶位置，同时也能使为其他乘员提供舒适、安全、不易疲劳的座椅。

**2. 组成**

如图 7.17 所示，电动座椅一般由双向直流电动机、传动机构和座椅调节器等组成。电

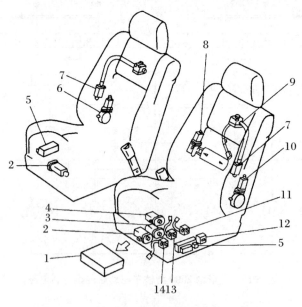

图 7.17 电动座椅的组成

1. 电动座椅 ECU；2. 滑动电动机；3. 前垂直电动机；4. 后垂直电动机；5. 电动座椅开关；6. 倾斜电动机和位置传感器；7. 头枕电动机；8. 腰垫电动机；9. 位置传感器（头枕）；10. 倾斜电动机和位置传感器；11. 位置传感器（后垂直）；12. 腰垫开关；13. 位置传感器（前垂直）；14. 位置传感器（滑动）

动座椅使用永磁式双向直流电动机，通过开关控制使电动机可按不同方向旋转；设置的数量取决于电动座椅可调节的方向数目，为防止电机过载，电机内一般都装有断路器。

传动装置主要包括变速器、联轴节、软轴及齿轮传动机构等。变速器的作用是降速并增大扭矩，电动机轴分别与软轴相连，软轴与变速器的输入轴相连，动力经过变速器降速增扭后，从变速器的输出轴输出，变速器的输出轴与涡杆轴（或齿轮轴）相连，最终涡轮涡杆（或齿轮齿条）带动座椅支架产生位移。传动和执行机构的作用是把电机的旋转运动转变成座椅的上下、前后移动或靠背的倾斜摆动。涡轮涡杆机构是其核心部件，它具有较大的传动比且自锁性能良好。

### 3. 电路原理

电动座椅的控制电路如图7.18所示，包括滑动电动机、前垂直电动机、倾斜电动机、后垂直电动机、腰垫电动机等，可以实现座椅的前后移动、前部高度调节、靠背倾斜程度调节、后部高度调节及腰垫前后调节。当电动座椅的开关处于倾斜位置时，如果要调整靠背向前倾斜，则闭合倾斜电动机的前进方向开关，即端子4置于左位时，电路为：蓄电池正极→FLALT→FLAMⅠ→DOOR CB→端子14→（倾斜开关"前"）→端子4→1(2)端子→倾斜电动机→2(1)端子→端子3→端子13→搭铁。此时，座椅靠背前移。当端子3置于右位时，倾斜电动机反转，座椅靠背后移。此时的电路为：蓄电池正极→FLALT→FLAMⅠ→DOOR CB→端子14→（倾斜开关"后"）→端子3→2(1)端子→倾斜电动机→1(2)端子→端子4→端子13→搭铁。

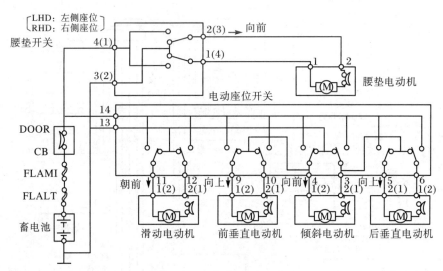

图7.18 电动座椅的控制电路

### （八）汽车防盗系统

#### 1. 作用

使偷盗者放弃偷盗汽车的企图。例如能使偷盗者无法开动汽车，同时汽车能发出刺耳醒目的报警信号，给盗车者一种心理上的压力。警报一般以灯光闪烁与发声报警形式发出，警报持续时间约为1 min，且发动机供油控制电路直到车主用车钥匙打开汽车门锁之前都始终处于断路状态。

## 2. 分类及组成

汽车防盗系统可分为机械式和电子式,机械式防盗器是用机械的方法对油路、变速杆、转向盘、制动器等进行控制,如变速杆锁是锁住变速杆使其不能移动,转向盘锁也叫拐杖锁,挂在转向盘和离合器踏板之间等。这些方法,虽然费用低,但是使用不便,安全性差,已经逐渐被淘汰。电子防盗系统可分为普通电子防盗系统和微机控制防盗系统,在中低档汽车上采用的防盗系统多为振动触发的普通电子防盗系统;在中高档汽车上采用的防盗系统多为微机控制的电子钥匙式发动机防盗系统。当防盗系统启动后,如有非法移动车辆、划破玻璃、破坏点火开关锁芯、拆卸轮胎和音响、打开车门、打开燃油箱加注盖、打开行李箱门等动作,都立刻会引起防盗器报警。图7.19所示为汽车电子防盗系统的组成结构。

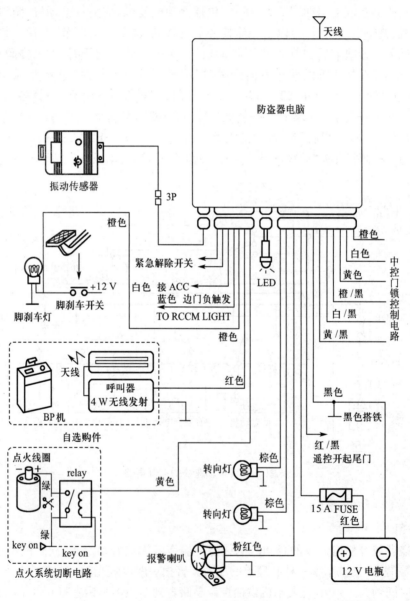

图 7.19　汽车电子防盗系统的组成

### 3. 工作原理

克莱斯勒牌轿车的防盗系统如图 7.20 所示。防盗控制电脑的输入信号由遥控模块、左右门锁开关和 4 个车门微开开关提供。在系统启动进入警戒状态后，如果有人非法开启车门，将使车门微开开关接通，并将此信号送给防盗控制电脑，此时遥控模块和门锁开关并没将开门信号送给防盗控制电脑，所以防盗控制电脑即判断为非法进入，于是接通防盗扬声器和报警灯的电路。这种防盗系统的功能简单，只能报警和恐吓窃车贼，不能阻止车辆被开走或搬走。可从两个方面来加强防盗系统的功能，一是增强中控门锁的功能，二是当前一个功能失效时，增强其他必要手段的锁止功能。

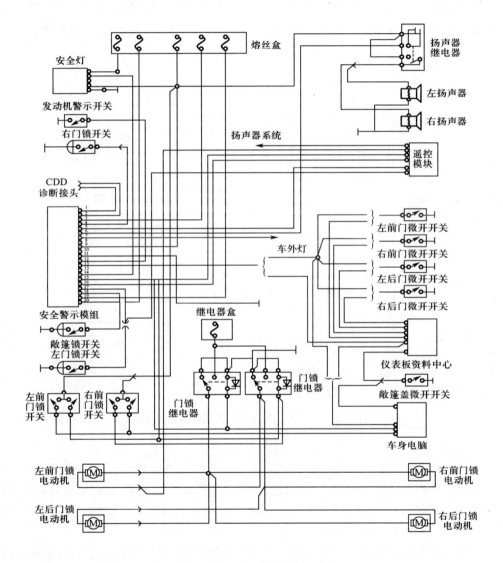

图 7.20 克莱斯勒轿车防盗系统电路

### 4. 中控门锁的防盗与锁止功能

（1）防盗功能

① 测量门锁钥匙电阻。有测量门锁钥匙电阻功能的防盗系统如图 7.21 所示，车辆的每把钥匙均设有一定的电阻，每部车的中央控制电脑将记住该电阻值。当所有车门被锁住

时，若用齿形相同但阻值不同的钥匙开启车门或启动发动机，则防盗系统判断为非法。这时防盗喇叭会响，并切断启动器控制线圈的搭铁回路，使启动机不能工作，同时还控制发动机的电脑使喷油器不喷油。

② 加装密码锁。车用密码锁与钥匙、遥控器处于同一地位，即用其中任何一种方法都可以打开车门。加装密码锁后，车主就无需为丢失钥匙或遥控器而头疼。密码锁有十个键，而密码则一般取五位数。也就是说，密码共有十万种组合，已设定的密码也可以由车主任意改变，所以车主不必担心密码被窃取。

③ 遥控器增加保险功能。仅靠增强门锁的功能还不够，还要使当窃贼强行打开车门时也无法将车开走。新的不可复制遥控器与防盗电脑相配合，由程序设定随机频率，即每次车主锁门后，遥控器与接收器均按事先设定的程序同时改变为另一频率，这样遥控器便无法进行复制。

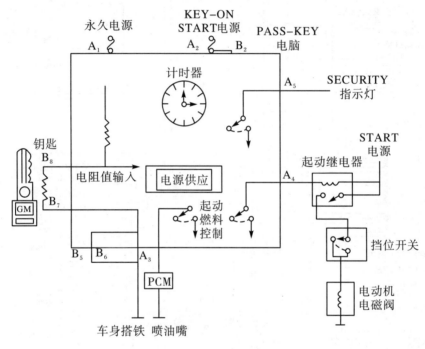

图 7.21　有测量门锁钥匙电阻功能的防盗系统

（2）锁止功能

① 使启动机无法工作。通过防盗电脑来控制该线是否搭铁，从而控制继电器是否闭合，这样就达到控制启动机能否工作的目的。若正常解除防盗警戒，则启动机与喇叭、灯光都处于正常工作状态；若非法进入汽车而启动车辆，即使短接钥匙孔后面的启动线，也无法将发动机启动，以达到防盗的目的。

② 使发动机无法工作。不仅控制启动电路，同时也可以切断汽油泵继电器的控制线路，使发动机处于无油供给状态；另外又控制自动变速器继电器的控制电路，使自动变速器液压控制阀体的电磁阀无法打开，使变速器无法工作。

③ 使发动机电脑处于非工作状态。防盗电脑通过连线把某一特定频率的信号送到发动机电脑，防盗警戒解除后，防盗电脑发出这一信号给发动机 ECU，这样才能使发动机 ECU 正常工作。若未解除防盗警戒或直接切断防盗电脑电源，则该信号不存在，发动机 ECU 停

止工作,发动机不能运转。

### (九) 倒车雷达

**1. 作用**

倒车雷达装置在倒车时起辅助报警功能,使倒车更加安全。当驾驶员挂入倒车挡后,倒车雷达侦测器进入自我检测。当自我检测通过后,就开始检测汽车后部障碍物。如风神Ⅱ型轿车的倒车雷达装置,在汽车后部 50 cm 处检测到物体表面为 25 cm$^2$ 以上的障碍物时,就会发出报警声,以提醒驾驶员注意。

**2. 组成**

倒车雷达装置由倒车雷达侦测器、控制器和蜂鸣器等组成。倒车雷达侦测器安装在车辆后部的保险杠上,如图 7.22 所示。它向汽车后部发射超声波,并接受反射回来的超声波。

**3. 工作原理**

控制器接收从侦测器传来的信号,经计算判断障碍物离车尾的距离。如达到报警位置,就传送信号给蜂鸣器。倒车雷达装置利用声呐原理工作,如图 7.23 所示。发射的超声波频率达到 40 kHz。当超声波遇到障碍物时,会有反射波产生,被传感器接收后,控制器就会通过发射波与反射波计算出障碍物与雷达发射器之间的距离,并据此采取相应的报警提示。倒车雷达装置的有效侦测范围如图 7.24、图 7.25 所示。

图 7.22 倒车雷达侦测器安装位置

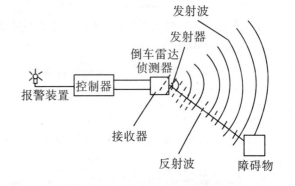

图 7.23 倒车雷达装置工作原理

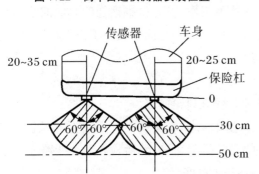

图 7.24 倒车雷达左右有效侦测范围

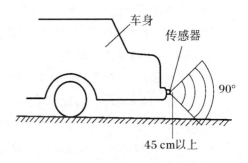

图 7.25 倒车雷达上下有效侦测范围

## 二、理论知识师生互动讨论

将学生分组,对照图 7.1 至图 7.25,开展小组内、小组之间及师生之间提问及讨论。

① 汽车辅助电子系统有哪些装置?

② 各装置的作用分别是什么？各由哪几个部分组成？

③ 分组讨论各装置的工作原理。

④ 讨论增强中控门锁的防盗功能和锁止功能的方法。

## 实践知识导学和师生互动讨论

### 一、实践知识导学

#### （一）电动雨刮器的故障分析

长期使用雨刮器或雨刮器使用不当，会造成许多故障，有的故障通过调节就能恢复使用性能，有的则应查找原因进行故障分析、诊断与维修才能恢复使用性能。

**1. 雨刮器故障分析**

雨刮器常见故障包括各挡都不工作、个别挡位不工作和雨刷不能停在正确位置等。

（1）雨刮器各挡都不工作

① 故障现象：接通点火开关后，雨刮器开关无论置于哪一挡位，雨刮器均不工作。

② 故障原因：熔断器烧断；刮水电动机或雨刮器开关有故障；机械传动部分故障；线路断路或插接件松脱。

③ 故障诊断与排除思路：首先检查熔断器是否熔断，插接件是否松脱，线路有无断路；然后检查开关是否正常；最后检查电动机及机械传动部分。

（2）个别挡位不工作

① 故障现象：接通点火开关后，雨刮器个别挡位（低速、高速或间歇挡）不工作，其余正常。

② 故障原因：刮水电动机或开关有故障；间歇继电器有故障；线路断路或插接件松脱。

③ 故障诊断与排除思路：如果是高速或低速挡不工作，可先检查该挡位对应的线路是否正常；然后检查开关是否正常；最后检查电动机电刷。如果是间歇挡不工作，应检查雨刮器开关的间歇挡所在线路及间歇继电器是否正常。

（3）雨刷不能停在正确位置

① 故障现象：开关断开或间歇工作时，雨刷不能停在风窗底部。

② 故障原因：自动停位装置损坏；雨刮器开关损坏；刮水臂调整不当；线路连接错误。

③ 故障诊断与排除思路：首先检查刮水臂的安装是否正确；然后检查开关线路连接是否正确；最后检查自动停位机构的触片和滑片接触是否良好。

**2. 雨刮器电动机总成的检测**

（1）电动机的检测

将电动机从总成上拆下，把负电刷接蓄电池负极，正电刷和偏置电刷各接蓄电池正极一次，如果两次电动机都平稳转动且接偏置电刷时转速较高，则说明电动机正常，否则应检修或更换电动机。

(2) 线路及连接器的检测

拔下雨刮器电动机的连接器(五芯插头),将点火开关转至"RUN"位置,然后检测雨刮器电动机的线路及其连接器。如果电动机正常,线路及连接器也正常,而电动机不能按要求正常运转,则应更换雨刮器电动机盖(雨刮器线路板)。

## (二) 洗涤装置的故障分析

① 故障现象:所有喷嘴都不工作和个别喷嘴不工作。

② 故障原因:清洗电动机或开关损坏;线路断路或插接件松脱;清洗液液面过低或连接管脱落;喷嘴堵塞。

③ 故障诊断与排除思路:如果所有喷嘴都不工作,先检查清洗液液面和连接管是否正常;然后检查清洗电动机电路及插接件是否有断路及松脱处;再检查开关和电动机是否正常。如果是个别喷嘴不工作,则是喷嘴堵塞或输液支管出现问题。

## (三) 除霜装置的故障分析

① 故障现象:除霜器不除霜;除霜器有时工作、有时不工作。

② 故障原因:熔断器或控制线路断路;加热丝或开关损坏;控制线路不良。

③ 故障诊断与排除思路:首先检查熔断丝是否熔断,如果已经熔断则更换相同规格的熔断丝;如未熔断,进行下一步。

检查除霜器开关。将除霜器开关周围装饰板拆下,打开点火开关,用一小段短路线将开关的"B"和"R"端子短接,如图7.7所示,观察除霜器工作情况。如果除霜器工作正常,则是开关损坏,应修理或更换;如果除霜器仍不工作,进行下一步。

检查所在线路及插接件是否断路或松脱。将后窗除霜器(电热丝)两侧的两个插头拔下,打开点火开关,用万用表测两个插头间的电压应为12 V左右。如果无电压,应进一步检查搭铁线及火线是否有断路或接触不良(用万用表测电阻即可);如果有12 V左右电压,进行下一步。

检查除霜器加热丝。一个人在后窗外用手电筒逐行缓慢照射加热丝,另一个人在车内仔细观察加热丝。如果发现加热丝的某处发亮,则该处为断路处,应用专用加热丝修理工具修理。

## (四) 电动车窗的故障分析

### 1. 玻璃升降器不工作

① 故障现象:按下电动车窗开关,各玻璃升降器不动作,也无电动机声音。

② 故障原因:熔断器断路;连接导线断路或相关插接件松脱;有关继电器开关损坏;电动机损坏;搭铁线锈蚀、松动。

③ 故障诊断与排除思路:首先检查熔断器是否断路;然后检查各插接件连接是否紧固可靠;检查电源线是否有电,电压是否正常;检查搭铁线搭铁是否良好可靠;最后检查开关、继电器及电动机是否损坏,如果确属零部件损坏,则应更换新件。

### 2. 某车窗不能升降或只能一个方向运动

① 故障现象:按下电动车窗开关,某个玻璃升降器不动作,或只能一个方向运动。

② 故障原因：该车窗开关或电动机损坏；该处导线断路或插接件松脱；安全开关故障。

③ 故障诊断与排除思路：首先检查安全开关是否正常；然后检查该窗的开关是否正常；再通电检查该窗电动机是否正常，如果有故障应检修或更换新件；若正常，应检修连接导线是否有断路处。如果车窗只能朝一个方向运动，一般是开关故障或相关导线断路，可先检查线路，再检查开关。

**3. 升降器工作时有异响**

① 故障现象：按下电动车窗开关，玻璃升降器动作，但某个升降器有异常响声。

② 故障原因：安装时未调整好；卷丝滚筒内的钢丝绳未落槽；滑动支架内传动钢丝夹转动；电动机盖板或固定架与玻璃碰擦等机械故障。

③ 故障诊断与排除思路：这类机械故障一般是安装位置或精度偏差所致，只需对所在位置的螺钉进行重新调整或紧固、校正即可。

（五）中央控制门锁与防盗装置的故障分析

**1. 遥控门锁系统的检查**

遥控门锁系统的检查操作方法见有关车型维修手册。

**2. 遥控门锁系统的更换与设定**

（1）遥控门锁接收器的更换

遥控门锁接收器（RCDLR）的拆卸。拆下仪表板；通过松开易扣接头拆下 RCDLR；脱开 RCDLR 的导线插接器；从仪表板上拆下 RCDLR。

遥控门锁接收器（RCDLR）的安装。将遥控门锁接收器（RCDLR）装在仪表底板上；插好 RCDLR 的导线插接件；通过连接易扣接头安装 RCDLR；安装仪表板。

（2）遥控门锁开锁控制设定方法（不用专用工具）

遥控门锁控制设定有 4 种模式：模式 1，设定遥控门锁不起作用；模式 2，设定仅喇叭响；模式 3，设定仅大灯闪亮；模式 4，设定喇叭响与大灯闪亮。

坐在驾驶座位上，关上所有车门；将点火开关转至"RUN"位置。

按下并保持门锁开关在"UNLOCK"位置；按下遥控器"UNLOCK"键，报警器将发出 1～4 次的响声，响的次数等于当前模式号，说明车辆处于该模式。

欲设定的模式号被警报器指示出时，将门锁开关从"UNLOCK"位置释放；将点火开关转至"OFF"位置，设置完成。

注意：在上述方法中，如果点火开关被移至"OFF"位置或任一车门被打开，遥控开锁校验设定将被终止，且系统将保持在最新模式。

（3）遥控门锁上锁控制设定方法

遥控上锁的控制设定方法与遥控开锁的控制设定方法基本相同，只是门锁开关位置和按下遥控器上的键改为"LOCK"键。

（4）遥控器的校准

当出现下列情况时应对遥控器进行校准：遥控器使用超过 256 次；更换遥控器电池后，马上使用超过 16 次。

遥控器的校准方法是：同时按下并保持住遥控器的"UNLOCK"和"LOCK"键至少 7 s

或直到喇叭响 3 次为止。

(5) 门锁电动机的检查

首先关闭点火开关,拆下车门内侧板,接近门锁电动机,拆下电动机的二芯插头;然后将蓄电池的正、负极分别与电动机插座的两个插芯相通,电动机应转动;再将蓄电池的正、负极对调接在两个插芯上,电动机应反转。如果电动机不转或转动不平稳,则应修理或更换电动机。4 个车门及后箱电动机检查方法相同。

## 二、实践知识师生互动讨论

将学生分组,开展小组内、小组之间及师生之间相互提问及讨论。
① 汽车辅助电子装置各有哪些故障现象?分析其故障原因。
② 讨论汽车辅助电子装置常见故障诊断与排除的方法。
③ 讨论遥控门锁系统的更换与设定方法。

# 实践技能导训和学生实训

## 一、实践技能导训

### (一) 电动雨刮器不工作故障诊断

首先检查熔断器是否熔断,插接件是否松脱,线路有无断路;然后检查开关是否正常;最后检查电动机及机械传动部分。

把蓄电池的正、负极分别接在车窗电动机的两个端子上并互换一次,电动机能够正转、反转,且转速平稳。否则说明电动机有故障,应进行更换。

注意:在进行电动机的测试时,若电动机停止转动,要立刻断开端子引线,否则会烧坏电机。

用万用表电压挡,正表笔接电机正极,负表笔搭铁,打开雨刮器开关,接通电源电路,检查电路是否正常。

用万用表电阻挡检查雨刮器开关各挡位是否正常。

雨刮继电器的检修。静态检查:将万用表置于"R×1"挡,测量端子 85 和端子 86 之间应为导通,若不导通,说明线圈烧坏。测量端子 30 和端子 87 应为断路,若导通,说明开关触点烧结或常闭,应进行更换。工作状况检查:用蓄电池的正负极分别接端子 85 和 86,然后用万用表测量端子 30 和 87 应导通,否则应更换。

上海别克轿车刮水器雨刮器所有模式都不工作的故障诊断流程如图 7.26 所示。

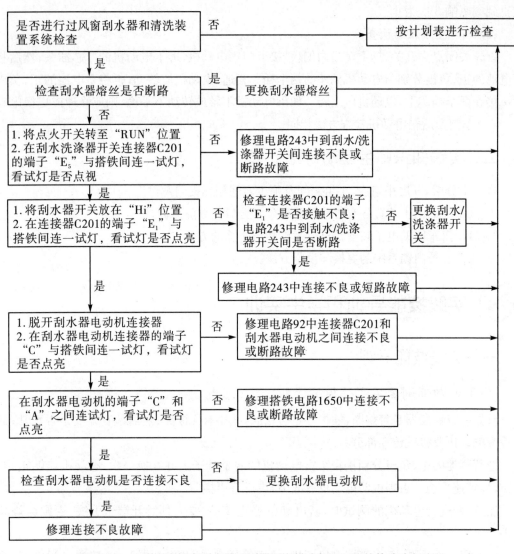

图7.26 上海别克轿车刮水器雨刮器所有模式都不工作的故障诊断流程

### （二）电动车窗不工作故障诊断

**1. 电动车窗总开关的检修**

从驾驶员侧装饰板上拆下电动车窗主控开关，查找维修手册主控开关连接器的端子图。用万用表的欧姆挡检查总开关在车窗处于上升、下降和关闭状态时各个端子的导通情况。若测得结果与手册不相符，说明车窗主开关损坏，要进行更换。

**2. 电动车窗闭锁开关的检查**

按车窗控制开关中的"LOCK"和"UNLOCK"开关，当开关位于"LOCK"位置时，端子之间断路；当开关位于"UNLOCK"位置时，端子之间导通。

**3. 电动车窗继电器的检修**

（1）静态检查

将万用表置于"R×1"挡，测量端子85和端子86之间应为导通，若不导通，说明线圈烧坏。测量端子30和端子87应为断路，若导通，说明开关触点烧结或常闭，应进行更换。

(2) 工作状况检查

用蓄电池的正负极分别接端子85和86,然后用万用表测量端子30和87应导通,否则应更换。

**4. 电动车窗分开关及车窗电动机的检查**

(1) 电动车窗分开关工作情况检查

用万用表的欧姆挡检查分开关在车窗处于上升、下降和关闭状态时各个端子的导通情况。

(2) 车窗电动机的检查

车窗电动机检查的基本思路:把蓄电池的正、负极分别接在车窗电动机的两个端子上并互换一次,电动机能够正转、反转,且转速平稳。否则说明电动机有故障,应进行更换。注意:在进行车窗电动机的测试时,若电动机停止转动,要立刻断开端子引线,否则会烧坏电动机。

**5. 诊断流程**

所有电动车窗都不工作的故障诊断流程如图7.27所示。

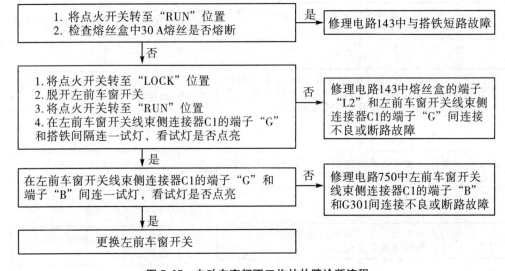

图7.27 电动车窗都不工作的故障诊断流程

左前电动车窗不工作的故障诊断流程如图7.28所示。

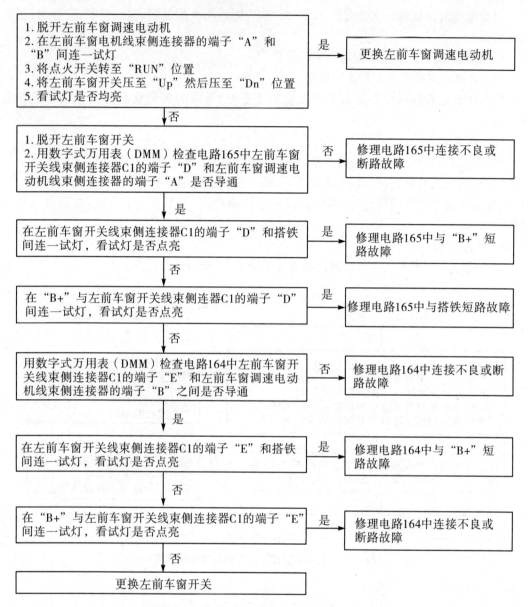

图7.28 左前电动车窗不工作的故障诊断流程

### （三）中央门锁不动故障诊断

各个车型的中央控制门锁电路区别较大，因此在进行检修时要结合具体的维修手册进行。但检修的方法和检修部位基本相似，下面结合丰田威驰轿车的中央控制门锁系统分析中央控制门锁的检修过程。

**1. 门锁控制开关的检查**

如图7.29所示，拆下主开关，检查门锁控制开关的导通性。开关在"LOCK"位置时，端子1～5导通；在"UNLOCK"位置时，端子1～8导通；在"OFF"位置时，端子均不导通。

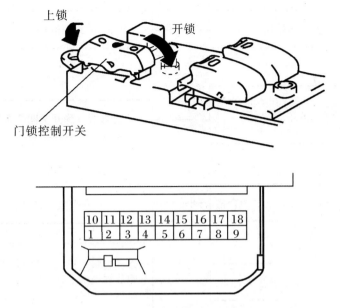

图 7.29 门锁控制开关示意图和端子号

**2. 门锁电机的检查**

如实践知识部分所述,首先关闭点火开关,拆下车门内侧板,对门锁电机进行检查、修理或更换。

**(四)电动后视镜的故障诊断**

如果两个后视镜都不工作,往往是保险丝熔断,线路断路或插接件松脱等,也可能是开关有故障。可先查保险丝,然后检查开关上的插接件是否松脱;相关各线有无断路或接触不良等;最后检查开关。如果是部分功能不正常,很可能是个别电机及控制开关对应部分有故障或相应线路断路、接触不良等。先查线路,后查开关及电机。

**1. 检查后视镜开关(以奥迪 A4 轿车为例)**

首先从左前车门的内拉手下面拆下装饰盖以及三个螺钉,从车门面板后顶端拆下其上的螺钉,掀起车门面板以拆卸固定件。拆下内手柄并从车门面板松开拉索,从车门面板上断开剩余电器接头,从汽车上拆下车门面板。松开拉手的固定件,从车门面板上拆下拉手。然后用一个小的一字旋具压下位于电动后视镜开关的锁止片,从拉手上拆下开关。最后用万用表检查开关。

**2. 检查执行器(后视镜电动机)**

拔下开关上的插头,找到和左侧电机相连的 2、3、10 三个端子。让蓄电池的正极和端子 3 相连,负极分别和端子 2 和 10 相连,观察后视镜转动情况。如哪个方向不动,可能是电机损坏也可能是电机处在该方向上的极限位置。将蓄电池的正负极对调,再分别接到三个端子上,观察后视镜转动情况。右侧后视镜的检查方法和左侧相似。

**3. 两个后视镜都不工作的故障诊断流程**

两个后视镜都不工作的故障诊断流程如图 7.30 所示。

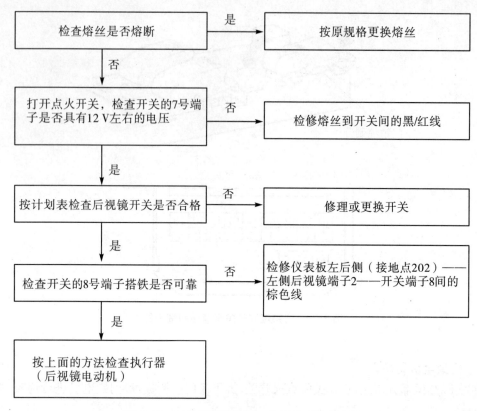

**图7.30 两个后视镜都不工作的故障诊断流程**

## 二、学生实操训练

### （一）训前准备

**1. 学生分组**

学生按照5~6人一组进行分组,每组内按照实训要求进行分工,主要有检测工具准备、故障分析推导等工作。

**2. 记忆强化**

通过教师提问、小组讨论、相关视频播放等形式,进一步强化对检测与故障诊断方法的掌握。

① 讨论主要辅助电子装置的检测步骤与方法。

② 讨论主要辅助电子装置的故障诊断流程。

**3. 实训场地及工具**

① 在汽车电器实训室按照分组准备好实训场地。

② 汽车辅助电器设备实训台架、实物模型。

③ 汽车电器设备分解图及示教电路板、维修手册。

④ 实训用汽车整车。

⑤ 故障设置:教师事前设置辅助电子系统部分或某个装置故障,如电动车窗不工作,其他系统正常。

⑥ 准备相关工具、量具:组合工具、数字万用表、试灯、转向盘护套、变速杆手柄套、座位

套、脚垫、翼子板和前格栅磁力护套等。

（二）实训目的与要求

① 通过实训掌握汽车辅助电器的基本构造和原理、调试和正确使用的方法以及常见故障的现象、原因和诊断方法。

② 实训过程中，必须根据实验步骤，通过故障现象，查找故障原因，再进行故障诊断。

③ 诊断过程必须认真细致，不可漏掉一个疑点，认真做好记录工作。

（三）注意要点

① 汽车辅助电器进行实训时，应在教师的指导下进行。严格遵守操作规程，认真按操作步骤及要点进行，注意检查分析和安全。

② 各种仪表拆开后，不要触摸仪表内部的各部分，尤其是指针和线圈等部分。

按照已经分好的小组，让学生制订维修计划，计划包括：资讯、查阅维修手册进行原因分析（诊断方案）、故障点确认（实施诊断方案）、故障排除等。

③ 汽车电动车窗系统和中央门锁系统等主要是在实训过程中多观察，多分析，多思考，尽量少拆卸，以免造成不必要的损失。

（四）实施步骤

通过典型故障案例训练学生故障诊断能力。

故障现象：以辅助电子系统某个装置工作不正常为例，如电动车窗不工作。

按照已经分好的小组，让学生制订维修计划，计划包括：资讯、查阅维修手册进行原因分析（诊断方案）、故障点确认（实施诊断方案）、故障排除等。

**1．资讯**

资讯见表7.1。

表7.1 维修车辆登记表

| | 车主 | | 电话 | |
|---|---|---|---|---|
| 基本信息 | 性别 | | 检修日期 | |
| | 车型 | | 保养次数 | |
| | 底盘号 | | 行驶里程 | |
| 使用状况 | 道路 | | | |
| | 载荷 | | | |
| 故障日期 | | | | |
| 用户对故障描述 | | | | |
| 故障现象确认 | | | | |
| 故障原因分析 | | | | |

**2. 查阅维修手册进行原因分析**

按照诊断流程进行原因分析。

**3. 故障点确认**

按照表 7.2 进行故障点确认。

表 7.2　故障点确认

| 序号 | 检查项目 | 正常与否 |
| --- | --- | --- |
|  |  |  |
|  |  |  |
|  |  |  |
|  |  |  |
|  |  |  |
|  |  |  |
|  |  |  |
|  |  |  |
|  |  |  |

**4. 故障排除**

按照表 7.3 进行故障排除。

表 7.3　故障排除

| 序号 | 故障部位或零部件 | 故障原因 | 修复方法 |
| --- | --- | --- | --- |
|  |  |  |  |
|  |  |  |  |
|  |  |  |  |
|  |  |  |  |
|  |  |  |  |
|  |  |  |  |
|  |  |  |  |
|  |  |  |  |
|  |  |  |  |

**5. 废料和废品处理**

对实训产生的废料和废品进行处理。

**（五）学生撰写实训报告**

学生在实训完成后，撰写实训报告。

**（六）实训结果评价**

对实训后的结果进行评价。

 **拓展提升**

结合所学汽车辅助电子系统的内容,通过问题法引导同学们扩展知识、展开想象,提升创新能力。引导学生阅读雨量感知型刮水器、电动天窗、带存储功能的电动座椅、高级钥匙、指纹识别等防盗系统新技术、电动天线、SRS 安全气囊、CCS 巡航和 GPS 导航等知识。

阅读导航:
① 百度网络教学资源。
② 主流车型维修手册。

## 项目反馈

请将评价反馈填入表 7.4。

表 7.4 项目评价反馈表

| 项目名称 | | | | | | | |
|---|---|---|---|---|---|---|---|
| 学生基本信息 | | 姓名 | | 学号 | | 班级 | |
| | | 组别 | | 时间 | | 成绩 | |
| 考核能力 | 考核项目 | 评分标准 | 分数 | 学生自评 | 小组互评 | 教师评价 | 平均分小计 |
| 专业能力 | 理论知识 | 是否正确 | 25 | | | | |
| | 实践知识 | 是否正确 | 20 | | | | |
| | 实践操作 | 是否正确 | 25 | | | | |
| 社会能力 | 团队合作 | 是否和谐 | 5 | | | | |
| | 劳动纪律 | 是否严格遵守 | 5 | | | | |
| | 沟通讨论 | 是否积极 | 5 | | | | |
| 方法能力 | 制订计划 | 是否合理 | 5 | | | | |
| | 学习新技术能力 | 是否具备 | 5 | | | | |
| | 总结能力 | 能否正确总结 | 5 | | | | |

# 项目八

# 汽车 CAN 总线系统基本结构、工作原理及检修方法

## 项目描述

汽车的现代化发展使得汽车上电子装置越来越多,若采用传统的点对点通信控制将带来庞大的线束,大量的线束不仅导致可靠性降低,而且与汽车中有限的可用空间相矛盾。通过 CAN 总线可将汽车上的各种电子装置与设备连成一个网络,实现相互之间的信息共享,既减少了线束,又可更好地控制和协调汽车的各个系统,使汽车性能达到最佳。同时能够提高各控制系统的运行可靠性,减少冗余的传感器及相应的软硬件配置,实现各子系统之间的资源共享,便于集中实现各子系统的在线故障诊断。本项目就是介绍汽车 CAN 总线系统基本结构、工作原理及检修方法。

## 学习目标

**1. 专业能力要求**

(1) 理论知识

掌握汽车 CAN 基本组成,通信原理(通信协议、通信接口基本任务及电路组成),传输介质(双绞线、同轴电缆、光纤)结构,汽车 CAN 工作原理。

(2) 实践知识

掌握汽车 CAN 用途、型号识别、使用注意事项及故障诊断步骤。

(3) 实践技能

学习通过 CAN 终端电阻测量、电压测量、波形测量判断故障。

**2. 社会能力要求**

通过理论的分组讨论沟通、检测的分工协助、课堂纪律等培养学生社会能力。

**3. 方法能力要求**

通过对 CAN 电压测量、波形测量的步骤的研讨、方法的总结与提炼、网上产品的查询等培养学生汽车 CAN 检修方法能力。

**4. 重点和难点**

汽车 CAN 电压测量、波形测量。

# 项目实施

CAN 总线系统由哪几部分组成？如何实现信息传输？常见故障有哪些？如何检查与测量？

 理论知识导学和师生互动讨论

## 一、理论知识导学

### （一）CAN 系统的组成

**1. 总线系统信息传输**

总线系统的信息一般采用多路传输。所谓多路传输也叫时分复用技术（time-division-multiplexing，TDM），是将不同的信号交织在不同的时间段内，沿着同一个信道传输。在接收端将各个时间段内的信号提出来还原成原始信号的通信技术，多路传输原理如图 8.1 所示。

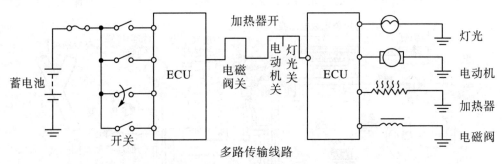

图 8.1 多路传输原理图

为了提高通信系统信道的利用率，语音信号的传输往往采用多路复用技术通信的方式。这里所谓的多路复用技术通信的方式，通常是指在一个信道上同时传输多个语音信号技术，有时也将这种技术简称为复用技术。

**2. 总线系统构成**

总线系统主要由控制器、数据总线、网络、通信协议、网关等组成。

（1）控制器

控制器即为 ECU，是探测信号或进行信号处理的电子装置。

（2）数据总线

数据总线（BUS）是控制单元之间运行数据传递的通道，即所谓的信息"高速公路"。如果一个控制单元可以通过总线发送数据，又可以从总线接收数据，则这样的数据总线就称为双向数据总线。汽车上的数据总线实际上是一条导线或两条导线，例如图8.2所示克莱斯勒CCD系统采用的双绞线数据总线。

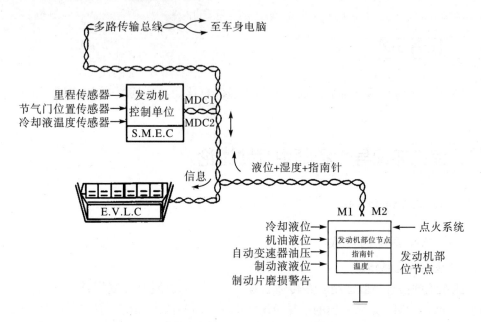

图8.2　克莱斯勒CCD系统采用的双绞线数据总线

通用公司OBDⅡ的基本结构如图8.3所示，从图上可以看出，所有的输入信号线和输

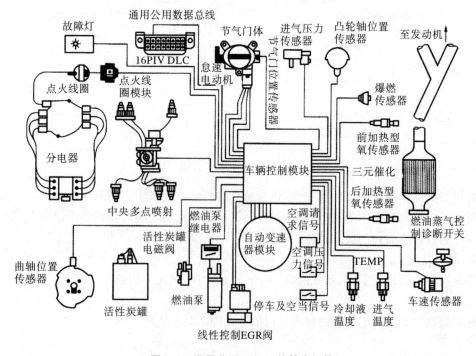

图8.3　通用公司OBDⅡ的基本机构

出信号线都经过车辆控制模块,许多车还有一根总线连接 ABS 模块。车辆控制模块采用轮速作为车辆速度输入信号,因为车辆控制模块同时控制发动机和自动变速器,所以无须像其他车辆一样再用另一根总线和自动变速器控制模块连接。

(3) 网络

汽车上的总线传输系统(车载网络)是一种局域网。局域网是在一个有限区域内连接的计算机网络,通过这个网络实现这个系统内的信息资源共享。局域网一般的数据传输速度在 $1.0 \times 10^5$ kbit/s 以内。

车载网络系统如图 8.4 所示,数据总线和连接到数据总线上的数据模块,几条数据总线又连接到局域网上,构成整个车载网络。

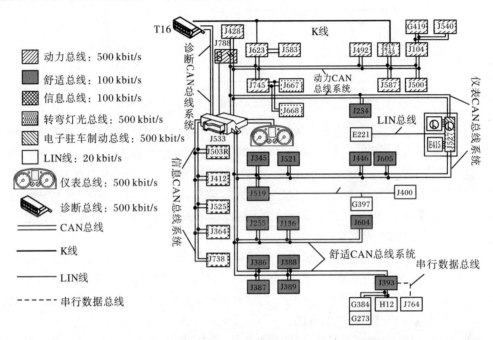

图 8.4 车载网络系统

(4) 通信协议

通信协议犹如交通规则,包括"交通标志"的制定方法。通信协议的标准蕴含"唤醒访问"和"握手"。"唤醒访问"本质就是一个给某个模块的信号,这个模块为了节电而处于休眠状态,收到"唤醒访问"信号之后该模块将被唤醒,而"握手"就是发送信号的模块与接收信号的模块间的相互确认兼容并处在工作状态,如果"握手"不成功则两个模块不兼容而无法工作。作为汽车维修人员,并不关心通信协议本身,真正关心的是它对汽车维修诊断的影响。为什么各汽车制造厂家都制定通信协议呢?因为通信协议本身取决于车辆传输数据的多少,整个汽车模块的多少,数据总线传输速度的快慢,这些因素要求制定通信协议需要制造厂家来完成。大多数通信协议以及使用它们的数据总线和网络都是专用的,因此,维修诊断时需要专门的软件。

(5) 网关

汽车上装配的控制单元对总线系统性能的要求各不相同,因此汽车上的总线系统各有不同。一汽迈腾轿车 CAN-BUS 系统如图 8.5 所示,共设了动力系统总线(驱动总线)、舒适系统总线、信息系统总线、仪表系统总线和诊断系统总线 5 个不同的区域。

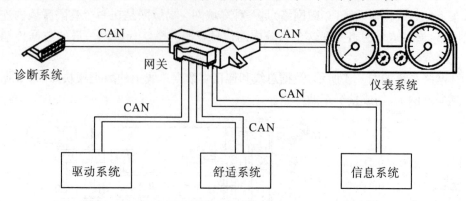

图 8.5　一汽迈腾轿车 CAN-BUS 由网关链接的系统

由于不同区域车载网络的速率和识别代号不同,因此,一个信号要从一个总线区域进入到另一个总线区域,必须对它的识别信号和速率进行改变,以便能够让另一个数据总线系统接收,这个任务有网关(gateway)来完成。另外,网关还具有改变信息优先级的功能,如车辆发生相撞事故,安全气囊控制单元会发出负加速度传感器的信号,这个信号的优先级在动力系统总线中非常地高,但转到舒适系统车载网络后,网关调低了它的优先级,因为它在舒适系统中的功能只是打开车门和灯。

通过网关将 5 个系统连成网络,由于电压电平和电阻配置不同,致使在 CAN 驱动总线和舒适/信息系统总线之间无法进行耦合连接。另外,这两种数据总线的传输速率是不同的,这就决定了它们无法使用不同的信号。这样,就需要在这两个系统之间完成一个转换,这个转换过程也是通过网关来实现的。

根据车辆不同,网关可能安装在组合仪表内、车上、供电控制单元内或在自己的网关控制单元内。由于通过 CAN 数据总线的所有信息都供网关使用,所以网关也用作诊断接口。

网关相当于站台,如图 8.6 所示,在站台 A 到达一列快车(CAN 驱动数据总线,

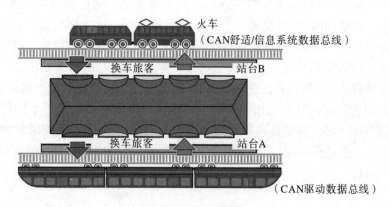

图 8.6　网关的功能

500 kbit/s),车上有数百名旅客。在站台 B 已经有一辆火车(CAN 舒适/信息系统数据总

线,100 kbit/s)在等待,还有一些乘客就换乘到这辆火车上,还有一些乘客就换乘快车继续旅行。车站/站台的功能是让旅客换车,以便通过速度不同的交通工具到达各目的地。网关的主要任务是使两个速度不同的系统之间能进行信息交换。

### 3. CAN-BUS 各组成部件及功能

CAN-BUS 包括控制单元(CPU)、收发器(tranceiver)、发送器(transmitter)、接收器(receiver),如图 8.7 所示。

图 8.7 CAN-BUS 数据总线组成

(1) 控制单元

控制单元接收来自传感器的信号,将其处理后再控制执行元件,同时根据需要将传感器的信号通过 CAN 发送给其控制单元,如图 8.7 所示。

(2) 收发器

CAN 收发器由 1 个 CAN 发送器和 1 个 CAN 接收器组成,其作用是将 CAN 控制器提供的数据转换成 CAN-BUS 网络信号发送出去,同时,它也接受总线数据,并将数据转送到 CAN 控制器。

(3) 发送器

发送器将控制单元计算和处理的信息发送到总线上。

(4) 接收器

将从 CAN-BUS 上接收的电信号转化成数字信号传送到控制器,由控制器进行控制运算。

## (二) CAN 系统通信原理

### 1. 数据传输形式

目前,在汽车上应用的总线数据传输可以采用单线形式,也可以采用双线形式。原则上数据传输总线用一条导线就足以满足功能要求了,使用第二条导线传输信号只不过是与第一条导线上的传输信号形成镜像关系,这样可有效地抑制外部干扰。电控单元之间的所有信息都是通过两根数据线 CAN-Low 线和 CAN-High 线来传输的,例如,发动机和自动变速器控制单元之间的传输如图 8.8 所示。电控单元间进行大量的信息交换,CAN-BUS 数据总线也能完全胜任,如果需要增加额外信息,只需修改软件即可。

图 8.8 发动机和自动变速器控制单元之间数据传输形式

## 2. 数据传输原理

CAN-BUS 中的数据传递就像一个电话会议,如图 8.9 所示。一个电话用户(电控单元)将数据"讲入"网络中,其他用户通过网络"接听"这个数据,对这个数据感兴趣的用户就会利用数据,而其他用户则选择忽略。

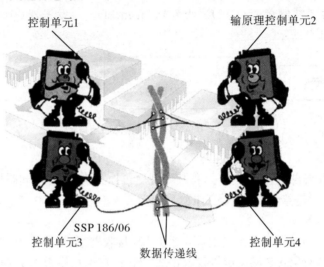

图 8.9 CAN 数据总线数据传输原理

## 3. CAN-BUS 传递数据的格式

CAN-BUS 传递的数据由多位构成,在数据中,位数的多少由数据域的大小决定,CAN-BUS 在极短的时间里在各个控制单元间传递数据。CAN 数据总线传递数据的构成如图 8.10 所示,可将其分成开始域、状态域、检查域、数据域、安全域、确认域和结束域 7 个部分,该数据构成形式在两条数据传输线上是一样的。

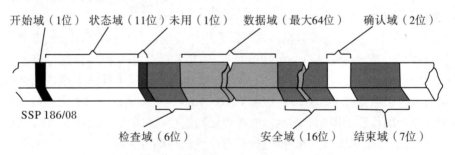

图 8.10 CAN 数据总线传递数据的构成

(1) 开始域

开始域标志着数据列的开始,由 1 位构成。带有大约 5 V 电压(由系统决定)的 1 位被送入高位 CAN 线,带有大约 0 V 电压的 1 位被送入低位 CAN 线。

(2) 状态域

状态域判定数据中的优先权,由 11 位构成。如果两个控制单元都要同时发送各自的数据,那么,具有较高优先权的控制单元优先发送。

(3) 检查域

检查域用于显示在数据域中所包含的信息项目数,由 6 位构成。在本部分,允许任何接收器检查是否已经接收到所传递过来的所有信息。

(4) 数据域

数据域传给其他电控单元的信息,最大由 64 位构成。

(5) 安全域

安全域检测传递数据中的错误,由 16 位构成。

(6) 确认域

确认域由 2 位构成。在此,CAN 接收器信号通知 CAN 发送器,确认 CAN 接收器已经收到了传输数据。若检查到错误,CAN 接收器立即通知 CAN 发送器,CAN 发送器再重新发送一次数据。

(7) 结束域

结束域由 7 位构成,标志数据列的结束。此部分是显示错误并重复发送数据的最后一次机会。

**4. CAN-BUS 的数据传递过程**

CAN-BUS 并没有指定的数据接受者,数据在 CAN-BUS 传输过程中,可以被所有电控单元接受和计算。CAN-BUS 的数据传递过程如图 8.11 所示。

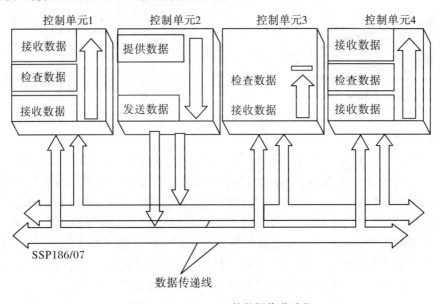

图 8.11 CAN-BUS 的数据传递过程

CAN-BUS 的数据传递过程包括提供数据、发送数据及接收数据。

提供数据:电控单元的微处理器向 CAN 控制器提供需要发送的数据。

发送数据:CAN 收发器接收由 CAN 控制器传来的数据,转为 CAN 网络电信号并发送到 CAN-BUS 上。

接收数据:所有与 CAN-BUS 一起构成网络的电控单元转为接收器,从 CAN-BUS 上接收数据。

**5. CAN 总线的传输仲裁**

如果多个电控单元要同时发送各自的数据列,那么数据总线上就必然会发生数据冲突。为了避免发生这种情况,CAN-BUS 就必须决定哪个控制单元的数据列首先进行发送,总线采用传输仲裁,原则是:具有最高优先权的数据首先发送。

例如,由 ABS/EDL 电控单元提供的数据比自动变速器控制单元提供的数据(驾驶舒适)更重要,因此具有优先权。数据列的状态域是由 11 位组成的编码,其中数据的组合形式决定了数据的优先权,如图 8.12 所示。3 个控制单元同时发送数据列,此时,在 CAN-BUS 数据传输线上进行一位一位的比较,如果一个控制单元发送了 1 个低电位而检测到 1 个高电位,那么该控制单元就停止发送数据列而转为接收器。

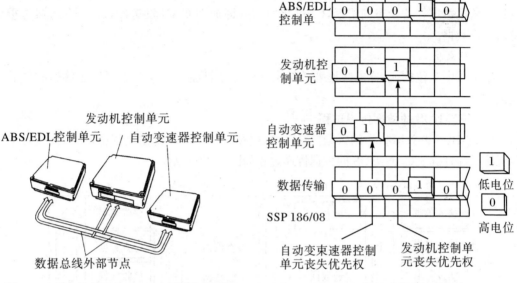

图 8.12　优先权判定 CAN-BUS 数据总线举例　　图 8.13　数据列优先权的判定

如图 8.13 所示,在数据列的状态域位 1,ABS/EDL 控制单元发送了一个高电位,发动机控制单元也发送了一个高电位,自动变速器控制单元发送了 1 个低电位而检测到 1 个高电位,那么自动变速器控制单元将失去优先权而转为接收器。在数据列的状态域位 2,ABS/EDL 控制单元发送了 1 个高电位,发动机控制单元发送了一个低电位并检测到 1 个高电位,那么,发动机控制单元也失去优先权而转为接收器。在数据列的状态域位 3,ABS/EDL 控制单元拥有最高优先权并接受分配数据,该优先权保证其持续发送数据直至发送终了,ABS/EDL 控制单元结束发送数据后,其他控制单元在发送各自的数据。

(三)总线系统的通信介质类型

随着人们对车辆的操控性和舒适性要求越来越高,车上使用的电子部件越来越多,各个控制单元之间的数据传递就要求采用新的传送通道,但 CAN 数据总线系统不能完全满足数据传输性能的多样化要求,因此奥迪 A6 轿车采用多种新型的网络数据总线传输系统。例如,LIN、MOST、Bluetooth 等新型总线传输系统的网络拓扑如图 8.14 所示。

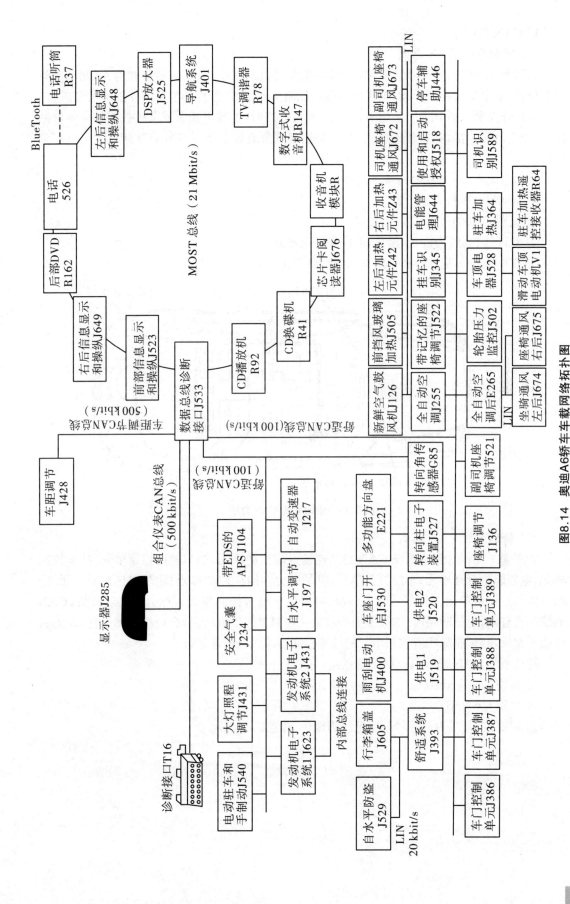

图8.14 奥迪A6轿车车载网络拓扑图

## 1. CAN 总线

(1) 驱动系统 CAN 总线

如图 8.15 所示,驱动系统 CAN 总线连接发动机控制单元、变速器控制单元、制动 ESP 控制单元、安全气囊控制单元、电子驻车制动控制单元、大灯照程调节系统控制单元等。

点火开关断开后,CAN 通信一直有效,通信断路时(如拔下插头或某一控制单元供电断路)会产生故障记忆,在重新连接正常后,必须删除所有控制单元的故障存储后才可以正常运行。

驱动系统 CAN 总线具有如下特点:
① 500 kbit/s 特高速传输。
② 级别 CAN/C。
③ 双绞线:高线为橙色/黑色,低线为橙色/棕色。
④ 在一根线断路/短路时,所有功能都会停止。

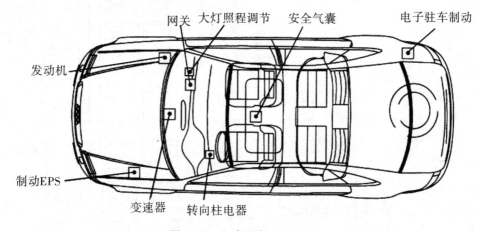

图 8.15 驱动系统 CAN 总线

(2) 舒适系统 CAN 总线

如图 8.16 所示,舒适系统 CAN 总线连接空调控制单元、停车辅助控制单元、挂车控制单元、电瓶能量管理单元、车门控制单元、电子助力转向柱控制单元、驻车加热控制单元、轮胎气压监控控制单元以及多功能方向盘、电子后座椅等控制单元。点火开关断开后,CAN 通信一直有效,通信断路时(如拔下插头或某一控制单元供电断路)会产生故障记忆,在重新连接正常后,必须删除所有控制单元的故障存储后才可以正常运行。

舒适系统 CAN 总线具有如下特点:
① 传输率 100 kbit/s。
② 级别 CAN/B
③ 双绞线:高线为橙色/绿色,低线为橙色/棕色。

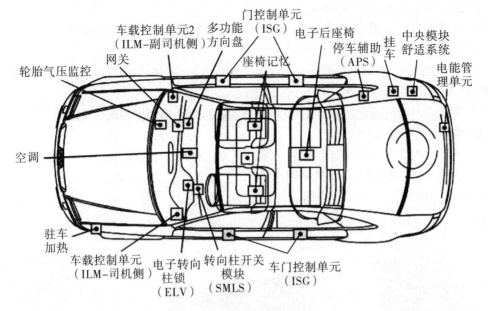

图 8.16 舒适系统 CAN 总线

### 2. LIN 总线

(1) LIN 总线的含义

LIN 是 localinterconnect network 的缩写,它也被称为"局域子系统",即 LIN 总线是 CAN 总线网络下的子系统。车上各个 LIN 总线系统之间的数据交换是由控制单元通过 CAN 数据总线实现的。LIN 总线组成如图 8.17 所示。

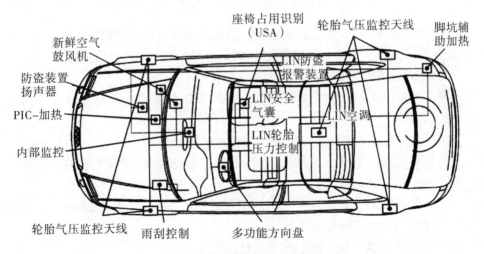

图 8.17 LIN 总线组成示意图

(2) LIN 总线传输特征

LIN 总线是一种低成本的串行通信网络,用于实现汽车中的分布式的电子系统控制。 LIN 的目标是为现有汽车网络(例如,CAN 总线)提供辅助功能,因此,LIN 总线是一种辅助 的总线网络,在不需要 CAN 总线的带宽和多功能的场合,如智能传感器和制动装置之间的 通信使用,LIN 总线可大大节省成本。LIN 总线的主要特征如下:

① 最大传输率为 19.2 kbit/s。
② 低成本基本通用 UART 接口,几乎所有微控制器都具备 LIN 必需的硬件。
③ 只需要一根数据传输线。
④ 单主控制器/多从控制器设备模式无须仲裁机制,通过单主/多从的原则保证系统安全,奥迪 A6 空调系统的 LIN 总线子系统如图 8.18 所示。
⑤ 从节点不需振荡器就能实现同步,节省了多从控制器部件的硬件成本。
⑥ 保证信号传输的延迟时间。
⑦ 不需要改变 LIN 节点上的硬件和软件就可以在网络上增加节点。
⑧ 通常一个 LIN 网络上节点数目小于 12 个,共有 64 个标志符。
⑨ 单线,基本色:紫色+标志色。

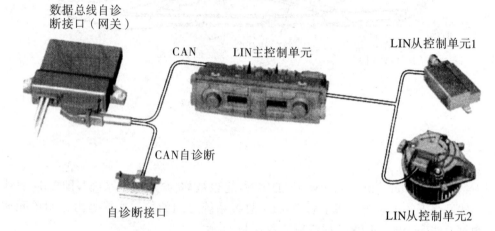

图 8.18 奥迪 A6 空调系统的 LIN 总线子系统实物图

LIN 总线系统是单线式,底色是紫色,有标志色。该线的横截面积为 0.35 mm², 无需屏蔽,该系统允许一个 LIN 控制单元最多与 16 个 LIN 从控制单元进行数据交换。

(3) LIN 总线组成及工作原理

① LIN 主控制单元。该控制单元连接在 CAN 数据总线上,它执行 LIN 的主功能。其主要作用如下:

a. 监控数据传递和数据传递的速率,发送信息标题。

b. 该控制单元的软件内已经设定了一个周期,这个周期用于决定何时将哪些信息发送到 LIN 数据总线上多少次。

c. 该控制单元在 LIN 数据总线和 CAN 总线之间起"翻译"作用,它是 LIN 总线系统中唯一与 CAN 数据总线相连的控制单元。

d. 通过 LIN 主控制单元进行 LIN 系统自诊断。

LIN 主控制器与从控制器、元件之间的连接如图 8.19 所示,空调控制单元和天窗控制单元就是两个 LIN 主控制单元。前风窗加热器、鼓风机和两个温度传感器是空调控制单元(主控制单元)中的从控制单元,天窗控制电机则是天窗控制单元(主控制单元)中的从控制单元。

② LIN 从控制单元。在 LIN 数据总线系统内,单个的控制单元、传感器及执行元件都可看做 LIN 总线主控制单元的从控制单元。传感器内集成有一个电子装置,该装置对测量值进行分析,数值是作为数字信号通过 LIN 总线传递的。有些传感器和执行元件只使用

LIN 主控制单元插口上的一个针脚，LIN 执行元件都是智能型的电子或机电部件，这些部件通过 LIN 主控制单元的 LIN 数字信号接受任务。LIN 主控制单元通过集成的传感器来获得执行元件的实际状态，然后就可以进行规定状态的实际状态的对比，从而获得相应的控制信号，控制执行元件的工作状态。LIN 从控制单元的特点如下：

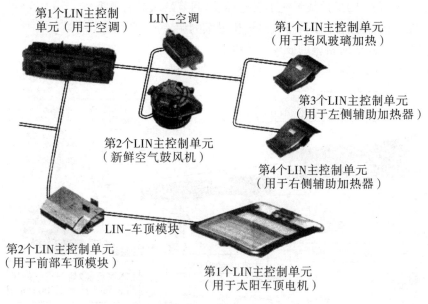

图 8.19　LIN 主控制器与从控制器、元件之间的连接

a. 接受、传递或忽略从主控制系统接收到的信息标题相关的数据。可以通过一个"叫醒"信号来唤醒主系统。

b. 检查对接受数据的检查总量。

c. 对所发送数据的检查总量进行计算。

d. 同主系统的同步字节保持一致。

e. 只能按照主系统的要求同其他子系统进行数据交换。

③ 数据传递过程。从控制器向 LIN 总线反馈温度信号，如图 8.20 所示。

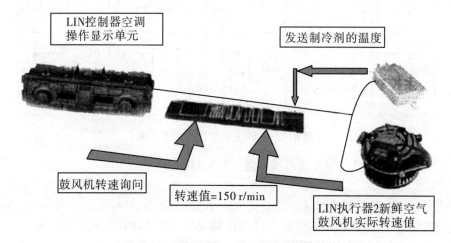

图 8.20　从控制器向 LIN 总线反馈温度信号

a. 空调装置的 LIN 总线系统上发送标题,查询制冷剂温度。

b. 传感器 G395 读取标题,检修转换,然后将当时的制冷剂温度值放到 LIN 总线系统上。

c. 制冷剂温度被空调装置识别。奥迪 A6 轿车空调系统带有主反馈的空调装置 LIN 信息传递流程如图 8.21 所示。

d. 空调装置在 LIN 总线系统上发送标题,调节鼓风机的等级。

e. 所发送的标题用于新鲜空气鼓风机等级的调节。

f. 空调装置发送所希望的鼓风机等级。

g. 新鲜空气鼓风机读取信息,相应地控制鼓风机。

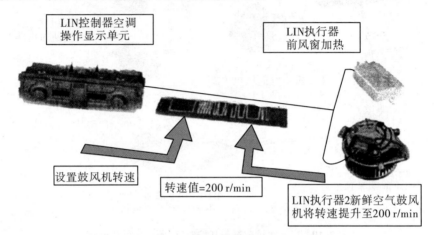

图 8.21 主控制器向 LIN 总线系统发送信息

④ LIN 总线系统的物理结构。LIN 总线系统的物理结构如图 8.22 所示。4 个信号收发两用机的任何一个都可以接通所属的晶体管,由此将 LIN 总线与负极连接。在这种情况下,会由一个发送器传输一个主导位,如果晶体管都不导通,在 LIN 总线电路上为高压电。

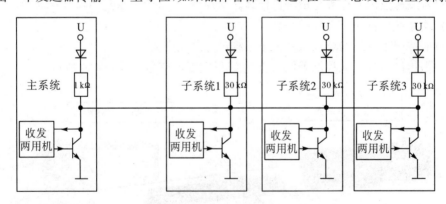

图 8.22 LIN 总线系统的物理结构

**3. 多媒体定向系统传输数据总线的结构与检修**

(1) 概述

在汽车网络中常见的多媒体定向系统传输(media oriented systems transport,MOST),就是比较典型的光学网络,下面就来介绍一下 MOST 在汽车中的实际应用情况。

MOST 是媒体信息传送的网络标准。MOST 采用塑料光缆(plastic optical fiber,POF)的网络协议,将音响装置、电视、全球定位系统及电话等设备相互连接起来,给用户带来了极大的便利。在 MOST 中，不仅对通信协议给出了定义，而且也说明了分散系统的构筑方法。

MOST 可以不需要额外的主控计算机系统，结构灵活、性能可靠和易于扩展。MOST 网络光纤作为物理层的传输介质，可以连接视听设备、通信设备以及信息服务设备。MOST 网络支持"即插即用"方式，在网络上可以随时添加和删除设备。MOST 具有以下优点：

① 保证低成本的条件下，达到 24.8 Mbit/s 的数据传输速度。
② 无论是否有主控计算机都可以工作。
③ 使用 POF 优化信息传送质量。
④ 支持声音和压缩图像的实时处理。
⑤ 支持数据的同步和异步传输。
⑥ 发送/接收器嵌有虚拟网络管理系统。
⑦ 支持多种网络连接方式，提供 MOST 设备标准，方便、简洁地应用系统界面。
⑧ 通过采用 MOST，不仅可以减轻连接各部件的线束质量、降低噪音，而且可以减轻系统开发技术人员的负担，最终在用户处实现各种设备的集中控制。
⑨ 光纤网络不会受到电磁辐射干扰与搭铁环的影响。

MOST 利用一根光纤，最多可以同时传送 15 个频道的 CD 质量的非压缩音频数据，在一个局域网上，最多可以连接 64 个节点（装置）；从拓扑方式来看，基本上为一个环状拓扑，在这种拓扑结构在增加节点时，不需要手柄及开关，而且媒体（光纤）没有集中在某特定装置的附近，可以节省光纤。MOST 为多媒体时代的车载电子设备所必需的高速网络、分散系统的构筑方法、遥控操作及集中管理的方法。在不久的将来，MOST 将成为汽车用多媒体设备所不可缺少的技术。

（2）奥迪 A6 轿车 MOST 数据总线系统

在奥迪 A6、奥迪 A8 轿车上信息系统的数据传递采用 MOST 总线系统，是一种环形结构，如图 8.23 所示。

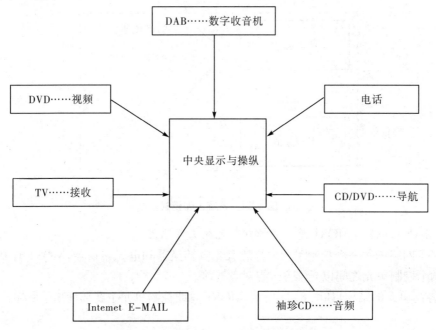

图 8.23　基于 MOST 总线的信息系统

(3) 奥迪 A6 轿车 MOST 总线系统模式

MOST 总线系统有 3 种系统模式:睡眠模式、待命模式、工作模式。

① 睡眠模式。MOST 总线系统的睡眠模式如图 8.24 所示。这时 MOST 总线内没有数据交换,所有装置处于待命状态,只能由系统管理器发出的光启动脉冲来激活,静态电流被降至最小值。睡眠模式的前提条件如下所述:

　　a. 总线上的控制单元显示为准备进入睡眠模式。

　　b. 其他总线系统不经过网关向 MOST 提出要求。

　　c. 诊断不被激活。

② 待命模式。MOST 总线系统的待命模式。无法为用户提供任何服务,给人的感觉就好像是系统已经关闭一样。这时 MOST 总线系统在后台运行,但所有的输出介质(如显示屏、收音机放大器等)都不工作或不发声,这种模式在启动及系统持续运行时被激活。待命模式的前提条件如下所述:

　　a. 由其他数据总线经由网关得以激活,如驾驶座位旁车门打开/关闭时。

　　b. 可以由总线上的一个控制单元得以激活,如一个要接听的电话。

③ 工作模式。MOST 总线系统的通电工作模式。控制单元完全接通,MOST 总线上有数据交换,用户可使用所有功能。通电工作模式的前提条件如下所述:

　　a. MOST 总线处在待命模式。

　　b. 由其他数据总线得以激活。

　　c. 实现激活可以通过使用者的功能选择,通过多媒体 E380 的操纵单元。

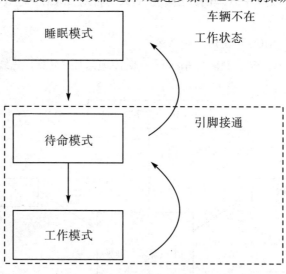

图 8.24　系统工作模式

(4) 奥迪 A6 轿车 MOST 总线的控制单元和工作过程

MOST 网络的每一个控制单元内都装有光电转换器和电光转换器,MOST 环状总线的结构为两个控制单元之间以光学方式点对点连接。

① 控制单元的结构,如图 8.25 所示,MOST 总线控制单元主要部件如下所述:

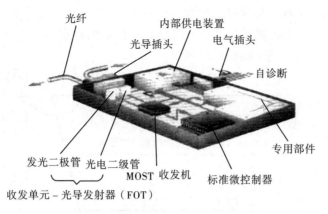

图 8.25 MOST 总线控制单元的结构

a. 光导纤维—光导插头。光纤使用专门的光学插头与控制单元连接。插头上的一个信号方向箭头表明(至接收机的)输入端,插头外壳形成与控制单元的连接。光信号通过由光导纤维导线和光导插头进入控制单元或传到下一个总线用户,如图 8.26 所示。

b. 控制单元电源模块。由电气插头送入的电再由内部供电装置分送到各个部件,这样就可以单独关闭控制单元内某一部件,从而降低了静态电流。

c. 收发单元—光导发射器(FOT)。该装置由一个光电二极管和一个发光二极管构成,到达的光信号由光电二极管转换成电压信号后传至 MOST 收发机。发光二极管的作用是把 MOST 收发机的电压信号再转换成光信号,产生波长为 650 mm 的可见红光。数据经光波调制后由光导纤维传送到下一个控制单元。

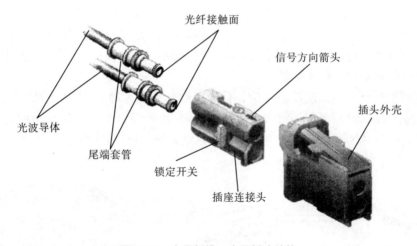

图 8.26 光导纤维—光导插头结构

d. MOST 收发器。MOST 收发器由发射机和接收机两个部件组成。发射机将要发送的信息作为电压信号传至光导发射器,接收机接受来自光导发射器的电压信号并将所需的数据传至控制单元内的控制单元(CPU)。其他控制单元不需要的信息由收发机来传送,而不是将数据传到 CPU 上,这些信息原封不动发至下一个控制单元。

e. 控制单元(ECU)。控制单元(ECU)的内部有一个微处理器,用于操纵控制单元的所有基本功能。

② MOST 总线的控制单元工作过程。MOST 数据总线的一个基本特征是,它不像

CAN-BUS 数据总线那样只传输控制数据和传感器数据,它还能传输数字信号、音频信号、视频信号、图形以及其他数据服务。为了满足数据传输的各种不同的要求,每一个 MOST 数据总线信息分为 3 个部分,如图 8.27 所示。

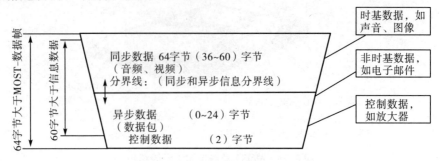

图 8.27 MOST 数据总线工作过程

a. 同步数据(实基数据):实时传送音频信号、视频信号等流动型数据。
b. 异步数据:传送访问网络及访问数据库等数据包。
c. 控制数据:传送控制报文及控制整个网络的数据。

MOST 是以近于数字电话交换机等使用的"帧同步传送"技术为基础的,因此,通过简单的硬件就可以实现流动型数据的同步传送,只会产生完全可以预测到的最小限度的滞后。而与此相比,其他网络协议对流动型数据的处理较为繁琐,在解决数据的滞后方面还有不足。

(三) CAN-BUS 的工作

随着大众车系舒适系统、安全系统的不断升级,电控单元数量不断增加,同时车上的传感器、执行器不断增加,信息交换越来越密集,车辆的控制越来越复杂,传统的点对点的连接方式使线束变得越来越庞大,使汽车的设计及发展陷入尴尬的境地。因此,德国 BOSCH 公司开发了 CAN 总线系统解决了上述矛盾,在增加控制单元的同时减少线束的数量,使控制过程更加简化。

**1. 大众车系 CAN-BUS 类型**

以迈腾轿车为例,该系统设定为 5 个不同的区域,分别为动力(驱动)系统、舒适系统、信息系统、仪表系统、诊断系统 5 个局域网,如图 8.28 所示。5 个子局域网的传输速率见表 8.1。其中在 CAN 总线系统下还存在 LIN 总线系统,其传输速率为 20 kbit/s,整个 CAN 总线系统最大可承载 1 000 kbit/s。

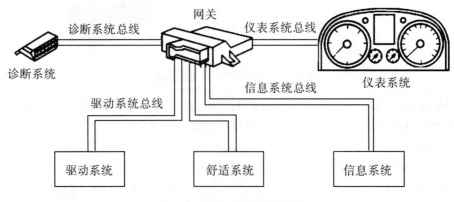

图 8.28 CAN-BUS 的子系统

表 8.1　CAN-BUS 的传输速率

| 序号 | 局域网总线 | 电源供电线 | 传输速率(kbit/s) |
|---|---|---|---|
| 1 | 动力系统总线 | 15 | 500 |
| 2 | 舒适系统总线 | 30 | 100 |
| 3 | 信息系统总线 | 30 | 100 |
| 4 | 诊断系统总线 | 30 | 500 |
| 5 | 仪表系统总线 | 15 | 100 |

**2. 动力总线系统**

CAN 动力总线系统主要由发动机控制单元、ABS 控制单元、ESP 控制单元、自动变速器控制单元、安全气囊控制单元、组合仪表控制单元组成。

(1) 动力总线信号波形

为了提高数据传递的可靠性,动力系统总线的两条导线(双绞线)分别用于不同的数据传送,这两条线分别称为 CAN-High 线和 CAN-Low 线。在显性状态和隐性状态之间进行转换时,CAN 导线上的电压发生变化。

在隐性状态时,这两条导线上作用着相同预先设定值,该值称为静电平。对于 CAN 动力系统总线来说,这个值大约为 2.5V。静电平也称为隐性状态,因为连接的所有控制单元均可修改它。

在显性状态时,CAN-High 线上的电压值会升高一个预定值(对于 CAN 动力系统总线系统来说,这个值至少为 1 V)。CAN-Low 线上的电压值会降低一个同样值(对于 CAN 动力系统总线系统来说,这个值至少为 1 V)。于是,在 CAN 动力系统总线上 CAN-High 线就处于激活状态,其电压不低于 3.5 V(2.5 V+1 V=3.5 V),而 CAN-Low 线的电压值最多可降低至 1.5 V(2.5 V−1 V=1.5 V)。

因此,在隐性状态时,CAN-Low 线与 CAN-High 线上的电压差为 0 V;在显性状态时,该差值最低为 2 V。

动力系统总线网络由 15 号供电线激活,传输速率 500 kbit/s,是所有 CAN 总线中最高的,采用终端电阻结构,其中心电阻值为 66 Ω。CAN 数据总线上的信号变化波形如图 8.29 所示。

(2) 动力系统总线收发器内的 CAN-High 线和 CAN-Low 线上的信号转换

控制单元是通过收发器连接到 CAN 动力系统总线上的,这个收发器内有一个接收器,该接收器是安装在接收一侧的差动信号放大器,如图 8.30 所示。差动信号放大器用于处理来自 CAN-High 线和 CAN-Low 线上的信号,除此之外,还负责将转换后的信号送至控制单元的 CAN 接收区,这个转换后的信号,称为差动信号放大器的输出电压。差动信号放大器用 CAN-High 线上的电压(UCAN-High)减去 CAN-Low 线上的电压(UCAN-Low),计算出输出电压差,用这种方法可以消除静电平(对于 CAN 动力系统数据总线来说是 2.5 V)或其他任意重叠的电压(例如,干扰)。差动信号放大器内的信号处理如图 8.31 所示。

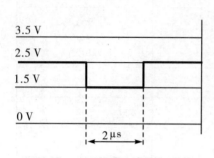
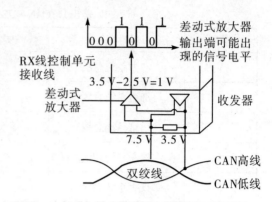

图 8.29 动力 CAN 数据总线上的信号变化　　图 8.30 动力 CAN 数据总线上的差动信号放大器

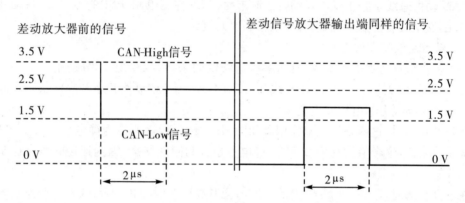

图 8.31 差动信号放大器内的信号处理

(3) CAN 动力系统总线差动信号放大器内的干扰过滤

由于数据总线也要布置在发动机舱内,所以数据总线就要遭受各种干扰,要考虑对地断路和蓄电池电压、点火装置的火花放电和静态放电。

CAN-High 信号和 CAN-Low 信号经过差动信号放大器处理后,可最大限度地消除干扰的影响,即使在车上的供电电压有波动(如在启动发动机时),也不会影响各控制单元的数据传递的可靠性,如图 8.32 所示。

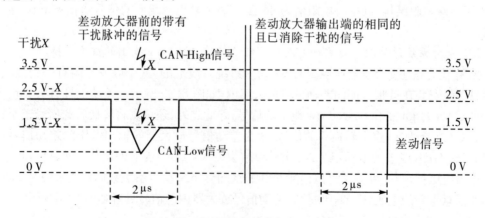

图 8.32 差动信号放大器内的干扰过滤

在图 8.32 上,可以清楚地看到这种传递的效果。由于 CAN-High 线和 CAN-Low 线是扭绞在一起的,所以干扰脉冲 $X$ 就总是有规律地作用在两条线上。

由于差动信号放大器总是用 CAN-High 线上的电压(3.5 V-$X$)减去 CAN-Low 线上的电压(1.5 V-$X$),因此在经过差动处理后,(3.5 V-$X$)-(1.5 V-$X$)=2 V,差动信号就不再有干扰脉冲了。控制单元判断双线的电平及逻辑信号见表 8.2。

表 8.2 控制单元判断双线的电平及逻辑信号

| 状态 | CAN-High(V) | CAN-Low(V) | 差动输出电压信号(V) | 逻辑信号 |
| --- | --- | --- | --- | --- |
| 显性 | 3.5 | 1.5 | 3.5-1.5=2.2>2 | 0 |
| 隐性 | 2.5 | 2.5 | 2.5-2.5=0<2 | 1 |

### 3. 舒适/信息系统总线

CAN 舒适/信息系统总线的联网控制单元包括自动空调控制单元、车门控制单元、舒适控制单元、收音机和导航显示控制单元。

控制单元通过 CAN 舒适/信息系统总线的 CAN-High 线和 CAN-Low 线来进行数据交换,如车门开/关、车内灯开/关、车辆位置(GPS)等。

由于使用同样的脉冲频率,所以 CAN 舒适/信息系统总线和 CAN 信息系统总线可以共同使用一对导线,当然,前提条件是相应的车上有这两种数据总线。

(1) CAN 舒适/信息系统总线信号波形

为了使低速 CAN 总线抗干扰能力强且电流消耗低,与 CAN 动力系统总线相比作了一些改动。首先,由于使用了单独的驱动器(功率放大器),这两个 CAN 信号就不再有彼此依赖的关系。与 CAN 动力系统总线不同,CAN 舒适/信息系统总线的 CAN-High 线和 CAN-Low 线不是通过电阻相连的,也就是说,CAN-High 线和 CAN-Low 线不再彼此相互影响,而是彼此独立作为电源来工作。在隐性状态(静电平)时,CAN-High 线信号为 0 V,在显性状态时≥3.6 V。对于 CAN-Low 信号来说,隐性电平为 5 V,显性电平≤1.4 V 如图 8.33 所示。

于是,在差动信号放大器内相减后,隐性电平为-5 V,显性电平为≥2.2 V,那么隐性电平和显性电平之间的电压变化(电压提升)提高到≥7.2 V。VAS5051 上的数字存储式示波器(DSO)上显示的舒适/信息系统总线波形图(静态)如图 8.34 所示。

(2) CAN 舒适/信息系统总线的 CAN 收发器

CAN 舒适/信息系统总线收发器的结构如图 8.35 所示,其工作原理与 CAN 驱动总线收发器基本是一样的,只是输出的电压电平和出现故障时切换到 CAN-High 线或 CAN-Low 线(单线工作模式)的方法不同。另外,CAN-High 线和 CAN-Low 线之间的短路会被识别出来,并且,再出现故障时会关闭 CAN-Low 驱动器,在这种情况下,CAN-High 线和 CAN-Low 线信号是相同的。

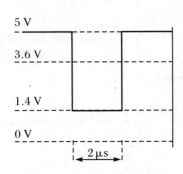
图 8.33 CAN 舒适/信息系统的信号电压变化

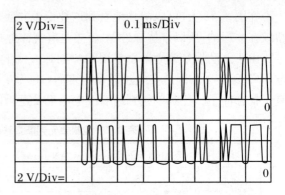
图 8.34 VAS5051 上示波器(DOS)上显示的 CAN 舒适/信息系统总线波形图(静态)

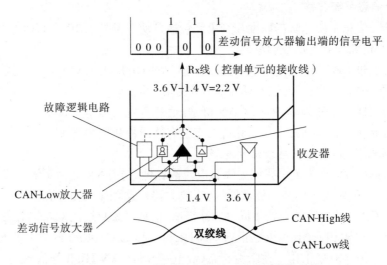
图 8.35 CAN 舒适/信息系统总线收发器的结构

CAN-High 线和 CAN-Low 线上的数据传递由安装在收发器内的故障逻辑电路监控,故障逻辑电路检验两条 CAN 导线上的信号,如果出现故障(如某条 CAN 导线断路),那么故障逻辑电路会识别出该故障,从而使用另一条完好的导线(单线工作模式)。

在正常的工作模式下,使用的是 CAN-High 线"减去"CAN-Low 线所得的信号(差动数据传递),这样就可将故障对 CAN 舒适/信息系统总线的两条导线的影响降至最低(与 CAN 动力系统总线是一样的)。控制单元判断双线的电平及逻辑信号见表 8.3。

表 8.3 控制单元判断双线的电平及逻辑信号

| 状态 | CAN-High | CAN-Low | 差动输出电压信号(V) | 逻辑信号 |
| --- | --- | --- | --- | --- |
| 显性 | 3.6 | 1.4 | 3.6−1.4=2.2>2 | 0 |
| 隐性 | 0 | 5 | 0−5=−5<0 | 1 |

(3) 单线工作模式下的 CAN 舒适/信息系统数据总线

如果因断路、短路或蓄电池电压相连而导致两条 CAN 导线中的一条不工作了,那么就会切换到单线工作模式。在单线工作模式下,CAN 舒适/信息系统总线仍可工作。控制单元使用 CAN 不受单线工作模式影响,一个专用的故障输出用于通知控制单元。现在收发器是工作在单线模式下,VAS5051 上示波器(DSO)上显示的 CAN 舒适/信息系统总线工作在单线模式下的波形(静态)如图 8.36 所示。

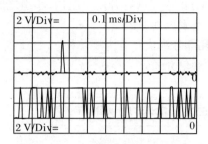

图 8.36　VAS5051 上示波器(DSO)上显示的 CAN 舒适/
信息系统总线工作在单线模式下的波形(静态)

### 4. 诊断系统总线

诊断系统总线是用于诊断仪器和相应控制单元之间的信息交换,它与网关的链接如图 8.37 所示,是被用来代替原来的 K 线或者 L 线的功能(废气处理控制器除外)。

诊断系统总线目前只能在 VAS5051 和 VAS5052 下工作,而不能适用于原来的诊断工具,如 VAG1552 等,诊断总线通过网关转接到相应的 CAN-BUS 上,然后在连接相应的控制器进行数据交换。

随着诊断系统总线的使用,大众集团将逐步淘汰控制器上的 K 线存储器而采用 CAN 线作为诊断仪器和控制器之间的信息连接线,我们称之为虚拟 K 线。

当车辆使用诊断 CAN-BUS 总线结构后,VAS5051 等诊断仪器必须使用相对应的新型诊断线(VAS5051/5A 或 VAS5051/6A),否则无法读出正确的诊断信息。另外,车上的诊断接口也作出了相应的改动,如图 8.38 所示,诊断接口的排列表见表 8.4。

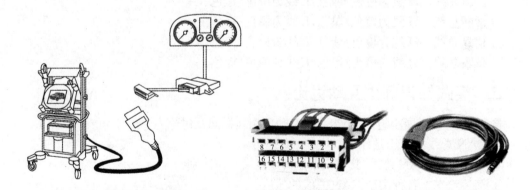

图 8.37　诊断总线与网关的链接　　　　图 8.38　诊断接口

表 8.4　诊断接口端子针脚的含义

| 针脚号 | 对应的线束 | 针脚号 | 对应的线束 |
| --- | --- | --- | --- |
| 1 | 15 号线 | 7 | K 线 |
| 4 | 接地 | 14 | CAN 线 |
| 5 | 接地 | 15 | L 线 |
| 6 | CAN 高线 | 16 | 30 号线 |

## 二、理论知识师生互动讨论

将学生分组,针对理论部分的学习内容开展小组内、小组之间及师生相互提问及讨论。
① 简述汽车总线技术快速发展的原因。
② CAN 总线系统由哪几部分组成?分为哪几种?
③ 简述总线系统的几种通信介质。

# 实践知识导学和师生互动讨论

## 一、实践知识导学

### (一)CAN 总线的用途

CAN 系统是一种新型的汽车信息传输技术,用于汽车各个电子控制模块间的信息传递。

采用 CAN 系统的汽车具备以下优势。

① CAN 总线系统是一种新型的数据传输系统,汽车各个电控系统的信息可以更精确地传输。
② CAN 总线系统去除了多余的电器元件,简化了汽车电路,在电控方面提高了汽车的可靠性。
③ CAN 总线系统便于车型改进。
④ CAN 总线系统提高了汽车性能,满足现代汽车功能越来越多的要求。

### (二)CAN 总线的分类

① 驱动总线。H 线为橙色/黑色,L 线为橙色/棕色。
② 舒适总线。H 线为橙色/绿色,L 线为橙色/棕色。
③ 诊断总线。H 线为橙色/黑色,L 线为橙色/棕色。
④ 信息总线。H 线为橙色/紫色,L 线为橙色/棕色。
⑤ 仪表总线。H 线为橙色/黑色,L 线为橙色/棕色。

## 二、实践知识师生互动讨论

将学生分组,开展小组内、小组之间及师生相互提问及讨论。
① CAN 总线的作用是什么?
② 如何识别 CAN 总线,其与汽车上其他线束有何区别?
③ 简述汽车上各种类型 CAN 总线的颜色。

# 实践技能导训和学生实训

## 一、实践技能导训

### (一)CAN 系统的电压测量

CAN 数据总线可以采用数字万用表进行电压信号测试,判断数据总线的信号传输是否存在故障,检测方法如图 8.39 所示。

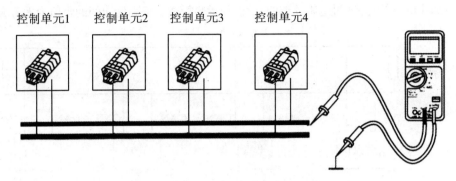

图 8.39　万用表检测 CAN 总线

**1. 用万用表检测动力 CAN 总线**

CAN 驱动数据总线由 15 号接线柱(点火开关)激活,然后关闭,当 CAN-High 线上有信号传输时,总线上的电压值在 2.5~3.5 V 之间高频波动,因此 CAN-High 线的主体电压应是 2.5 V,万用表的测量值应为 2.5~3.5 V,大于 2.5 V 但靠近 2.5 V。

同理,CAN-Low 线信号在总线空闲时的电压为 2.5 V,总线上的信号传输时,总线上的电压在 1.5~2.5 V 之间高频波动,因此 CAN-Low 线的主体电压应是 2.5 V,万用表的测量值应为 1.5~2.5 V,小于 2.5 V 但靠近 2.5 V。

**2. 用万用表测量舒适 CAN 总线**

舒适 CAN 总线由于使用了单独的驱动器(功率放大器),CAN-High 线和 CAN-Low 线的信号就不再有彼此依赖的关系了。与驱动 CAN 总线不同,CAN-High 线和 CAN-Low 线不再彼此相互影响,而是彼此独立作为电压源来工作。

舒适 CAN 系统由 30 号电激活,CAN-High 线信号在总线空闲时的电压约为 0 V,总线上有信号传输时,总线上的电压值在 0~5 V 之间高频波动,因此 CAN-High 线的主体电压为 0 V,万用表的测量值为 0.35 V 左右。

同理,CAN-Low 线信号在总线空闲时的电压约为 5 V。总线上有信号传输时,总线上的电压值在 0~5 V 之间高频波动,因此 CAN-Low 线的主体电压应是 5 V,万用表测量值应在 4.65 V 左右。

**(二) CAN 系统的电阻测量**

用万用表电阻挡测量 CAN-High 线和 CAN-Low 线之间的电阻,正常情况下应该有一个规定的电阻(电阻大小随车型而异),不应直接接通;用万用表电阻挡测量 CAN-High 线或 CAN-Low 线分别与搭铁或蓄电池正极之间的导通性,正常情况下应不导通。

连接在 CAN 数据总线上的控制单元的作用就像是 CAN 导线上的一个负载电阻(因为装有电子元件)。这个负载电阻取决于连接的控制单元数量及其电阻。

在 CAN 总线两端有两个终端电阻,如图 8.40 所示,这两个终端电阻阻值约为 120 Ω,其中驱动总线的中心电阻为 66 Ω,在汽车点火开关关闭时,用万用表测量驱动系统两根 CAN 总线间的电阻应为 66 Ω。从车上取下发动机控制单元测量 CAN 总线接口间的电阻值为 66 Ω,而 ABS 控制单元的电阻值应为 2 600 Ω。

舒适 CAN 总线由于使用了单独的驱动器(功率放大器),这两个 CAN 信号就不再有彼此依赖的关系了。与 CAN 驱动数据总线不同,CAN 舒适/Infotainment 数据总线的 CAN-High 线和 CAN-Low 线不是通过电阻相连的,所以测量知舒适系统高低线间的阻值为无穷大。

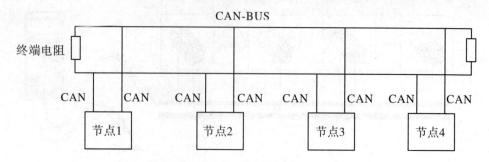

图 8.40　CAN 系统终端电阻

### (三) CAN 数据总线的波形检测

**1. 双通道模式 CAN 数据总线波形**

双通道模式 CAN 数据总线波形必须采用带有双通道的示波器或检测仪,例如,VAS5051。

(1) 检测电路连接

电路连接如图 8.41 所示。

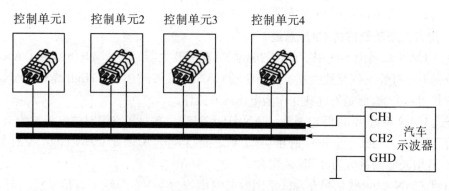

图 8.41　双通道模式检测电路连接

(2) CAN-BUS 数据总线的标准波形

CAN-BUS 数据总线的标准波形如图 8.42 所示。

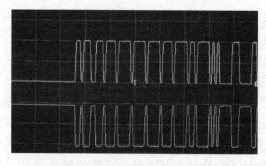

图 8.42　CAN-BUS 数据总线的标准波形

## 2. CAN-BUS 数据总线故障波形

（1）CAN-BUS 数据总线对短路时的信号波形

CAN-BUS 数据总线对地短路如图 8.43(a) 所示，当 CAN-BUS 数据总线对地短路时，检测到的 CAN-BUS 数据总线的信号波形如图 8.43(b) 所示。

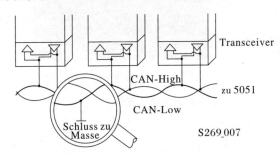
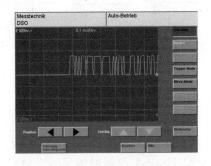

(a) CAN-BUS 数据总线对地短路　　(b) CAN-BUS 数据总线对地短路时的信号波形

图 8.43　CAN-BUS 数据总线对地短路及其信号波形

（2）CAN-BUS 数据总线对正极短路时的信号波形

CAN-BUS 数据总线对正极短路如图 8.44(a) 所示，当 CAN-BUS 数据总线对正极短路时，检测到 CAN-BUS 数据总线的信号波形如图 8.44(b) 所示。

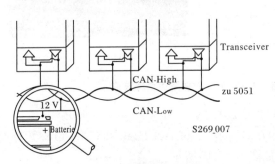
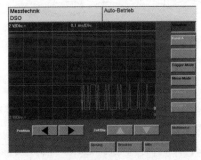

(a) CAN-BUS 数据总线对正极短路　　(b) CAN-BUS 数据总线对正极短路时的信号波形

图 8.44　CAN-BUS 数据总线对正极短路及其信号波形

（3）CAN-Low 断路时信号波形

CAN-Low 断路如图 8.45(a) 所示，当 CAN-BUS 数据总线 CAN-Low 断路时，检测到 CAN-BUS 数据总线的信号波形如图 8.45(b) 所示。

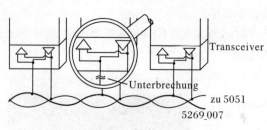
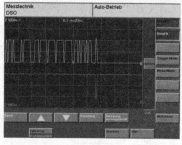

(a) CAN-Low 断路　　　　　　　　(b) CAN-Low 断路时的信号波形

图 8.45　CAN-Low 断路及 CAN-BUS 数据总线信号波形

(4) CAN-high 断路时的信号波形

CAN-High 断路如图 8.46(a)所示,当 CAN-BUS 数据总线 CAN-High 断路时,检测到的 CAN-BUS 数据总线的信号波形如图 8.46(b)所示。

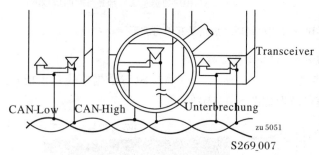
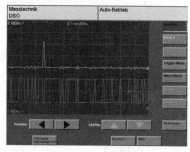

(a) CAN-High 断路　　　　　　　　(b) CAN-High 断路时的信号波形

图 8.46　CAN-High 断路及 CAN-BUS 数据总线信号波形

(5) CAN-High 和 CAN-Low 短路时的信号波形

CAN-High 和 CAN-Low 短路如图 8.47(a)所示。当 CAN-High 和 CAN-Low 短路时,检测到的 CAN-BUS 数据总线的信号波形如图 8.47(b)所示。

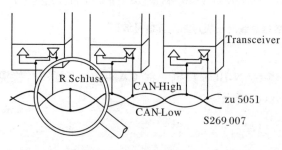

(a) CAN-High 和 CAN-Low 短路　　　　(b) CAN-High 和 CAN-Low 短路时的信号波形

图 8.47　CAN-High 和 CAN-Low 短路及其信号波形

（6）CAN-High 和 CAN-Low 交叉连接时的信号波形

CAN-High 和 CAN-Low 交叉连接如图 8.48(a)所示，CAN-High 和 CAN-LOW 交叉连接时，检测到的 CAN-BUS 数据总线的信号波形如图 8.48(b)所示。

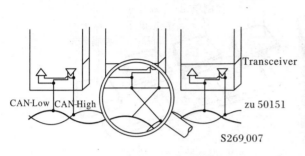
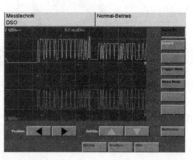

(a) CAN-High 和 CAN-Low 交叉连接　　　(b) CAN-High 和 CAN-Low 交叉连接时的信号波形

**图 8.48　CAN-High 和 CAN-Low 交叉连接及其信号波形**

（7）CAN-BUS 数据总线处于睡眠模式时的信号波形

当 CAN-BUS 数据总线处于睡眠模式时，检测到的 CAN-BUS 数据总线的信号波形如图 8.49 所示。

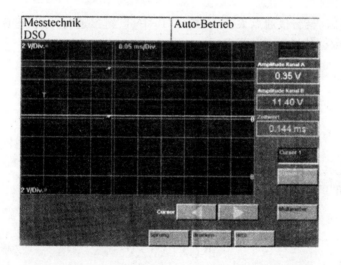

**图 8.49　CAN-BUS 数据线总处于睡眠式时的信号波形**

（四）动力 CAN 总线系统的故障诊断

宝来轿车动力传动 CAN 系统主要包括发动机控制单元、自动变速器控制单元、ABS/EDL 控制单元、转向角传感器、四轮驱动控制单元、安全气囊控制单元、仪表控制单元（内置网关），如图 8.50 所示。

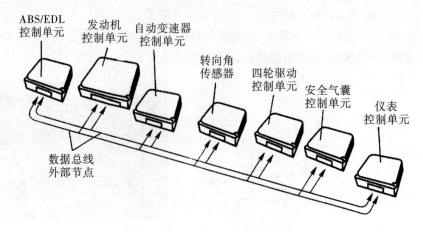

图 8.50　动力 CAN 总线网络

**1. 动力 CAN 总线系统的电路**

宝来轿车动力 CAN 总线网络如图 8.50 所示,安全气囊总线电路如图 8.51 所示,ABS、EDS 总线电路如图 8.52 所示。

**2. 诊断步骤**

诊断步骤如下:

① 连接故障解码器,接通点火开关,按动"PRINT"键接通打印机(键内指示灯亮)按动"1"键选择"快速数据传递",显示屏显示:

英文显示:

$$\text{RAPID DATA TRANSFER}\quad \text{HELP}$$
$$\text{ENTER ADDRESS WORD} \times \times$$

中文含义:

快速数据传递　帮助

输入地址码××

·按动"1"和"9"键选择"入口",显示屏显示:

英文显示:

$$\text{RAPID DATA TRANSFER}\quad \text{Q}$$
$$\text{19-GATAWAY}$$

中文含义:

快速数据传递　确认

19-网关

·按动"Q"键确认输入,显示屏显示:

英文含义:

$$\text{RAPID DATA TRANSFER}\quad \text{Q}$$
$$\text{19-GATAWAY}$$

中文含义:

快速数据传递　确认

检测仪发送地址码 19

② 按动"0"键确认输入,显示屏显示:

英文显示：

6NO909901 GATAWAY<br>
CODING××××　　WSC×××××

中文含义：

6NO909901 网关<br>
编码××××　　服务商代码×××××

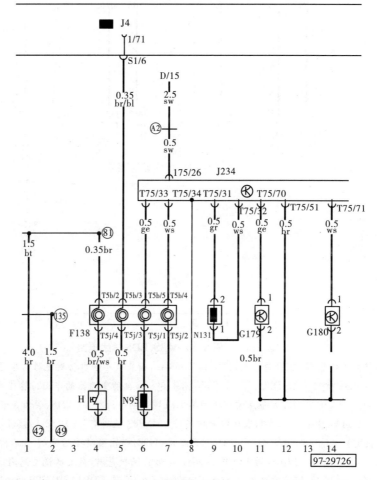

图8.51　安全气囊总线电路

D：点火开关；42：接地点，在转向柱附近；F138：安全气囊卷簧；49：接地点，在转向柱上；G179：司机侧安全气囊撞车传感器；81：接地连接-1-，在仪表板线束内；G180：副司机侧安全气囊撞车传感器；109：接地连接，在安全气囊线束内；H：扬声器操纵机构；135：接地连接-2-在仪表板线束内；J4：双音扬声器继电器；A2：正极连接(15)，在仪表板线束内；J234：安全气囊控制单元，副仪表板后下部；N95：司机安全气囊触发器；N131：副驾驶安全气囊触发器1；T6b：插头，5孔；T5j：插头，5孔；T75：插头，5孔；

- 按动"→"键，显示屏显示：

英文显示：

RAPID DATA TRANSFER HELP<br>
SELECT FUNCTION　××

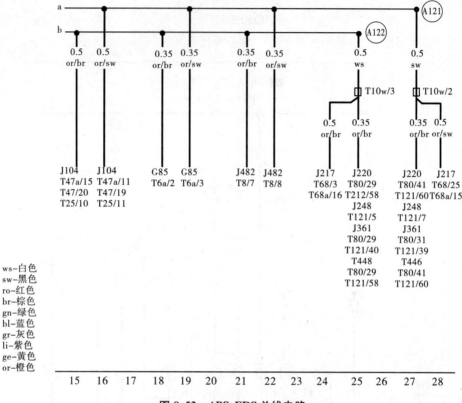

图8.52 ABS、EDS总线电路

G85：转向角传感器，在转向柱上；T68：插头，68孔，指装有4挡自动变速器的车；J104：ABS带EDS的ABS控制单元；T68a：插头，68孔，指装有5挡自动变速器的车；J217：自动变速器控制单元；T80：插头，80孔；J220：多点喷射控制单元；T121：插头，121孔；J248：柴油直喷控制单元；A121：连接(High-BUS)，在仪表板线束内；J361：SIMOS控制单元；A122：连接(Low-BUS)，在仪表线束内；J448：4AV/4LV/4MV控制单元；J492：四轮驱动控制单元，在后桥附近；T6a：插头，6孔；T8：插头，8孔；T10w：插头，10孔，白色，在插头保护壳内，在流水槽左侧；T25：插头，25孔，在ABS带EDS的ABS控制单元上；T47：插头，47孔，在带EDS/ASR/ESP的ABS控制单元上（2000年7月前）；T47a：插头，47孔，在ABS带EDS/ASR/ESP的ABS控制单元上（2000年8月后）；

**3. 动力CAN总线系统的典型故障代码**

① 故障码00778：转向角传感器(G85)无法通信。

　　a. 可能故障：转向角传感器通过数据总线的数据接收不正常。

　　b. 故障影响：与数据总线相连的系统的功能不正常。

　　c. 故障排除：

· 检查数据总线自诊断接口的编码。

· 查询ABS控制模块故障存储器并排除故障。

· 按照电路图检查和转向角传感器相连接的数据总线。

② 故障码01044：控制模块编码错误。

a. 可能故障：
- 与数据总线相连的某控制模块编码错误。
- 与数据总线相连的某控制模块损坏。

b. 可能影响：
- 行驶性能不良（换挡冲击，负荷变化冲击）。
- 无行驶动力控制。

c. 故障排除：读取数据流。

d. 查询与数据总线相连的所有控制模块故障存储器，并排除故障。

e. 查询并改正模块编码，如果需要，更换控制模块。

③ 故障码 01312：数据总线损坏。

a. 可能故障：数据线有故障，数据总线在"Bus-Off"状态。

b. 可能影响：
- 行驶性能不良（换挡冲击，负荷变化冲击）。
- 无行驶动力控制。

c. 故障排除：
- 读取数据流。
- 检查控制模块编码。
- 按照电路图检查数据总线。
- 更换损坏的控制模块。

④ 故障码 01314：发动机控制模块无法通信。

a. 可能故障：发动机控制模块通过数据总线的数据接收不正常。

b. 可能影响：
- 行驶性能不良（换挡冲击，负荷变化冲击）。
- 无行驶动力控制。

c. 故障排除：
- 读取数据流。
- 查询发动机故障存储器并排除故障。
- 按照电路图检查发动机控制模块数据总线。

⑤ 故障码 01315：变速器控制模块无法通信。

a. 可能故障：变速器控制模块通过数据总线的数据接收不正常。

b. 可能影响：
- 行驶性能不良（换挡冲击，负荷变化冲击）。
- 无行驶动力控制。

c. 故障排除：
- 读取数据流。
- 查询发动机控制模块故障存储器并排除故障。
- 按照电路图检查发动机控制模块的数据总线。

⑥ 故障码 01316：制动控制模块无法通信。

a. 可能故障：ABS 控制模块通过数据总线的数据接收不正常。

b. 可能影响：

- 行驶性能不良（换挡冲击，负荷变化冲击）。
- 无行驶动力控制。

c. 故障排除：
- 读取数据流。
- 查询 ABS 控制模块故障存储器并排除故障。
- 按照电路图检查 ABS 控制模块的数据总线。

⑦ 故障码 01317：组合仪表内控制模块（J285）无法通信。

a. 可能故障：
- 控制模块数据线有故障。
- 控制模块损坏。

b. 可能影响：
- 行驶性能不良（换挡冲击，负荷变化冲击）。
- 无行驶动力控制。

c. 故障排除：
- 读取数据流。
- 查询与数据总线相连的所有控制模块的故障存储器并排除故障。
- 按照电路图检查数据总线。

⑧ 故障码 01321：安全气囊控制模块（JZ34）无法通信。

a. 可能故障：安全气囊控制模块通过数据总线的数据接收不正常。

b. 可能影响：安全气囊警告灯亮。

c. 故障排除：
- 读取数据流。
- 查询安全气囊控制模块的故障存储器并排除故障。
- 按照电路图检查安全气囊控制模块的数据总线。

⑨ 故障码 01324：四轮驱动控制模块（J492）无法通信。

可能故障：四轮驱动控制模块通过数据总线的数据接收不正常。

a. 可能影响：
- 行驶性能不良（换挡冲击，负荷变化冲击）。
- 无行驶动力控制。

b. 故障排除：
- 读取数据流。
- 查询四轮驱动控制模块故障存储器并排除故障。
- 按照电路图检查四轮驱动控制模块的数据总线。

（五）宝来电动车窗故障案例

一辆一汽大众宝来，每个车门上的电动车窗控制开关能够独立控制各自的车窗升降，但是驾驶位车门上的主控开关不能控制其他三个车窗，请分析其故障原因。

由所学电动车窗知识及 CAN 系统知识分析可知，原因是 CAN 系统信息传递故障。

在制定诊断维修方案时，必须明确电动车窗正常工作的必备条件，诊断和维修就是要看电动车窗系统是否具备这些条件，如果不具备就要通过维修和更换故障元件来使其满足。按照诊断由简到繁、从外到内的一般程序，制定的诊断维修方案如图 8.53 所示。

这是一个全面的诊断维修方案,在实际诊断维修时可根据故障现象和维修经验进行选择性诊断,有的步骤可以省略而针对性地先检查可能性最大的部位。但无论如何检查,必须本着快速、少拆的原则。维修方案在实际诊断维修时不一定要写出来,很多时候它只是维修技术人员诊断维修的思路和想法。

由该故障现象可知,为 J386CAN 系统通信故障,可用测电压或者测波形的方法检测,进而修复 CAN 数据电缆。

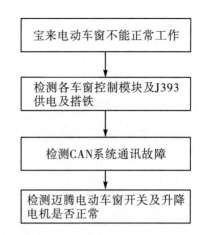

图 8.53 宝来电动车窗故障诊断维修方案

## 二、学生实操训练

### (一)训前准备

**1. 学生分组**

学生按照 3~4 人一组进行分组,每组内按照实训要求进行分工,主要有测量、工具准备、故障分析推导等工作。

**2. 强化记忆**

通过教师提问、小组讨论、相关视频播放等形式,进一步强化对拆装方法、检测方法的掌握。

① 简述 CAN 总线系统的作用和优势。

② 讲述 CAN 总线的各种常见故障并绘制对应波形。

③ 回忆如何测量 CAN 总线系统电阻。

④ 回忆如何进行 CAN 总线系统电阻、波形测量。

⑤ 分析汽车电动车窗总控开关无法控制其他车窗的故障原因。

**3. 实训场地及工具准备**

① 在汽车电器实训室按照分组准备好实训场地。

② 准备大众宝来汽车:将汽车停驻在举升机中央位置;拉紧驻车制动器操作杆,并将变速杆置于空挡位置;套上转向盘护套、变速杆手柄套、座位套,铺设脚垫;在车内拉动发动机舱盖手柄;在车外打开发动机舱盖;粘贴翼子板和前格栅磁力护套。

③ 故障设置:教师事前设置汽车电动车窗总控开关不能控制其他车窗升降的故障,其他系统正常。

④ 准备相关工具、量具:示波器、大众专用诊断仪 VAG1551 或 VAS5051、数字万用表、扭力扳手、钳子、螺丝刀、砂纸、润滑脂、转向盘护套、变速杆手柄套、座位套、脚垫、翼子板和前格栅磁力护套。

### (二)CAN 总线测量实训

根据前面导训部分关于 CAN 总线电阻测量、电压测量、波形检测介绍,在教师演示或视频指导下进行实训。

### (三)宝来电动车窗故障实训

按照已经分好的小组,让学生制订维修计划,实施维修:资讯→诊断分析→制定检修方案→查阅维修手册进行检修→故障点确认与排除等。

**1. 资讯**

资讯见表8.5。

表8.5 维修车辆登记表

| 基本信息 | 车主 | | 电话 | |
|---|---|---|---|---|
| | 性别 | | 检修日期 | |
| | 车型 | | 保养次数 | |
| | 底盘号 | | 行驶里程 | |
| 使用状况 | 道路 | | | |
| | 载荷 | | | |
| 故障日期 | | | | |
| 用户对故障描述 | | | | |
| 故障现象确认 | | | | |
| 故障原因分析 | | | | |

**2. 查阅维修手册进行原因分析**

按照图8.53所示诊断流程进行原因分析。

**3. 故障点确认**

按照表8.6进行故障点确认。

表8.6 故障点确认

| 序号 | 检查项目 | 正常与否 |
|---|---|---|
| 1 | J386CAN线 | |
| 2 | J387CAN线 | |
| 3 | J393CAN线 | |
| 4 | J388LIN线 | |
| 5 | J389LIN线 | |

**4. 故障排除**

按照表8.7进行故障排除。

表8.7 故障排除

| 序号 | 故障部位或零部件 | 故障原因 | 修复方法 |
|---|---|---|---|
| | | | |
| | | | |

**5. 废料和废品处理**

在维修过程中,各种油液要分开收集、排放废气需有尾气收集系统。故障元器件及线束存放于仓库废件存放区并做好标记。

**(四)学生撰写实训报告**

学生在实训完成后,撰写实训报告。

## （五）实训结果评价

对实训后的结果进行评价。

结合所学 CAN 总线系统内容，通过问题法引导同学们扩展知识、展开想象，提升创新能力。

问题：

① CAN 总线和现场总线是什么关系？除在汽车上应用，CAN 总线还有哪些应用？

② CAN 总线发展趋势如何？

阅读导航：

① 百度上相关资料。

② 万方数据。

# 项目反馈

请将评价反馈填入表 8.8。

表 8.8　项目评价反馈表

| 项目名称 | | | | | | | |
|---|---|---|---|---|---|---|---|
| 学生基本信息 | | 姓名 | | 学号 | | 班级 | |
| | | 组别 | | 时间 | | 成绩 | |
| 考核能力 | 考核项目 | 评分标准 | 分数 | 学生自评 | 小组互评 | 教师评价 | 平均分小计 |
| 专业能力 | 理论知识 | 是否正确 | 25 | | | | |
| | 实践知识 | 是否正确 | 20 | | | | |
| | 实践操作 | 是否正确 | 25 | | | | |
| 社会能力 | 团队合作 | 是否和谐 | 5 | | | | |
| | 劳动纪律 | 是否严格遵守 | 5 | | | | |
| | 沟通讨论 | 是否积极 | 5 | | | | |
| 方法能力 | 制订计划 | 是否合理 | 5 | | | | |
| | 学习新技术能力 | 是否具备 | 5 | | | | |
| | 总结能力 | 能否正确总结 | 5 | | | | |

# 项目九

# 汽车空调系统基本结构、工作原理及检修方法

## 项目描述

"汽车空气调节"简称汽车空调,指通过人为的方式创造一个对人体适宜的环境,即对车内的温度、湿度、气流速度进行调节,并具有净化空气的功能。本项目主要介绍汽车空调系统基本结构、工作原理及检修方法。

## 学习目标

**1. 专业能力要求**

（1）理论知识

掌握汽车空调系统组成,暖风系统、制冷系统、通风系统、空气净化系统等结构与工作原理,空调系统控制电路基本工作原理。

（2）实践知识

掌握暖风系统、制冷系统、通风系统、空气净化系统、控制电路等作用、基本设备识别、使用注意事项及符号表示。

（3）实践技能

掌握暖风系统、制冷系统、通风系统、空气净化系统、控制电路等好坏检测与更换方法；空调系统故障的检测与基本设备更换方法。

**2. 社会能力要求**

通过理论的分组讨论沟通、检测的分工协助、课堂纪律等培养学生社会能力。

**3. 方法能力要求**

通过对空调系统检测方法步骤的研讨、方法的总结与提炼、网上产品的查询等培养学生对空调系统检修方法的掌握。

**4. 重点和难点**

暖风系统、制冷系统、通风系统、空气净化系统、控制电路等故障诊断、检修与更换,空调系统故障检修的一般方法与步骤。

# 项目实施

汽车空调系统由哪几个部分组成?它是如何工作的?常见故障有哪些?如何检测、维修与更换?

## 一、理论知识导学

### (一)汽车空调系统功能与组成

**1. 汽车空调的基本功能**

如图9.1所示,汽车空调有4项基本功能:

图9.1 空调系统的功能

(1)调节温度

在冬季利用其采暖装置升高车内温度,在夏季利用制冷装置对车内降温。

(2)调节湿度

利用制冷装置冷却降温去除空气中的水分,再由采暖装置升温以降低空气的相对湿度。

(3)调节车内的空气流速

夏季空气流速稍大有利于人体散热降温,冬季气流速度过大不利于人体保温,因此夏季舒适风速一般为 0.25 m/s,冬季的舒适风速一般为 0.20 m/s。

(4)过滤净化车内空气

由于车内空间小,乘员密度大,车内极易出现缺氧,而车外道路上的粉尘等又容易进入车内造成空气污浊,影响乘员的身体健康,因此要求空调必须具有补充车外新鲜空气、过滤和净化车内空气的功能。

**2. 汽车空调系统的组成**

为完成空调的上述功能,汽车空调系统通常由以下装置组成。

(1) 通风系统

包括鼓风机、风道、风门和出风口等,风门把车外的新鲜空气引入车内,通过排风口把车内的污浊空气排出车外。

(2) 暖气系统

通过把发动机的冷却水引入加热器,利用鼓风机对空气进行加热,还可以对前挡风玻璃除霜。

(3) 冷气系统

采用蒸气压缩式的制冷方式,对车内的空气进行冷却。作为冷源的蒸发器,其温度低于空气的露点温度,因此,制冷系统还具有除湿和净化空气作用。

(4) 空气净化系统

一般利用空气过滤器、排风口、电气集尘器和阴离子发生器等组成,能够净化空气,除去车内存在的灰尘和气味。

(5) 控制系统

一般由电气系统、真空系统和操纵装置组成,对制冷系统和加热系统进行控制的同时,对车内的空气温度、风量、流量进行操纵,以保证空调系统正常工作。

如图9.2所示为空调系统的组成部件在车上的布置。

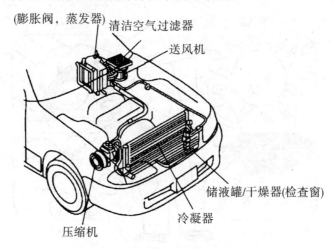

图9.2 空调系统在汽车上的布置

手动空调需要驾驶员通过旋钮或拨杆对控制对象进行调节,如图9.3所示;自动空调只需驾驶员指定目标温度,空调系统便可按照驾驶员的设定自动进行调节,如图9.4所示。

图9.3 手动空调的控制面板

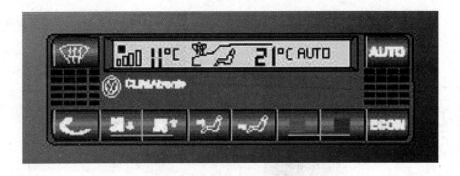

图 9.4　自动空调的控制面板

（二）汽车空调制冷系统的原理及结构

**1. 制冷原理**

制冷系统的作用是通过制冷剂在循环系统中将车内的热量转移到车外，实现车内降温。其主要采用单级压缩蒸气制冷循环系统，蒸气压缩制冷系统主要由压缩机、冷凝器、储液干燥器、膨胀阀、蒸发器、风机及制冷管道等组成。

汽车用压缩机、冷凝器、膨胀阀、蒸发器以及储液罐等是由特制的橡胶软管或金属管连接起来的，形成一个封闭的制冷循环管路，制冷剂在管路中以气体→液体→气体→液体→……这一方式循环变化。液体经过加热会变成气体，气体冷却时会变成液体。由液体变为气体要吸收热量，由气体变成液体要放出热量。汽车空调制冷系统正是基于这一原理来进行制冷的。汽车空调系统的制冷循环流程如图 9.5 所示。

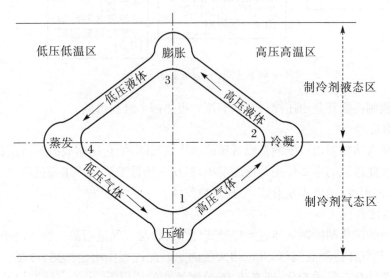

图 9.5　空调系统的制冷循环流程

物质的三种形态：气态、液态和固态会互相转化，称为相变。汽车空调所采用的蒸气压缩式制冷就是利用液态制冷剂汽化，发生相变吸热来进行制冷，如图 9.6 所示。

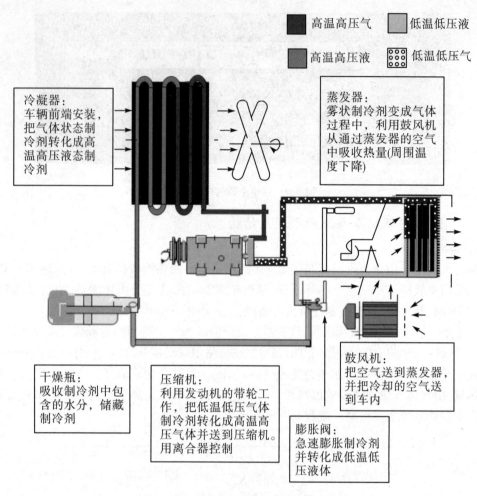

图 9.6 汽车空调制冷循环图

汽车空调制冷循环是由压缩、放热、节流和吸热四个过程组成。

(1) 压缩过程

压缩机吸入蒸发器出口处的低温低压的制冷剂气体,把它压缩成高温高压的气体,然后送入冷凝器。此过程的主要作用是压缩增压,以便气体易于液化。压缩过程中,制冷剂状态不发生变化,而温度、压力不断升高,形成过热气体。

(2) 放热过程

高温高压的过热制冷剂气体进入冷凝器(散热器)与大气进行热交换。由于压力及温度的降低,制冷剂气体冷凝成液体,并放出大量的热。此过程作用是排热、冷凝。冷凝过程的特点是制冷剂的状态发生变化,即在压力、温度不变的情况下,由气态逐渐向液态转变。冷凝后的制冷剂液体是高压高温液体。制冷剂液体过冷,过冷度越大,在蒸发过程中其蒸发吸热的能力也就越大,制冷效果越好,即产冷量相应增加。

(3) 节流过程

高压高温制冷剂液体经膨胀阀节流降温降压,以雾状(细小液滴)排出膨胀装置。该过程的作用是使制冷剂降温降压,由高温高压液体,迅速地变成低温低压液体,以利于吸热、控制制冷能力以及维持制冷系统正常运行。

(4)吸热过程

经膨胀阀降温降压后的雾状制冷剂液体进入蒸发器,因此时制冷剂沸点远低于蒸发器内温度,故制冷剂液体在蒸发器内蒸发、沸腾成气体。在蒸发过程中大量吸收周围的热量,降低车内温度。而后低温低压的制冷剂气体流出蒸发器等待压缩机再次吸入。吸热过程的特点是制冷剂状态由液态变化到气态,此时压力不变,即在定压过程中进行这一状态的变化。

上述过程周而复始地进行,便可使汽车内温度达到并维持在给定的状态。

**2. 制冷循环系统**

根据目前车辆上采用的制冷循环系统,大致可以分为膨胀阀式和膨胀管式两种循环方式,共同点是都能防止蒸发器结霜。

(1)膨胀阀式制冷循环

膨胀阀式的制冷循环系统主要包括压缩机、冷凝器、储液干燥罐、膨胀阀和蒸发器和管路等主要部件,如图9.7所示。

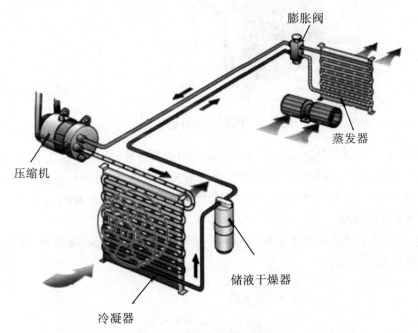

图9.7 膨胀阀式制冷循环系统

这种制冷循环的工作原理是压缩机将气体的制冷剂提高压力(同时温度也提高),目的是使制冷剂比较容易液化放热。高压的气体制冷剂进入冷凝器,冷凝器风扇使空气通过冷凝器的缝隙,带走制冷剂放出的热量并使其液化。液化后的制冷剂进入储液干燥罐,滤掉其中的杂质、水分,同时存储适量的液态的制冷剂以备制冷负荷发生变化时制冷剂不会断流,从储液干燥罐出来的制冷剂流至膨胀阀,从膨胀阀中的节流孔喷出形成雾状制冷剂,雾状的制冷剂进入蒸发器,由于制冷剂的压力急剧下降,便很快蒸发汽化,吸收热量,蒸发器外部的风扇使空气不断通过蒸发器的缝隙,其温度下降,使车内温度降低,蒸发器出来的气态制冷剂再进入压缩机重复上述过程。这种循环系统中的膨胀阀可以根据制冷负荷的大小调节制冷剂的流量。

（2）膨胀管式制冷循环（CCOT方式）

膨胀管式的制冷循环系统从制冷的工作原理来看，与膨胀阀式的制冷循环系统无本质的差别，只不过将可调节流的膨胀阀换成不可调节流量的膨胀管，使其结构更加简单，如图9.8所示。

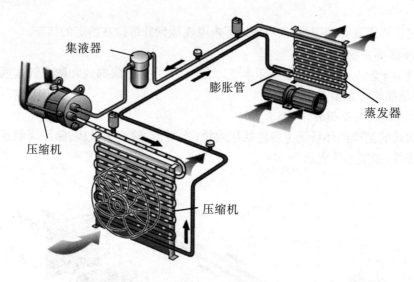

图9.8　膨胀管式制冷循环系统

为了防止液态的制冷剂进入压缩机而造成压缩机的损坏，故这种循环系统将储液干燥罐安装在蒸发器的出口，并按照它所起的作用更名为集液器，同时进行气液分离，液体留在罐内，气体进入压缩机，其他部分的工作过程与膨胀阀式的制冷循环相同。

**3．制冷系统的结构**

汽车空调制冷系统由制冷压缩机、冷凝器、储液干燥器、膨胀阀、蒸发器、风机及制冷管道等组成，如图9.9所示。

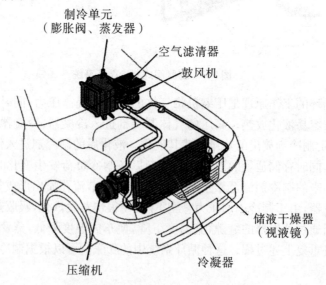

图9.9　制冷循环系统各部件的位置

(1) 制冷压缩机

制冷压缩机是汽车空调制冷系统的心脏,其作用是维持制冷剂在制冷系统中的循环,吸入来自蒸发器的低温、低压制冷剂蒸气,压缩制冷剂蒸气使其压力和温度升高,并将制冷剂蒸气送往冷凝器。

目前应用于汽车制冷系统的压缩机,主要采用容积型制冷压缩机,按运动型式和主要零部件形状分类如表9.1所示。

表 9.1 汽车空调压缩机零件形式

| | | |
|---|---|---|
| 往复活塞式 | 曲轴连杆式 | 直列式、V形、W形、S形 |
| | 变容曲轴连杆式 | |
| | 径向活塞式 | |
| | 轴向活塞式 | 翘板式、斜板式 |
| 旋转式 | 旋叶式 | 气缸圆形、气缸椭圆形 |
| | 变容旋叶式 | |
| | 转子式 | 滚动活塞式、三角转子式 |
| | 螺杆式 | 单转子螺杆、双转子螺杆 |
| | 变容螺杆式 | |
| | 涡旋式 | |
| | 变容涡旋式 | |

① 斜板式压缩机:斜板式压缩机是一种轴向活塞式压缩机,其工作原理如图9.10所示。

主要零件是主轴和斜板。各气缸以压缩机主轴为中心布置,活塞运动方向与压缩机的主轴平行。

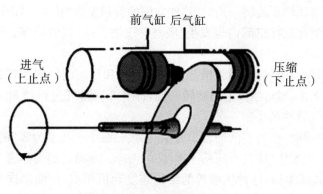

图 9.10 斜板式压缩机

三缸斜板式为三活塞等间隔120°分布,五缸斜板式为五活塞等间隔72°分布。当主轴旋转时,斜板也随着旋转,斜板边缘推动活塞作轴向往复运动。如果斜板转动一周,前后两个活塞各完成压缩、排气、膨胀、吸气一个循环,相当于两个气缸作用。如果是轴向6缸压缩机,缸体截面上均匀分布3个气缸和3个双头活塞,当主轴旋转一周,相当于6个气缸的作用。

② 旋叶式压缩机：旋叶式压缩机的转子在圆形气缸中偏心安装，在转子上安装若干叶片，与壳体形成几个密封的空间，在壳体上设置有吸气孔、排气孔和排气阀，如图9.11所示。

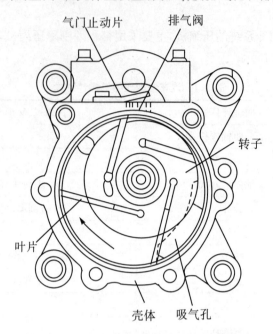

图9.11 叶片式压缩机的工作过程

旋叶式压缩机有2~4片叶片，其单位压缩机质量具有最大的冷却能力。它没有活塞，仅有一个阀，称为排气阀。排气阀实际上起一个止回阀的作用，防止在循环停止或压缩机不运行时，制冷剂蒸气通过排气口进入压缩机。

在旋叶式压缩机中，叶轮是偏心安装的，叶轮外圆紧贴气缸内表面的吸、排气孔之间。在圆形气缸中，转子的主轴与椭圆中心重合，转子上的叶片和它们之间的接触线将气缸分成几个空间，当主轴带动转子旋转一周时，这些空间的容积发生"扩大—缩小—几乎为零"的循环变化，制冷剂蒸气在这些空间内也发生"吸气—压缩—排气"的循环。压缩后的气体通过簧片阀排出。

旋叶式压缩机没有吸气阀，因为滑片能完成吸入和压缩制冷剂的任务。对圆形气缸而言，2叶片将空间分成2个空间，主轴旋转一周，即有2次排气过程；4叶片则有4次。叶片越多，压缩机的排气脉冲越小。

当转子旋转一周时，密封空间的容积发生"扩大—缩小—几乎为零"的循环变化，制冷剂蒸气在这些空间内也发生"吸气—压缩—排气"的循环。压缩后的气体通过簧片阀排出。

③ 曲轴连杆式压缩机：这种压缩机的结构与发动机相似，由曲轴连杆驱动活塞往复运动，一般采用双缸结构，每缸上方装有进排气阀片，压缩机的具体结构见图9.12。

曲轴连杆式压缩机由于体积较大，目前已很少在小车上使用。它的整个工作过程由吸气、压缩和排气三个过程组成，活塞下行时进气阀开启，制冷剂进入气缸，活塞上行时，制冷剂被压缩，当达到一定压力时，排气阀打开，制冷剂排出，如图9.13所示。

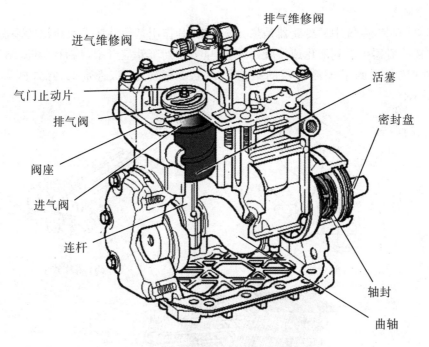

图 9.12 曲轴连杆式压缩机的结构

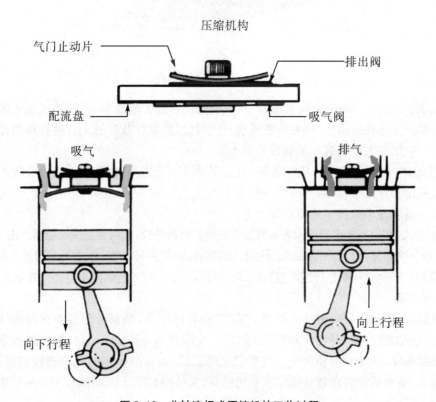

图 9.13 曲轴连杆式压缩机的工作过程

（2）冷凝器

汽车空调制冷系统中的冷凝器是热交换设备,其作用是使从压缩机排出的高温、高压制冷剂蒸气在冷凝器中得到液化或冷凝,并把热量散发到车外空气中,从而使其凝结为高压制冷剂液体。汽车空调系统冷凝器的结构形式主要有管片式、管带式、鳍片式等几种,如图9.14所示。

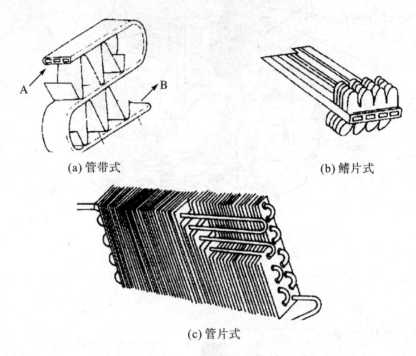

图9.14　冷凝器结构形式

① 管片式:汽车空调中早期采用的一种冷凝器,制造工艺简单,由铜质或铝质圆管套上散热片组成。片与管组装后,经胀管法处理,使散热片胀紧在散热管上。这种冷凝器散热效果较差。一般用在大中型客车的制冷装置上。

② 管带式:由多孔扁管弯成蛇管形,并在其中安置散热带后焊接而成。管带式冷凝器的散热效果比管片式冷凝器好一些(一般高15%左右),但工艺复杂,焊接难度大,且对材料要求高。一般用在小型汽车的制冷装置上。

③ 鳍片式:在扁平的多通管道表面直接锐出鳍片状散热片,然后装配成冷凝器。由于散热鳍片与管子为一个整体,因而不存在接触热阻,故散热性能好;另外,管、片之间无需复杂的焊接工艺,加工性好,节省材料,而且抗震性也特别好。所以,是目前较先进的汽车空调冷凝器。

（3）蒸发器

蒸发器和冷凝器一样,也是一种热交换器,也称冷却器,是制冷循环中获得冷气的直接器件。外形近似冷凝器,但比冷凝器窄、小、厚。它的作用是让低温、低压液态制冷剂在其管道中吸热并蒸发,使蒸发器和周围空气的温度降低,从而在鼓风机的风力通过它时,能输出更多的冷气,蒸发器安装在驾驶室仪表台的后面,其结构如图9.15所示,主要由管路和散热片组成,在蒸发器的下方还有接水盘和排水管。

蒸发器有管片式、管带式和层叠式三种结构。管片式结构简单、加工方便,但换热效率较差。管带式比管片式工艺复杂,效率可提高10%左右。层叠式加工难度最大,但其换热效率也最高,结构也最紧凑。

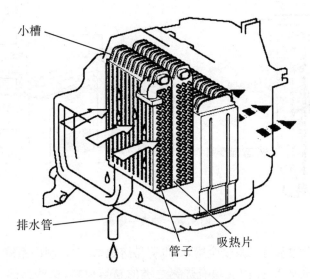

图 9.15 蒸发器

空调制冷系统工作时,鼓风机的风扇将空气吹过蒸发器,空气和和蒸发器内的制冷剂进行热交换,制冷剂汽化,空气降温,同时空气中的水分凝结在蒸发器的散热片上,并通过接水盘和排水管排出车外。

进入蒸发器排管内的低温、低压液态制冷剂,通过管壁吸收穿过蒸发器传热表面空气的热量,使之降温。与此同时,空气中所含的水分由于冷却而凝结在蒸发器表面,经收集排出,使空气减湿,被降温、减湿后的空气由鼓风机吹进车室内,就可使车内获得冷气。

(4) 储液干燥器

储液干燥器简称储液器。采用它的目的是为了防止过多的液态制冷剂贮存在冷凝器里,使冷凝器的传热面积减少而使散热效率降低,还可滤除制冷剂中的杂质,吸收制冷剂中的水分,防止制冷系统管路脏堵和冰塞,保护设备部件不受侵蚀,从而保证制冷系统的正常工作。

它用于以膨胀阀为节流装置的系统中,安装在冷凝器和膨胀阀之间,当含有蒸气的液态制冷剂进入储液器后,使液态和气态的制冷剂分离。液态制冷剂通过膨胀阀进入蒸发器(吸热箱),多余制冷剂可暂时储存在储液罐中。在制冷负荷变动时,及时补充和调整供给热力膨胀阀的液态制冷剂量,以保证制冷剂流动的连续和稳定性。同时,由于水分与制冷剂结合会生成酸或结冰,储液器中的干燥剂可用来吸收制冷剂中的水分,防止机件腐蚀或冰块堵塞膨胀阀。滤网用于过滤制冷剂中的杂质,防止膨胀阀堵塞。

储液干燥器的结构如图 9.16 所示,干燥器内有滤网和干燥器,罐的上方有观察玻璃及进口和出口。

它主要由外壳、视液镜、安全熔塞和管接头等组成。制冷剂在储液器中的流动情况如图 9.16 中箭头所示。在储液器上部出口端装有一个玻璃视液镜,用于观察制冷剂在工作时的流动状态,由此可判断制冷剂量是否合适。对直立式储液器而言,安装时,一定要垂直,倾斜度不得超过15°。在安装新的储液干燥器之前,不得过早将其进出管口的包装打开,以免湿空气侵入储液器和系统内部,使之失去除湿的作用。安装前一定要先搞清楚储液器的进出口端,在储液器的进出口端一般都打有记号,如进口端注明 IN,出口端注明 OUT,或直接打上箭头以表示进出口端。

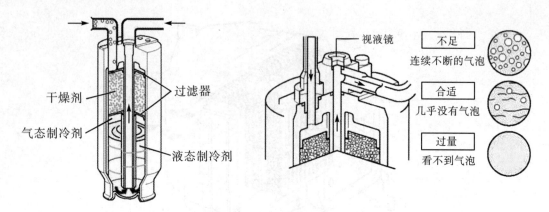

图9.16 储液干燥器

储液器出口端旁边装有一只安全熔塞,也称易熔螺塞,它是制冷系统的一种安全保护装置。其中心有一轴向通孔,孔内装填有焊锡之类的易熔材料,这些易熔材料的熔点一般为85~95 ℃。当冷凝器因通风不良或冷气负荷过大而冷却不够时,冷凝器和储液器内的制冷剂温度和压力将会异常升高。当压力达到3 MPa左右时,温度会超过易熔材料的熔点,此时,安全熔塞中心孔内的易熔材料便会熔化,使制冷剂通过安全熔塞的中心孔逸出散发到大气中去,从而可避免系统的其他部件因压力过高而被胀坏。

(5) 集液器

集液器用于膨胀管式的制冷系统,安装在蒸发器出口处的管路中。由于膨胀管无法调节制冷剂的流量,因此蒸发器出来的制冷剂不一定全部是气体,可能有部分液体,为防止压缩机损坏,故在蒸发器出口处安装集液器,一方面将制冷剂进行气液分离,另一方面起到与储液干燥器相同的作用,其结构如图9.17所示。

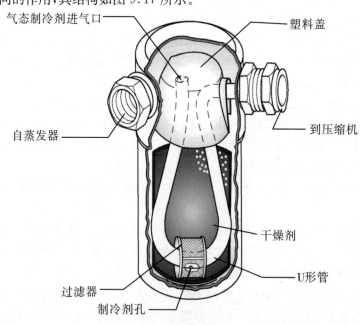

图9.17 集液器结构

在一定条件下,膨胀节流管会将较多的液态制冷剂流入蒸发器用以蒸发,而留在蒸发器中的多余制冷剂则会进入压缩机造成损害。为防止这一问题,应使所有留在蒸发器中的液态、蒸气制冷剂和冷冻油进入集液器,集液器允许制冷剂蒸气进入压缩机,而留下液态制冷剂和冷冻油。在集液器出口处有一毛细孔,通常称其为过油孔,目的是仅允许少量液态制冷剂和冷冻油在给定时间随制冷剂蒸气返回压缩机,它也允许少量制冷剂进入。

集液器还装有化学干燥剂,可吸附、吸收并滞留因不当操作而进入系统的湿气。干燥剂不能维修,若有迹象表明需更换干燥剂时,集液器必须整体更换。

(6) 膨胀阀和膨胀管

膨胀阀安装在蒸发器的入口处,其作用是将储液干燥器的高温、高压的液态制冷剂从膨胀阀的小孔喷出,使其降压,体积膨胀,转化为雾状制冷剂,在蒸发器中吸热变为气态制冷剂,同时还可根据制冷剂负荷的大小调节制冷剂的流量,确保蒸发器出口处的制冷剂全部转化为气体。膨胀阀的结构形式有3种,分别是内平衡热力膨胀阀、外平衡热力膨胀阀、H形膨胀阀。

① 内平衡热力膨胀阀:如图9.18所示,内平衡热力膨胀阀对来自储液干燥器的高压液态制冷剂节流降压,即将液态高压制冷剂从其孔口6中喷出,急剧膨胀,变成低压雾状体,以便吸热汽化。此外,它还调节和控制进入蒸发器中的液态制冷剂量,使之适应制冷负荷的变化,同时防止压缩机发生液击现象和蒸发器出口蒸气异常过热。利用装在蒸发器出口处的感温包来感知制冷剂蒸气的过热度,由此来调节膨胀阀开度的大小,从而控制进入蒸发器的液态制冷剂流量。感温包和蒸发器出口管接触,蒸发器出口温度降低时,热敏管9、毛细管10和薄膜1腔内的液体体积收缩,压力降低,阀口将闭合,限制制冷剂进入蒸发器。相反孔口开启,制冷剂流入蒸发器。

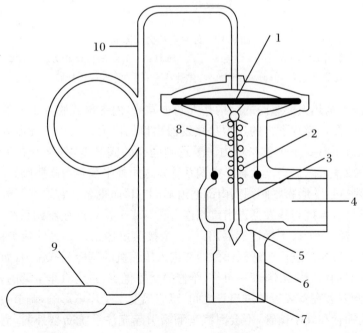

图9.18 内平衡式膨胀阀

1.膜片;2.内平衡连杆;3.针阀;4.蒸发器出口;5.阀座;6.阀体;
7.通储液罐的进口;8.弹簧;9.热敏管;10.毛细管

随着针阀开启,较多的制冷剂进入蒸发器,蒸发器内压力上升,回气温度降低,膜片下侧压力增加,阀门关闭。由于膜片上、下侧压力处于不平衡状态,因此孔口不断地开启和闭合,使制冷装置与负载相匹配。

热敏管和蒸发器必须紧密接触,不能和大气相通。如果接触不良,感温包就不能正确地感应蒸发器出口的温度。如果密封不严,感应的温度是大气温度。所以,要用一种特殊的空调胶带,捆扎和密封感温包。

② 外平衡热力膨胀阀:外平衡热力膨胀阀主要由热敏管、毛细管、膜片、球阀、顶杆及弹簧等部件组成,如图9.19所示。

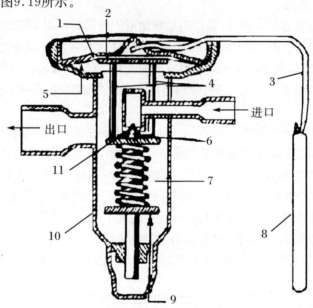

**图9.19 外平衡热力膨胀阀**

1.膜片;2.温包压力;3.毛细管;4.推杆;5.蒸发器出口压力;6.阀座;
7.过热调整弹簧;8.热敏管;9.弹簧压力;10.阀体;11.针阀

外平衡和内平衡热力膨胀阀的结构是大同小异的,内平衡式膜片下方的压力是蒸发器进口压力,而外平衡式膜片下方的压力是蒸发器出口的压力。由于蒸发器内部会产生压力损失,蒸发器出口压力要小于进口压力。要达到同样的阀开度,外平衡式需要的过热度小些,蒸发器容积效率可以提高。大客车空调系统要选用外平衡热力膨胀阀。

③ H形膨胀阀:H形膨胀阀因其内部通道形同"H"而得名。它取消了外平衡膨胀阀的外平衡管和感温包,直接与蒸发器进出口相连。它有4个接口通往空调系统,其中两个接口和普通膨胀阀一样,一个接干燥过滤器出口,一个接蒸发器入口。另外两个接口,一个接蒸发器出口,一个接压缩机进口。感温元件处在进入压缩机的制冷剂气流中,如图9.20所示。

H形膨胀阀具有结构紧凑、使用可靠、维修简单等优点,符合汽车空调的要求。

H形膨胀阀安装在蒸发器的进出管之间,感应温度不受环境影响,调节灵敏度较高。由于无感温包、毛细管和外平衡管,不会因汽车颠簸引起充注系统断裂外漏,也不会引起感温包包扎松动而影响膨胀阀的正常工作。

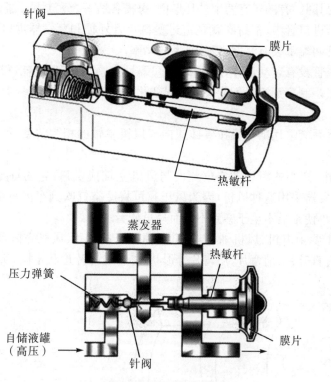

图9.20 H形膨胀阀结构

（7）膨胀节流管（孔管）

膨胀管是用于许多轿车制冷系统的一种固定孔口节流装置。它直接安装在冷凝器出口和蒸发器进口之间，用于将液态制冷剂节流降压。由于不能调节流量，液体制冷剂很可能流出蒸发器而进入压缩机，造成压缩机液积。所以，装有膨胀管的系统，必须同时在蒸发器出口和压缩机进口之间安装一个集液器，实行气液分离，避免压缩机发生液积。

膨胀节流管系统目前使用的温度控制方法有：循环离合器膨胀节流管系统（CCOT）、可变容积膨胀节流管系统（VDOT）、固定膨胀节流管离合器系统等。

膨胀管的结构如图9.21所示。它是一根细铜管，装在一根塑料套管内。在塑料套管外

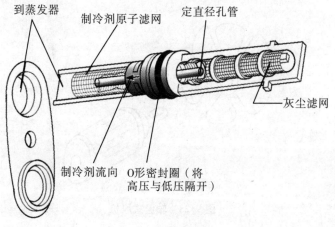

图9.21 膨胀管的结构

环形槽内,装有密封圈。有的还有两个外环形槽,每槽各装一个密封圈。把塑料套管连同膨胀管都插入蒸发器进口管中,密封圈就是密封塑料套管外径和蒸发器进口管内径间的配合间隙用的。膨胀管两端都装有滤网,以防止系统堵塞。

由于膨胀节流管没有运动部件,结构简单、可靠性高,同时节省能耗,很多高级轿车都采用这种方式。缺点是制冷剂流量不能根据工况变化进行调节。

(8) 风机

汽车空调制冷系统采用的风机按气体流向与风机主轴的相互关系,可分为离心式风机和轴流式风机两种。

① 离心式风机:离心式风机的空气流向与风机主轴成直角,它的特点是风压高、风量小、噪音也小。蒸发器采用这种风机,因为风压高可将冷空气吹到车内每个乘员身上,使乘员有冷风感;噪音小使乘员不至于感到不适而过早疲劳。

离心式风机主要由电机、风机轴(与电机同轴)、风机叶片、风机壳体等组成,如图 9.22 所示。风机叶片有直叶片、前弯片、后弯片等形状,随叶轮叶片形状不同,所产生的风量和风压也不同。

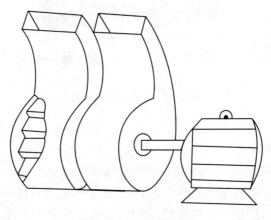

图 9.22 离心式风机

② 轴流式风机:轴流式风机的空气流向与风机主轴平行,它的特点是风量大、风压小、耗电省、噪音大。冷凝器采用这种风机,因为风量大可将冷凝器四周的热空气全部吹走;风压小不影响冷凝器正常工作;另外,冷凝器安装在车室外面,风机噪音大也影响不到车内。

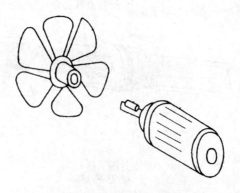

图 9.23 轴流式风机

轴流式风机主要由电机、风机轴、风机叶片、键等组成,如图9.23所示。叶片固定在骨架上,叶片常做成3、4、5片不等,叶片骨架穿在电机轴上,由键带动旋转。

**4．制冷剂和压缩机油**

（1）制冷剂

制冷剂是制冷循环当中的传热载体,通过状态变化吸收和放出热量,因此要求制冷剂在常温下很容易汽化,加压后很容易液化,同时在状态变化时要尽可能地多吸收或放出热量。制冷剂的英文名称为refrigerant,所以常用其头一个字母R来代表制冷剂,后面表示制冷剂名称,如R12、R22、R134a等。几种制冷剂主要性质见表9.2。

表9.2 制冷剂性质列表

| 制冷剂代号 | R12 | R22 | R134a |
| --- | --- | --- | --- |
| 化学式 | $CCl_2F_2$ | $CHCF_2$ | $CH_2F—CF_3$ |
| 分子量 | 120.9 | 86.5 | 102.3 |
| 标准大气压下沸点(℃) | -29.8 | -40.8 | -26.2 |
| 临界温度(℃) | 111.80 | 96.10 | 101.14 |
| 临界压力(MPa) | 4.125 | 4.975 | 4.065 |
| 临界密度($kg/m^3$) | 558 | 525 | 511 |
| 饱和液体密度(25℃)($kg/m^3$) | 1311 | 1192 | 1206 |
| 饱和蒸气比容(25℃)($m^3/kg$) | 0.0271 | 0.0235 | 0.0310 |
| 汽化潜热(kJ/kg) | 151.5 | 205.4 | 197.5 |
| ODP值(臭氧破坏潜能值) | 1.0 | 1.0 | 0.1 |

制冷剂应具备以下的性质:不易燃易爆;无毒;无腐蚀性;对环境无害。由于R12含有氯原子,分离出氯离子导致大气臭氧层的破坏,因此已经被禁止使用。现在汽车空调制冷剂的首选R134a制冷剂。

（2）冷冻润滑油

在空调制冷系统中有相对运动的部件,需要对其润滑。由于制冷系统中的工作条件比较特殊,所以需要专门的润滑油——冷冻润滑油,这是一种在高低温工况下均能正常工作的特殊润滑油。

性能要求:

① 凝点低,具有良好的低温流动性。
② 黏度受温度的影响要小。
③ 与制冷剂的溶解性能要好。
④ 要有较高的热稳定性。
⑤ 化学性质要稳定。

冷冻润滑油除了起到润滑作用以外,还可以起到冷却、密封和降低机械噪音的作用。在冷冻润滑油的选用上,一定要注意正确选用冷冻润滑油的型号,切不可乱用,否则将造成严重后果。根据上述原则,适用于R134a的润滑油只有两大类:聚烃基乙二醇(PAG)和聚酯油(ESTER),其性能指标见表9.3。

表9.3 PAG油与ESTER油性质比较

| 性　能 | PAG油 | ESTER油 |
|---|---|---|
| 与R134a互溶性 | 不好 | 好 |
| 热稳定性 | 较好 | 较好 |
| 吸湿性 | 较高 | 高 |
| 润滑性 | 差 | 差 |
| 与橡胶相容性 | 较好 | 较好 |
| 电绝缘性 | 差 | 差 |

PAG油应用较为普遍,但具有高吸湿能力,易使制冷系统的节流元件(毛细管或膨胀阀)发生冰堵。

### (三)汽车空调暖风系统的结构及原理

对车内空气或进入车内的外部空气进行加热的装置,称为汽车暖风装置。近代汽车空调是全年性的冷暖一体化的装置。通过冷热风的混合,人为设定冷热风量的比例,通过风门开闭和调节,满足人们对舒适性的要求。因此,暖风是汽车空调的重要组成部分。

**1. 暖风系统的作用及分类**

冬季天气寒冷,在运动的汽车内人们感觉更寒冷。这时,汽车空调可以向车内提供暖风,提高车内的温度,使乘员不再感觉到寒冷。

冬季或者初春,室内外温差较大,车窗玻璃会结霜或起雾,影响司机和乘客的视线,不利于安全行车,这时可以用暖风来除霜和除雾。

暖风系统按所使用的热源不同可分为:

① 水暖式暖风系统,利用发动机的冷却液热量,多用于轿车。

② 独立热源式,装有专门的暖风装置,多用于客车和载货车。

③ 综合预热式,既利用发动机的冷却液热量,又装有燃烧预热的综合加热装置暖风,多用于大客车。

**2. 水暖式暖风系统**

(1) 水暖式暖风系统的工作原理

水暖式暖风系统一般由控制开关、鼓风机、暖风水箱、循环水控制开关及相应的管路组成,如图9.24所示。

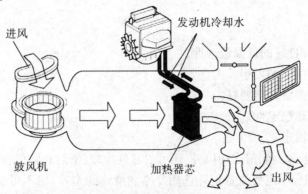

图9.24 热水取暖系统的工作原理

需要暖风时,接通控制开关,循环水控制开关也自动接通,这样发动机的冷却液开始在暖风水箱及管路中循环。鼓风机同时开始转动,风通过暖风水箱后变成暖风通过出风口吹向车内。这种暖风装置结构简单、耗能少、成本低、操作维修方便,所以各种汽车一般都采用这种暖风装置。

(2) 热水取暖系统的组成和部件的安装位置

热水取暖系统主要由加热器芯、水阀、鼓风机、控制面板等组成,其在车上的安装位置如图9.25所示。

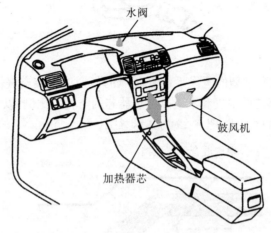

**图 9.25 热水取暖系统部件的安装位置**

① 加热器芯:加热器芯的结构如图9.26所示,由水管和散热器片组成,发动机的冷却水进入加热器芯的水管,通过散热器片散热后,再返回发动机的冷却系统。

② 水阀:水阀用来控制进入加热器芯的水量,进而调节暖风系统的加热量,调节时,可通过控制面板上的调节杆或旋钮进行控制,其结构见图9.27所示。

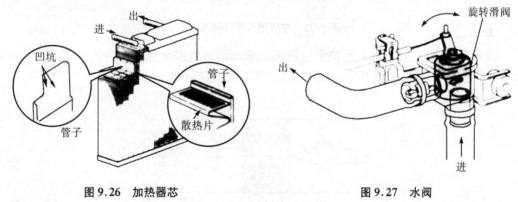

**图 9.26 加热器芯**　　　　　**图 9.27 水阀**

③ 鼓风机:鼓风机由可调节速度的直流电动机和鼠笼式风扇组成,其作用是将空气吹过加热器芯加热后送入车内。调节电动机的速度,可以调节向车厢内的送风量。鼓风机的结构如图9.28所示。

(3) 热水取暖系统调节温度的方式

就暖风系统而言,其温度的调节方式有两种,一种是空气混合型,另一种是水流调节型。

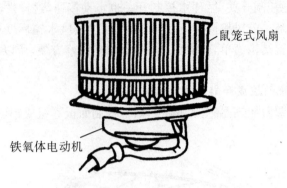

图 9.28 鼓风机

① 空气混合型：这种类型的暖风系统在暖风的气道中安装空气混合调节风门，这个风门可以控制通过加热器芯的空气和不通过加热器芯的空气的比例，以实现温度的调节，目前绝大多数汽车均采用这种方式，图 9.29 为其示意图。

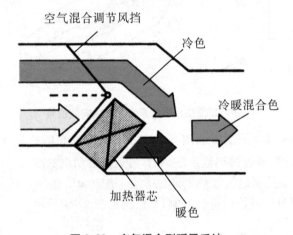

图 9.29 空气混合型暖风系统

② 水流调节型：这类暖风系统采用前述的水阀调节流经加热器芯的热水量，改变加热器芯本身的温度，进而调节温度，图 9.30 为其调节方式的示意图。

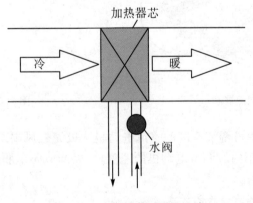

图 9.30 水流调节型暖风系统

**3. 燃气取暖系统**

在大、中型客车上，仅靠发动机冷却水的余热取暖是远远满足不了要求的，因此在大客车上常采用燃气取暖系统,如图9.31所示。

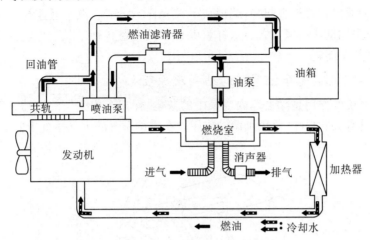

图9.31 燃气取暖系统

燃油和空气在燃烧室中混合燃烧,加热发动机的冷却水,加热后的水进入加热器芯处散热,降温后返回发动机再进行循环。

### (四)汽车空调通风系统的结构及原理

通风系统的作用是将车外的新鲜空气引入车内,将车内的污浊空气排出车外,同时通风系统还具有风窗除霜的作用。通风系统可使车内的空气保持新鲜,提高车辆的舒适性。

基本形式:利用汽车行驶中产生的动压进行通风;利用车上的鼓风机进行强制通风。

#### 1. 动压通风

动压通风是利用汽车在行驶时各个部位所产生的不同压力进行通风。

汽车行驶时的压力分布如图9.32所示。在考虑通风时,只要将进风口设在正压区,排风口设在负压区即可。此种方式不需要另加动力,比较经济。但汽车在行驶速度较低时,通风的效果较差。

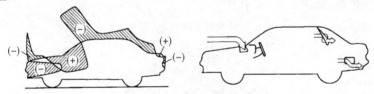

图9.32 动压通风
(+):正压;(-):负压

#### 2. 强制通风

强制通风是利用鼓风机进行通风。在进风口安装在台鼓风机将车外的空气吸入车内,车内的空气从排风口排出,如图9.33所示。

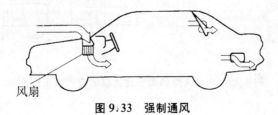

图9.33 强制通风

此种方式不受车速的限制,通风效果好。

如果将两种通风方式组合起来,就形成了综合通风方式。汽车低速行驶时采用强制通风,高速行驶时采用动压通风方式。这样就保证了汽车在各种工况下均能保持良好的通风效果,同时也降低了能耗。

### (五)汽车空调空气净化系统的结构及原理

空气净化系统的作用是除去车内空气中的灰尘,保持车内空气的清洁。部分车辆的空气净化系统还具有去除异味、杀灭细菌的作用。在空调系统的进气系统中安装空气滤清器,如图9.34所示。

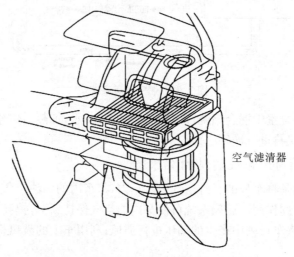

**图9.34 空调进气系统中的空气滤清器**

有些车辆的空气净化系统在滤清器中加入活性炭,可吸收空气中的异味。还有些车辆在净化系统中设有香烟传感器,当传感器检测到车内存在烟气时,便通过放大器自动使鼓风机以高速挡运转,排出车内的烟气。高档车辆的空气净化系统除上述功能外,在系统中还有杀菌灯和离子发生器,如图9.35所示。

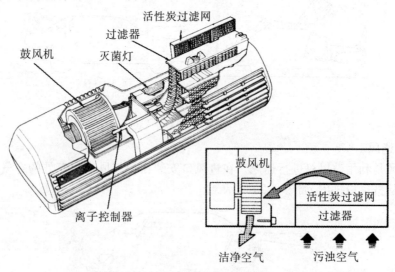

**图9.35 有杀菌灯和离子发生器的空气净化系统**

（六）汽车空调控制部件的结构及原理

**1. 空调系统控制系统的控制元件**

空调控制系统的功能是保证空调制冷系统正常运转，同时也要保证空调系统工作时发动机的正常运转。空调控制系统主要是通过控制压缩机电磁离合器的结合与分离实现温度控制与系统保护，通过对鼓风机的转速控制调节制冷负荷。

（1）电磁离合器

电磁离合器安装在压缩机上，其作用是控制发动机与压缩机的动力传递，空调制冷系统工作时，使发动机能驱动压缩机运转，制冷系统停止运行时，切断发动机到压缩机的动力传递。电磁离合器是一个执行部件，受温度开关、压力开关、怠速调节装置、电源开关等元件的控制，压缩机电磁离合器主要由压力板、皮带轮（转子）及电磁线圈组成，如图9.36所示。

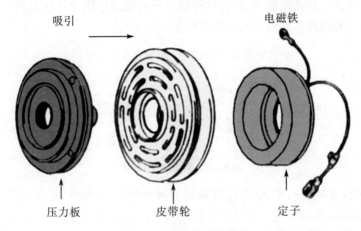

图9.36 电磁离合器结构

电磁离合器的工作原理是当电流通过离合器绕组时产生较强的磁场，衔铁被线圈磁力牢牢吸住，压缩机主轴通过键与毂连接，而衔铁与毂紧箍，这时皮带轮旋转，通过转板上吸力带动衔铁旋转，主轴即被驱动。当离合器线圈断电时，衔铁被弹簧弹回，皮带轮只在轴承上空转。工作过程如图9.37和图9.38所示。

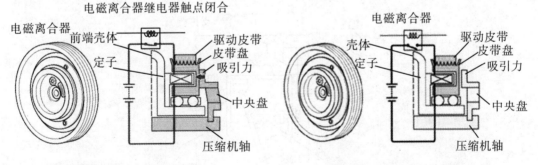

图9.37 电磁离合器的结合状态　　图9.38 电磁离合器的分离状态

（2）温度控制器

温度控制组件，又称恒温器、温度开关，它是汽车空调系统中温度控制部件，感受的温度有蒸发器表面温度、车内温度、大气温度等。一般所指的恒温器是指感受蒸发器表面温度从而控制空调系统中压缩机的开与停，起到调节车内温度及防止蒸发器结霜的电气开关装置。

检测大气温度和车厢内温度,一般用于对空气混合调节风门的控制,由风门开度的大小调节车厢内的温度。恒温器更多地用于 CC 系统中控制电磁离合器的通断。此时,恒温器被放置在蒸发器内或靠近蒸发器的冷气控制板上。当蒸发器表面温度或车厢内温度低于设置温度时,恒温器断开,电磁离合器分离,压缩机停止工作;反之电磁离合器吸合,压缩机开始工作,由此而防止蒸发器表面结霜,也调节了车厢内的温度。

恒温器有 3 种形式,即波纹管式、双金属片式和热敏电阻式。

① 波纹管式恒温器:波纹管式恒温器由感温驱动机构、温度设定机构和触点 3 部分组成。

感温驱动机构本身是一个由波纹管、毛细管和感温包组成的封闭系统,内部装有感温介质,如图 9.39 所示。感温包作为传感器放置在被测部位,温度的变化使得波纹管内压力发生变化,导致波纹管伸长或缩短,并将此位移信号通过顶端作用点传递出去。在弹簧力的作用下,顶端作用点的位移与感温介质压力变化呈线性关系。

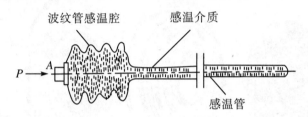

图 9.39 感温驱动机构

温度设定机构主要由凸轮、调节螺钉和调节弹簧等组成,如图 9.40 所示。其功能是使恒温器在一定温度范围内的任一设定温度起控制作用。温度的设定主要是通过调节凸轮改变主弹簧对波纹管内作用力的大小来决定,它的外部调节有刻度盘、控制杆和旋具调节等形式。当主弹簧被拉紧时,感温毛细管内要有比较高的温度才能使触点闭合,即车厢内温度较高。恒温器内的另一个弹簧用于调节触点断开时的温度范围,此范围通常是 4~6 ℃,这样为蒸发器除霜提供了足够的时间。

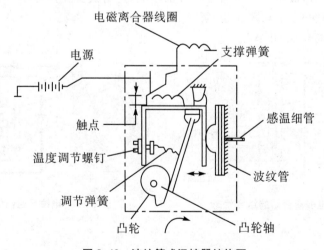

图 9.40 波纹管式温控器结构图

触点开闭机构主要由固定和活动触点、弹簧、杠杆等组成。通过触点的开闭,控制着压缩机上电磁离合器电路的通断。

波纹管式恒温器的工作原理是图中触点处于断开位置,压缩机也处于停止状态。当蒸发器表面温度逐渐升高时,感温毛细管内温度也随着升高,同时压力增高使波纹管伸长。波纹管与摆动框架相连,框架上装有一动触点,而恒温器壳体上有一定触点。波纹管的伸长使得触点闭合,电磁离合器电路被接通,使压缩机工作。反之,温度下降后压缩机停止工作。

波纹管式恒温器的特点是工作可靠,价格低廉,安装方便。但在使用中要注意,毛细管弯成直角。另外,如果毛细管发生泄漏,应更换整个恒温器。

② 双金属片式恒温器:双金属片式恒温器由两种不同材料的金属片组成,两金属片的热膨胀系数相差较大。在双金属片的端部有一动触点,而在壳体上有一定触点。这种恒温器没有毛细管和感温包,直接靠空气流过其表面感受温度而工作。它的温度设定方法与波纹管式恒温器相同。

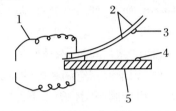

图9.41 双金属片恒温器结构
1. 导线;2. 双金属片;3. 动触点;
4. 定触点;5. 壳体

双金属片恒温器工作原理如图9.41所示。

在设定温度范围内,双金属片平伸,两触点闭合。此时,电磁离合器电路接通,压缩机工作。当流过恒温器的空气温度低于所设定温度时,由于两种金属片的热膨胀系数不同,膨胀系数大的金属片收缩得多,这样就造成了双金属片弯曲,触点断开,电磁离合器分离,压缩机停止工作。当温度上升后,金属片受热后逐渐平伸,触点又闭合,从而接通电路。如此反复达到控温的目的。

双金属片式恒温器的特点是结构简单、不宜损坏且价格便宜。但作为直接感受温度的部件,必须整体放置在蒸发箱内,因此,为安装带来了不便。也正是这个原因,波纹管式恒温器的应用要比双金属片式恒温器广泛。

③ 热敏电阻式恒温器:热敏电阻是一种阻值随温度变化而改变的电阻元件。热敏电阻有两种:一种具有负温度特性,即随温度升高,电阻值减小;一种具有正温度特性,即随温度升高,电阻值增大。热敏电阻式恒温器正是利用了热敏电阻的这种特性,把它作为传感器放置在被测温度之处,如空调系统的风道内,同时用导线与晶体管放大电路系统相连,如图9.42所示。

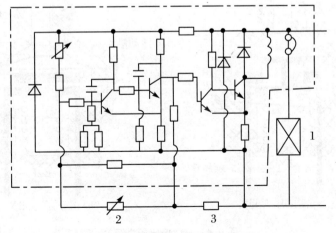

图9.42 热敏电阻式恒温器电路原理
1. 电磁阀;2. 可变电阻;3. 热敏电阻

温度的变化转变为电阻值的变化,进而转变为电压的变化,通过放大器控制电磁离合器动作,由此达到控制温度的目的。温度调节是靠一个附加的调温电阻器调整的。恒温器中使用的热敏电阻通常采用负特性电阻,由于热敏电阻性能的好坏直接影响到温度调节的精度,因此,在选用时要精心挑选。

(3) 压力控制组件

压力控制组件可分为两类:一类是通断型,也称压力开关,即对于所设定的压力执行通或断的指令,如高、低压开关等;另一类是调节型,也称压力调节器,对于所设定的压力执行的是一个调节过程。在蒸发器压力控制系统中,常常用到压力调节装置调节蒸发器压力,以防止其表面结冰。同时,调节装置中都有一个旁通管路,可保证少量制冷剂及冷冻润滑油的不断循环。用于汽车空调系统的压力调节器有蒸发压力调节器(EPR)、导阀控制吸气节流阀(POA)、组合阀(VIR)等。下面主要介绍压力开关。

压力开关属于保护元件,是一种随压力变化而断开或闭合触点的元件,又称压力继电器。它由压力引入装置、动力器件和触点等组成,在系统中感受着制冷剂压力的变化,当系统中压力过高或过低时压力开关起作用,防止系统在异常压力情况下工作,起到了保护作用。

① 高压压力开关:高压压力开关装在压缩机至冷凝器之间的高压管路上,其作用是防止系统在异常的高压压力下工作。当因冷凝器散热不良、散热堵塞和风扇损坏等,导致冷凝压力出现异常上升时,开关自动切断电磁离合器的电路,使压缩机停转,或接通冷却风扇高速挡电路,自动提高风扇转速,以降低冷凝温度和压力。在汽车空调系统中,高压开关在压力为 2.1~3.0 MPa 时断开,在 1.6~1.9 MPa 时接通。

② 低压压力开关:低压开关有两种,一种是安装在系统的高压回路中,防止压缩机在压力过低的情况下工作。因为,高压回路中压力过低,说明缺少制冷剂。缺少制冷剂将影响润滑效果,久而久之将损坏压缩机。另一种低压开关是设置在低压回路中,直接由吸气压力控制。当低压低于某一规定值时,接通高压旁通阀(电磁阀),让部分高压蒸气直接进入蒸发器,以达到除霜的目的。这种装置一般用于大、中型客车的空调制冷系统中。低压开关一般在 80~110 kPa 时断开;230~290 kPa 时接通。

高压压力开关和低压压力开关如图 9.43 所示。

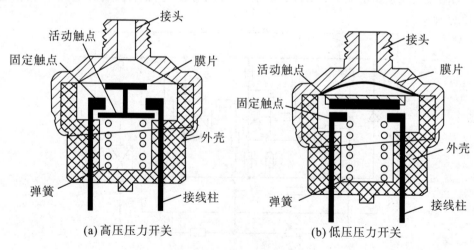

图 9.43 高、低压压力开关

③ 高、低压复合开关(三位压力开关)：高、低压压力开关用于保护作用时,通常都安装在系统的高压侧,因此,为了结构紧凑,减少接口,把高、低压压力开关做成一体,形成了高、低压复合开关。这样就可以作为一体安装在贮液干燥器上,起到保护作用。如上海桑塔纳2000轿车、南京依维柯客车上就采用它。

三位压力开关的作用是：
- 防止因制冷剂泄漏而损坏压缩机。
- 当系统内制冷剂高压异常时,保护系统不受损坏。
- 在正常工作状况下,冷凝器风扇低速运转,实现低噪音,节省动力;当系统高压升高后,风扇高速运转,以改善冷凝器的散热条件,实现了风扇的二级变速。

三位压力开关一般安装在储液干燥器上,感受制冷剂高压回路的压力信号,图9.44所示是高、低压复合开关示意图,其工作过程是：

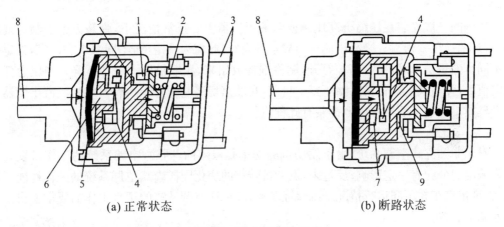

(a) 正常状态　　　　　　(b) 断路状态

图9.44　高、低压复合开关

1. 低压保护定触点；2. 弹簧；3. 接线柱；4. 高压保护动触点；
5. 金属膜片；6. 销子(和膜片一体)；7. 高压保护定触点

低压保护——当制冷剂压力低于低限值(196 kPa)时,由于弹簧的压力大于制冷剂压力,触点7和触点1断开,电流中断,压缩机停止工作。

正常工作——当制冷剂压力为正常值(0.2~3 MPa)时,制冷剂压力超过弹簧力,弹簧受压缩,而金属膜片不变形,动触点向箭头方向移动,触点1接通,压缩机正常工作。

高压保护——当制冷剂压力高于高限值(3.14 MPa)时,制冷剂压力不仅高于弹簧压力,而且高于金属膜片的弹力。这时,金属膜片由拱形变平,推动销子6向箭头方向移动,并使得高于触点7,电路断开,压缩机停止工作。

④ 泄压阀：过去,在汽车空调系统中,为了防止高压侧温度和压力异常升高造成系统损坏,常常用易熔合金做成易熔塞,当温度和压力异常升高时,易熔塞熔化,释放出制冷剂。但这种方法付出的代价是经济上的损失和对环境的污染,同时空气将进入空调系统。因此,目前大多采用泄压阀替代易熔塞,其结构如图9.45所示。

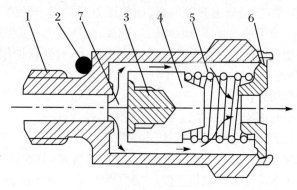

图 9.45 泄压阀

1. 阀体；2. O 形密封圈；3. 密封塞；4. 下弹簧座；5. 弹簧；6. 上弹簧座

泄压阀一般安装在压缩机高压侧或贮液干燥器上。正常情况下，弹簧力大于制冷剂压力，密封塞被压紧密封。当高压侧压力异常升高时(此值为设定值，不同系统和厂家，设定值也不同)，弹簧被压缩，密封塞被打开，制冷剂释放出来，压缩机压力立即下降。当压力低于设定值后，弹簧又立即将密封圈压紧。目前，在北京切诺基越野车空调系统的贮液干燥器及长春奥迪 100 轿车的压缩机上都装有此种泄压阀。

(4) 车速调节装置

对于非独立式空调系统，由于发动机的功率是限定的，因而，空调系统的工作对发动机功率输出的分配有一定影响；反过来，发动机转速的变化同样影响空调系统的工作性能。因此，为满足汽车在不同运行情况下既保证车速，又保证空调系统的正常工作的要求就出现了车速调节装置。

① 发动机怠速调节装置：发动机在怠速运转时往往影响到空调系统的正常工作。一方面压缩机转速过低，造成制冷量严重不足；另一方面对于小排量发动机来说，怠速时发动机功率较小，不足以带动制冷压缩机并补偿因电力消耗给发电机增加的负荷。同时，由于发动机转速过低，冷却风扇的风压和风量均不充足，使得发动机和冷凝器散热受到影响。冷凝器温度和冷凝压力异常升高后，压缩机功耗迅速增大。这样，一是增加了发动机在怠速时的负荷，导致工作不稳定，甚至熄火；二是会引起电磁离合器打滑或传动皮带损坏。因此，在非独立式空调系统中一般都装有怠速调节装置。

怠速调节装置可分为两类，一类是被动式调节，当发动机怠速运转时，自动切断压缩机离合器电路，停止压缩机运行，以减轻发动机的负荷，稳定发动机怠速性能，这类装置称为怠速继电器；第二类是主动式调节，即在发动机怠速运转时，加大油门，以增加发动机的输出功率，并使发动机转速稍有提高，达到带负荷的低速稳定运转的目的。这类装置称为怠速提升装置。

怠速继电器是一种集成电路，感应来自点火线圈的脉冲信号，所需控制的转速设定值可由人工调节。若发动机怠速转速低于设定值，继电器不吸合，则压缩机停转。怠速继电器的线路设计有多种。

一般带有怠速继电器的控制电路都与测温电路继电器串接。图 9.46 所示是一种测速与调温控制电路原理图。当发动机转速低于规定转速时，三极管 $VT_1$ 导通，使三极管 $VT_3$ 截止，继电器 1 触点分开，电磁离合器线圈电流被切断，压缩机停转。当蒸发器表面温度降至规定值,热敏电阻阻值升高到使三极管 $VT_2$ 导通,三极管 $VT_3$ 截止,继电器1触点分开,压缩机停转。

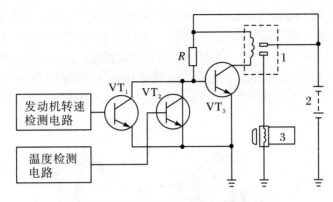

图 9.46 测速与调温控制电路原理图
1. 继电器;2. 蓄电池;3. 制冷压缩机电磁离合器

近年来进口轿车上的空调系统大多采用急速提升装置,以保证急速时能带空调稳定运转。

急速提升装置有多种形式,工作原理基本相同,现介绍一种常见的简单结构。如图9.47所示:该装置主要由真空促动器和真空电磁阀两部分组成。真空促动器的拉杆与化油器的节气门拉杆相连,真空电磁阀的电路与压缩机电磁离合器电路并联。在汽车急速时,如果空调电磁离合器电源接通,真空电磁阀同步工作,真空阀门被打开,来自发动机进气管路的真空度通过真空电磁阀到真空促动器,吸引拉杆向加大节气门的方向移动,从而提升急速。拉杆的行程要调整到使发动机在急速时带动压缩机运行,并能保持稳定运转。

② 加速断开装置:在汽车加速超车时,为了保证发动机有足够的动力,应当切断压缩机离合器电路,这样就卸除了压缩机的动力负荷,以尽量大的发动机功率来供汽车加速所需。常用的加速断开装置(也称超速控制器)是由超速开关及延迟继电器组成。超速开关一般装在加速踏板下,当加速踏板被踩下时,电磁离合器电路断开,压缩机停止工作,使发动机的输出功率全部用于加速,而6 s后电路又自动接通,空调系统恢复工作。高档轿车为提高超车能力常加装这种装置。

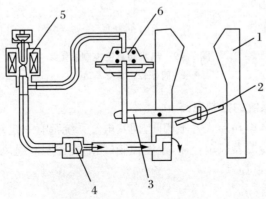

图 9.47 急速提升装置工作示意图
1. 化油器;2. 节气门;3. 拉杆;4. 阻尼阀;5. 真空电磁阀;6. 真空促动器

(5) 真空控制组件

多数轿车空调系统采用真空装置作为控制元件,控制某些风门或阀门的开、闭。这是由于一方面汽车上有现成的真空来源,更主要的是因为真空控制装置结构简单、经济。

① 真空马达:真空马达结构如图 9.48 所示,由真空盒、膜片、弹簧和传动杆组成。真空盒被膜片分为两个不相通的腔室,一侧与发动机真空管相连,另一侧通过空气泄漏孔与大气相通。真空马达不工作时,弹簧处于松弛状态,传动杆伸长,如图 9.48(a)所示;工作时,上腔室具有一定真空度,上、下腔室的压差使得弹簧被压缩,传动杆向上移动,带动风门(阀门)动作,如图 9.48(b)所示。

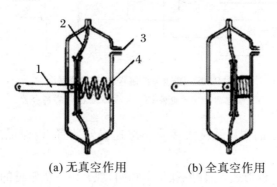

(a) 无真空作用　　　　(b) 全真空作用

**图 9.48　真空马达**

1. 传动杆;2. 膜片;3. 接真空源;4. 复位弹簧

② 真空控制水阀:在汽车空调系统中也常常用真空膜盒直接作为阀门的控制动力,图 9.49 就描述了一个典型的用真空控制阀控制水加热器流量阀的工作过程。图 9.49(a)所示为无真空时,图 9.49(b)所示为部分真空时,图 9.49(c)所示为完全真空时的工作情况。

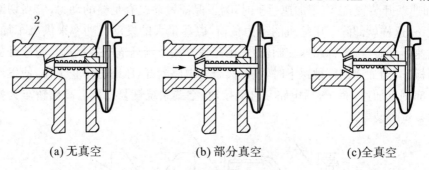

(a) 无真空　　　　(b) 部分真空　　　　(c)全真空

**图 9.49　热水阀真空控制装置**

1. 阀体;2. 真空马达

**2. 空调系统控制系统的控制电路**

汽车空调种类繁多,电路形式各不相同,但其电气系统都有一定规律可循,分析电路时,只要分成鼓风机控制,冷凝器风扇控制,温度控制(压缩机控制),通风系统控制,保护电路等即可清楚了解其电路控制原理。

(1) 鼓风机的控制

根据控制方法的不同可分为以下 3 种形式:一为由鼓风机开关和调速电阻联合控制;二为电控模块通过大功率晶体管控制;三为晶体管与调速电阻器组合型。

① 由鼓风机开关和调速电阻联合控制：风机的控制挡位一般有二速、三速、四速、五速4种，最常见的是四速，参见图9.50，通过改变风机开关与调速电阻的接通方式可令风机以不同转速工作。风机开关处于Ⅰ位置时，至电动机的电流须经过3个电阻，风机低速运行，开关调至Ⅱ位置，至电动机的电流须经两只电阻，风机按中低速运转，开关拨至Ⅲ位置时，至电动机的电流只经过一个电阻，风机按中高速运转，选定位置Ⅳ时，线路中不串任何电阻，加至电动机的是电源电压，风机以最高速运转。

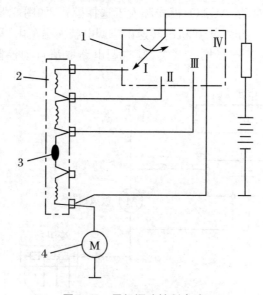

图9.50 风机调速控制电路
1.风机开关；2.调速电阻；3.限温开关；4.风机

调速电阻一般装在空调蒸发器组件上，利用气流进行冷却。风机开关一般装在操作面板内设置了不同挡位，供调速用，在设置时，风机开关可控制鼓风机电源正极，也可控制鼓风机电路搭铁。

② 电控模块通过大功率晶体管控制：现代中高档轿车为实现风速的自动控制，风机的转速一般由电控模块通过大功率晶体管控制，控制原理如图9.51所示。

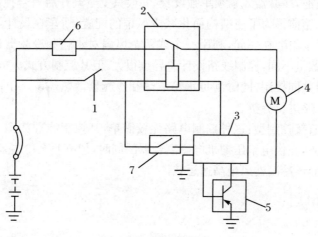

图9.51 用晶体管控制的风机电路
1.点火开关；2.加热继电器；3.控制继电器；4.鼓风电动机；5.晶体管；6.熔丝；7.鼓风机开关

功率组件控制风机的运转,它把来自程序机构的风机驱动信号放大,放大器的输出信号根据车内情况,按照指令提供不同的风机转速:如果车内温度比所选定的温度高很多,在空调工作状态下,风机将高速运转;而当车内温度降低时,风机速度又降为低速。

相反地,如果车内温度比所选定的温度低得多,在加热状态下,风机将被启动为高速;而当车内温度上升后,风机速度降为低速。

③ 晶体管与调速电阻器组合型

鼓风机控制开关有自动(AUTO)模式和人工选择模式,如图 9.52 所示,当鼓风机转速控制开关设定在"AUTO"挡时,鼓风机的转速由空调电脑根据车内、车外温度及其他传感器的参数控制。若按动人工选择模式开关,则空调电路取消自动控制功能,执行人工设定功能。

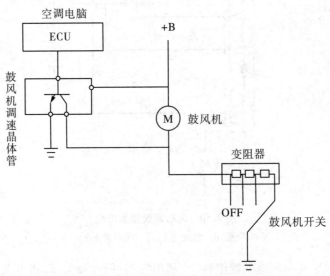

图 9.52　晶体管与调速电阻器组合型

(2) 冷凝器散热风扇的控制

对于一般小客车和大中型客车而言,由于车辆底盘结构跟轿车有很大的不同,故其冷凝器一般不装在水箱前,冷凝器风扇须单独设置,一般只受空调开启信号控制。轿车空调的冷凝器一般都装在水箱前。为了使结构简化减少风扇的配置,轿车在设计上一般都将水箱冷却风扇和冷凝器风扇组装在一起,利用一个或两个风扇对水箱和冷凝器进行散热。车型不同,则配置风扇的数量不同,控制线路设计差异也很大,但其控制方式大同小异,一般根据水温信号和空调信号共同控制,同时满足水箱散热和冷凝器散热需要。下面就一些较典型的冷凝器散热风扇电路进行分析。

① A/C 开关直接控制型:这种控制电路比较简单,其控制原理如图 9.53 所示,空调开关打至"ON"的位置,在供电给压缩机电磁离合器的同时,加电源至冷凝器风扇继电器线圈,继电器触头开关闭合,冷凝器风扇高速运转。

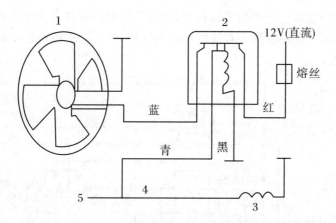

**图 9.53　A/C 开关直接控制的冷凝器风扇电路**
1. 冷凝器风机；2. 冷凝器风扇继电器；3. 电磁离合器；4. 温度控制器；5. 接至 A/C 开关

② A/C 开关和水温开关联合控制型：有些汽车的发动机冷却系统和空调冷凝器共用一个风扇进行散热，如图 9.54 所示。

这种风扇有两种转速，即低速和高速。风扇电动机转速的改变是通过改变线路中电阻值的方法实现的。从图 9.53 中可看出，起关键控制作用的是 A/C 开关和水温开关。当空调开关开启时，常速风扇继电器通电工作。由于线路中串联了一个电阻，风扇低速运转。当冷却系统水温达到 89～92 ℃时，水箱风扇就会也是低速运转；一旦发动机水温升至 97～101 ℃时，水箱风扇就会高速运转，以加强散热效果。

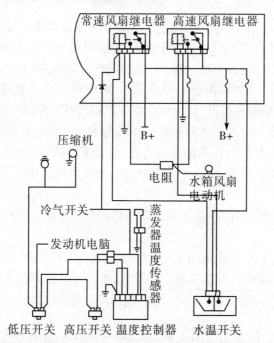

**图 9.54　A/C 开关和水温开关联合控制型**

③ 制冷剂压力开关与水温开关控制组合型：目前很多轿车采用制冷剂压力开关和水温开关组合的方式对冷却风扇系统进行控制。图 9.55 所示为冷却风扇系统电路图，从该图可

看出,起控制作用的是水温开关和高压开关,水温开关和高压开关处于不同状态,则控制继电器形成不同组合,从而控制两个并排的风扇不运转、低速运转或高速运转,下面对这三种状态分别进行介绍。

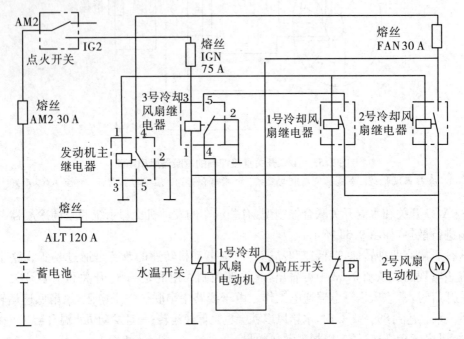

图 9.55　电动冷却风扇控制系统

a. 空调不工作时:在不开空调的情况下,风扇是否工作取决于发动机水温。

当发动机冷却水温低于 93 ℃ 时,由于水温较低,水温开关处于闭合状态,3 号冷却风扇继电器和 2 号冷却风扇继电器工作。其中,3 号冷却风扇继电器 4 与 5 接通。2 号冷却风扇继电器常闭触头被打开。同时,由于空调不工作,高压开关处于常闭合状态,1 号冷却风扇继电器通电工作,使常闭触头打开,这时两个冷却风扇均不工作,使发动机尽快暖机。

当发动机水温高于 93 ℃ 时,水温开关打开,2 号和 3 号继电器回到原始状态,即不工作。虽然这时高压开关使 1 号继电器常闭触点打开,但并不影响风扇的工作。加至 1 号冷却风扇电机和 2 号风扇电动机的都是 12 V 电压,此时,两风扇同时高速运转,以满足发动机冷却系统散热需要。

b. 空调工作时:空调工作时,水温控制器回路仍然起作用,这时冷却风扇受空调和水温控制回路的双重控制。

开空调,当高压端压力大于 13.5 kPa,且水温低于 93 ℃ 时,水温开关处于闭合状态,而高压开关打开,这时 2 号和 3 号继电器受控动作,而 1 号继电器不工作,即触头处于常闭状态,这样,继电器使两冷却扇电动机串联工作,故两冷却扇同时低速运转,以满足冷凝器散热需要。

当高压端压力大于 13.5 kPa,且水温高于 93.5 ℃ 时,高压开关和水温开关都打开,1、2、3 号继电器均不工作,加至两冷却扇电动机的都是 12 V 电压,故两冷却风扇同时高速运转。

综上所述可知,两冷却风扇的工作同时受水温和空调信号影响,在同时不转、同时低速转或同时高速转三种状态之间循环,其工作原理简图可参见图 9.56。

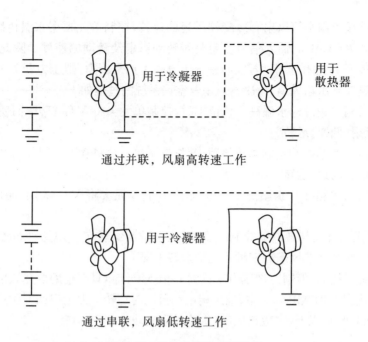

图 9.56 散热风扇电动机控制

④ 水温传感器和制冷剂压力开关控制组合型:除采用继电器完成风扇的转速控制方法外,还可采用专用控制器对风扇进行控制,它根据空调信号和水温信号进行联合控制,如图 9.57 所示。

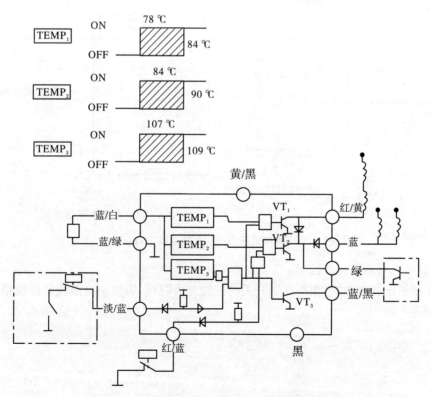

图 9.57 水温传感器和制冷剂压力开关控制组合型

风扇控制单元控制水箱风扇和冷凝器风扇的运转,控制单元根据水温传感器及空调系统的空调压力开关(A、B)的输入信号决定是否转动风扇及转动的速度。除此之外,水温高于 109 ℃ 时温度开关关闭空调。若空调系统压力高于正常压力,则压力开关 A 关闭且风扇高速转动。水温控制水箱风扇、冷凝器风扇及空调系统的过程如下:

a. $TEMP_1$:当水箱冷却水温高于该范围时,控制单元会将 $VT_1$ 打开,而使水箱风扇(低速)和冷凝器风扇(低速)运转。

b. $TEMP_2$:当水箱冷却水温高于该范围时,控制单元会将 $VT_2$ 打开,而使水箱风扇(高速)和冷凝器风扇(高速)运转。

c. $TEMP_3$:当水箱冷却水温高于该范围时,控制单元会将 $VT_3$ 关闭,而使空调压缩机停止运转。

⑤ 制冷剂压力开关与微电脑控制组合型:大多数高级轿车采用这种布置和控制方式,如图 9.58 所示,两个散热风扇有三种不同的运转工况。

当空调开关已接通,但制冷剂压力未达到 1.81 MPa 时,只有辅助散热风扇马达运转;一旦制冷剂压力达到 1.81 MPa 时,主、辅风扇电动机同时运转。无论空调开关是否接通,只要发动机水温达到 98 ℃ 以上,主散热风扇(水箱风扇电动机)高速运转。

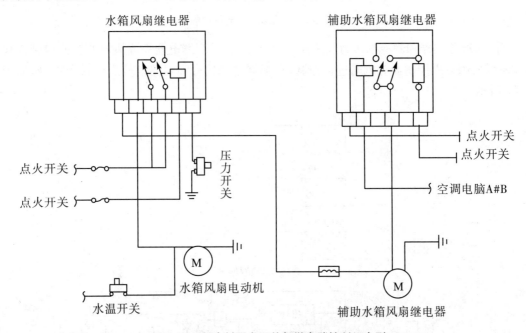

图 9.58 制冷剂压力开关与微电脑控制组合型

(3) 压缩机电磁离合器控制

① 压缩机的控制方式:根据控制开关的位置分为两种:即控制电源型和控制搭铁型,如图 9.59 所示。

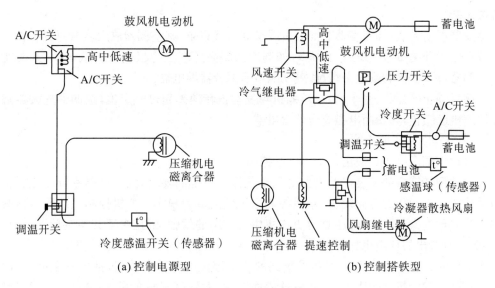

图 9.59 压缩机控制

电源控制方式是由开关直接控制电源,当开关闭合时,大电流流经开关至执行器构成回路,长期工作后容易造成触点烧蚀。所以,现在大多数轿车并不采用这种控制方式。搭铁控制方式是由开关控制继电器线圈的回路,这种控制方法的优点是以小电流信号控制大电流通断,从而有效地防止触点烧蚀,目前大多数轿车采用这种控制方法。

② 压缩机工作控制方式:控制压缩机工作时机的方式可分为三种:手动空调压缩机的控制、半自动空调压缩机的控制、全自动空调压缩机的控制。

a. 手动空调压缩机的控制。

如图 9.59(b)所示,压缩机工作的必备条件是空调开关(A/C 开关)闭合、温度开关闭合、压力开关闭合、鼓风机开关闭合。此时压缩机电磁离合器继电器工作(冷气继电器),蓄电池电源才能提供给压缩机电磁离合器线圈。

b. 半自动空调压缩机的控制。

如图 9.60 所示,半自动空调压缩机工作的必备条件是空调开关(A/C 开关)闭合、温度开关(热敏电阻)工作、压力开关闭合、鼓风机开关闭合、发动机转速信号、压缩机转速信号、制冷剂温度开关闭合。当点火开关和鼓风机开关接通时,加热器继电器就接通。如空调器开关此时接通,则压缩机电磁离合器继电器由空调器放大器接通。这就使压缩机电磁离合器接合,压缩机工作。

在下情况下,电磁离合器脱开,压缩机被关掉:

鼓风机开关位于"OFF"(断开),鼓风机开关断开,加热器继电器也断开,电源不再传送至空调器。

空调器开关位于"OFF"(断开),空调器放大器(它控制压缩机电磁离合器继电器)的主

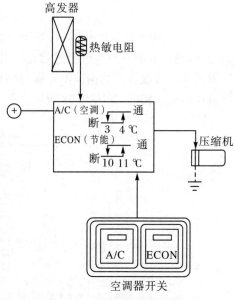

图 9.60 空调器电路示意

电源被切断。

蒸发器温度太低,如蒸发器表面温度降至 3 ℃ 或以下,则空调器放大器电源被切断。

双重压力开关位于"OFF"(断开),如制冷回路高压端压力极高或极低,这一开关便断开。空调器放大器检测到这一情况,就切断电磁离合器继电器。

压缩机锁止(仅限某些车型)。压缩机与发动机转速差超过一定值,空调器放大器就会判断压缩机已锁止,并切断电磁离合器继电器。

c. 全自动空调压缩机控。

全自动空调压缩机一般由发动机电脑控制。

随着微型计算机的发展以及人们对简单化操作系统的要求,汽车空调系统的控制正在朝自动化或半自动化的方向发展,微机控制系统使之成为现实。微机控制系统不但精减了驾驶人员繁琐的操作过程,使注意力更加集中于汽车的驾驶,而且由于其控制精度高、功能强,因此所营造出的环境更加舒适,空调系统各部件的性能得到了更好的发挥。

微机控制系统主要是把传感器采集到的各个部位的各种参数,包括车外温度、车内温度、风道温度、发动机冷却水温度、蒸发器表面温度、太阳辐射温度等,和给定指令加以对比处理,然后对风机转速、热水阀开度、空气在车厢内的循环方式选择、温度混合门的开度、压缩机停转、各送风口的选择等进行控制,以保证最佳的舒适性要求。同时,由于系统可根据环境温度的变化,自动改变蒸发器温度、改变压缩机运行时间,因此又起到了节能的作用。除上述功能外,还可有故障监测和安全保护功能,如制冷剂不足,高、低压异常及各种控制器的故障判断、报警和保护等。微机控制系统也可显示出空调系统的工作状况,如给定温度、控制方式、运行方式等。总之,微机控制系统的应用,使控制更为简便和智能化。

(4) 通风系统的控制

目前很多轿车空调的通风系统采用电控方式,对气源门、温度门、送风门的控制均由电脑或放大器统一完成,实现最佳送风方式的控制。

① 轿车通风系统电路控制:当轿车在关闭车门玻璃的情况下需要通风时,就要采取强制通风,把车外的新鲜空气经过滤净化后送入车厢内。目前轿车空调系统一般采用冷暖一体式或冷暖混合式结构。不论哪种结构,其冷、热及通风均为同一通道,除风门控制外,其风机控制电路相同,如图 9.61 所示。

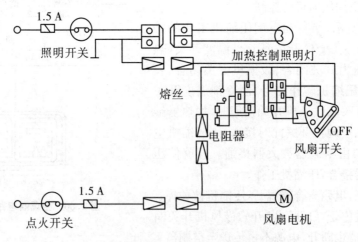

图 9.61 轿车通风系统电路控制

② 汽车电动换气风扇电路控制：大型空调客车上都装有电动换气扇，用它取代车顶的风窗。它除了具有降温功能外，还具有自动通风、吸风、排风、循环等功能，不断地把污浊空气排出，同时吸入新鲜空气，以满足乘客舒适性要求。图 9.62 所示为电动换气扇电路原理图。

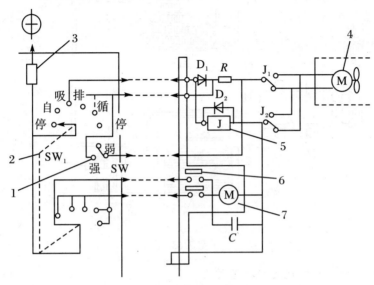

图 9.62　电动气扇电路

1. 强、弱开关；2. 控制开关；3. 熔丝；4. 风扇；5. 继电器；6. 限位开关；7. 举升电动机

具体工作方式如下：

a. 自动通。

当控制面板上的同轴旋转开关 2 置于自动挡时，电流经限位开关 6 到气窗举升电动机 7，气窗闸门开启，限位开关稍后即自动关闭，闸门保持开启状态，使车厢内外自然通风。

b. 吸风。

控制开关 2 置于吸风位置时，气窗闸门开启，与此同时电流经继电器 5 的线圈，使常开触点 $J_1$ 吸合，风扇电机接通运转，吸入新鲜空气。

c. 排风。

控制开关 2 置于排风位置时，气窗闸门开启，与此同时继电器 5 的线圈中电流断路，使触点 $J_1$ 分开而 $J_2$ 吸合，风扇 4 反向运转，车厢内污浊空气被排出。

d. 循环。

控制开关 2 置于循环位置时，电流通过限位开关 6，与此同时联动板向下转动，使气窗闸关闭。这时风扇反时针旋转，使车内空气强制循环。风量的强、弱，通过转换开关 SW 和电阻 R 进行控制。

## 二、理论知识师生互动讨论

将学生分组，开展小组内、小组之间及师生之间的提问及讨论。

（1）根据图 9.63 所示，进行提问及讨论

① 指出图 9.63 及其各部分的名称；并讲述图中各部分的作用。
② 讲述空调制冷剂在整个循环中的状态变化。

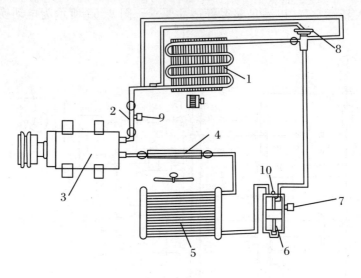

图 9.63

（2）根据图 9.64 所示，进行提问及讨论
① 指出图 9.64 中(a)(b)名称，简述工作原理。
② 指出这两种系统的区别点和相同点。

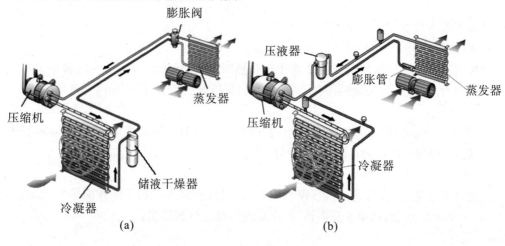

图 9.64

（3）对其他问题开展提问及讨论
① 讲述制冷剂压力开关与水温开关控制组合型冷凝器散热风扇的三种状态。
② 讲述压缩机电磁离合器三种控制方式。
③ 讲述鼓风机三种控制方式的工作原理。
④ 讲述车速调剂装置的工作原理。

**实践知识导学和师生互动讨论**

## 一、实践知识导学

### (一) 汽车空调的分类

**1. 按驱动方式分类**

(1) 非独立式空调

空调压缩机由汽车发动机驱动,制冷性能受汽车行驶速度(发动机转速)的影响较大,多用于小型客车。

其优点是结构简单、噪声小,便于安装布置;缺点是要消耗发动机10%~15%的动力,降低发动机后备功率,影响汽车的动力。

(2) 独立式空调

专用一台发动机(即辅机)驱动压缩机,多用于大中型客车。

其优点是制冷与行驶互不影响,制冷量大,制冷效果稳定;缺点是结构复杂、成本高、噪声大、布置难度大。它主要装于大客车上,有的豪华轿车上也有采用。

**2. 按布置形式分类**

(1) 整体式空调

即将副发动机、压缩机、冷凝器、蒸发器通过皮带、管道连接成一个整体,安装在一个专门的机架上,构成一个独立的总成,由副发动机带动,通过送风管道将冷风送入车内。这种形式主要用于独立式空调系统的布置。

(2) 分体式空调

它是将压缩机、冷凝器、蒸发器以及独立式空调副发动机部分或全部布置,用管道连成一个制冷系统。这种形式主要用于独立式空调系统的布置。

(3) 分散式空调

它是将压缩机、冷凝器、蒸发器等各部件分散安装在汽车各个部位,并用管道相连接。这种形式主要用于非独立式空调系统的布置。

**3. 按送风方式分类**

(1) 直吹式空调

这种方式的空调气流直接从空调器送风面板吹出,也叫仪表板式空调,其结构简单,通风阻力小,但车内送风均匀性差。

(2) 风道式空调

这种方式的空调是将气流用风机送到塑料风道,再由风道送到车顶或座位下的出风口吹出。风道式空调送风均匀,但结构复杂,而且送风阻力大。

**4. 按功能分类**

(1) 冷暖分开型

制冷与供暖完全分开,各自独立控制,结构分开布置。这种形式占用空间较多,主要见于早期的汽车空调上,现已淘汰。

(2) 冷暖合一型

在制冷系统的基础上增装加热气及暖风出口。

(3) 全功能型

这种形式的汽车空调集制冷、供暖、除霜、加湿、通风、净化等功能于一体,由于其功能完善,提高了乘员的舒适性,越来越多的汽车空调采用了这种形式。

**5. 按控制方式分类**

(1) 手动式空调

扳动控制板上的功能键对温度、风速、风向进行控制。

(2) 电控气动调节式空调

利用真空控制机构,当选好空调功能键时,就能在预定温度内自动调节控制温度和风量。

(3) 全自动调节式空调

利用计算比较电路,通过传感器信号及预调信号控制调节机构工作,自动调节温度和风量。

(4) 微机控制的全自动调节空调

以微机为控制中心,实现对车内空气环境进行全方位,多功能的自动控制和调节。

## (二) 空调系统的维护

**1. 使用注意事项**

正确使用空调对其性能及寿命、发动机的工作稳定性、功耗、乘员的舒适性都有很大影响。

① 为保证取暖和通风正常工作,挡风玻璃前的进风口应避免被障碍物遮盖。

② 空调的设计使用温度通常在环境温度 5 ℃以上,故使用时的环境温度应高于 5 ℃。在使用前应检查系统中制冷剂的量是否合适,是否存在泄漏,冷凝器冷却风扇能否正常工作。如发现问题,要在修复后方可使用。

③ 使用空调,必须保持系统的清洁,特别是需经常清除冷凝器和蒸发器散热片中的灰尘,以保持良好的热交换效果。

④ 当车辆在太阳下停放时间过长,车厢内温度很高时,应首先打开车门、车窗,开启空调驱散热气,然后关闭门、窗,以提高空调制冷效果。

⑤ 空调系统应在发动机冷却水温度正常时使用,如发动机因大负荷工作引起水温过高,需暂停使用空调,直至水温正常再重新开启。

⑥ 应避免在停车、怠速、高温下长时间使用空调,以免定调因系统温度和压力过高而损坏。

⑦ 桑塔纳 2000 型轿车使用 R-134a 制冷剂,不允许与 R-12(氟利昂)混用,否则会导致制冷性能下降和系统损坏。

⑧ 在不使用空调的季节,每周也需使空调工作 5~10 分钟,以便润滑空调系统,防止压缩机等部件内部生锈,保持良好的技术状态。

**2. 常规检查及基本注意事项**

由于不同的制冷剂的特性不同,要求系统配制不同的冷冻机油、干燥剂、橡胶密封材料、连接软管以及不同的压缩机、膨胀阀、恒温控制器、压力开关等部件,因此,对空调系统进行维护时,首先要确认该系统采用了何种制冷剂,以便采取相适应的措施和材料,这一点非常重要。

(1) 常规检查

空调系统常规检查(指不打开制冷系统)的内容:

① 检查制冷剂是否有泄漏。

② 检查制冷量是否正常。

③ 检查电路是否接通,各控制元件是否正常工作。

④ 检查冷凝器是否有明显污垢、杂物,是否通畅。
⑤ 检查压缩机传动带张力是否正常。
⑥ 检查软管及连接处是否牢固。
⑦ 检查系统运行时是否有异响和气味。

(2) 检查方法

检查方法主要有:用手感觉各部分温度是否正常,用肉眼检查表面情况及泄漏部位,用耳听和鼻嗅检查有否异常响声和气味,通过贮液干燥器上的窥视玻璃判断系统工作状况。

① 用手检查温度:在正常情况下,低压管路呈低温状态,高压管路呈高温状态。从压缩机出口→冷凝器→贮液干燥器→膨胀阀进口处是制冷系统的高压区,这些部件应该先暖后烫(注意手摸时要小心被烫伤),如有的部位特别热(如冷凝器表面),则说明此部位有问题:散热不好。如有的部位特别凉(如膨胀阀入口处),也说明此部位有问题:可能有堵塞。贮液器进出口之间若有明显温差,则说明此处有堵塞或者制冷剂量不正常。从膨胀阀出口→蒸发器→压缩机进口处是低压区,这些部位表面应该由凉到冷,但膨胀阀处不能发生霜冻现象。

② 用肉眼检查泄漏情况:制冷剂的泄漏有可能出现在:所有连接部位、冷凝器表面及蒸发器表面被损坏处、膨胀阀进出口连接处、压缩机轴封、前后盖密封垫等处。上述部位一旦出现油渍,一般说明此处有制冷剂泄漏(但压缩机前轴封处漏油可能是轴承漏油),应尽快采取措施修理。

③ 干燥器窥视玻璃判断工况:从窥视玻璃判断工况要在发动机运转、空调工作时进行。若从窥视玻璃中看到的工质情况是:

a. 清晰、无气泡,但出风口是冷的,说明制冷量适当,制冷系统正常;出风口不冷,说明制冷剂漏光了;出风口不够冷,而且关掉压缩机 1 min 后仍有气泡慢慢流动,或在关压缩机的一瞬间就清晰无气泡、无流动,说明制冷剂太多。

b. 偶尔出现气泡,若有膨胀阀结霜现象,说明系统中有水分;若无膨胀阀结霜现象,可能是缺少制冷剂,或有空气。

有气泡、泡沫不断流过,说明制冷剂不足。如果气泡很多,可能有空气。

c. 有长串油纹,偶尔带有成块机油条纹,出风口不冷,说明几乎没有制冷剂。有泡沫较混浊,说明冷冻油太多,或干燥剂散了。

(三) 维修的基本注意事项

① 在打开制冷系统时,必须戴手套及防护眼镜,以免制冷剂冻伤皮肤。一旦皮肤上溅到制冷剂,要立即用大量冷水清洗,千万不可用手搓。

② 制冷剂的排放应远离工作场所,并保持工作场所通风良好,以免造成窒息危险。制冷剂不要靠近火焰,以免产生对人体有害的物质。

③ 制冷系统打开后,一定要及时加盖或包扎密封,防止空气中的潮气或杂质进入。

④ 更换制冷部件后,要先为系统补充冷冻机油(注意不同品牌的冷冻机油不能混用),然后再加注制冷剂。

⑤ 拧紧或拧松螺纹接头时,必须同时使用两把扳手。

⑥ 为防止电路短路,应拆下与蓄电池负极相连的电线。

⑦ 安装空调时注意不要夹住电线,电线连接必须可靠、固定牢靠,并且不应与尖锐物体接触,电线要离开热源 50 mm 以上,离开燃油管 100 mm 以上。

## 二、实践知识师生互动讨论

将学生分组,开展小组内、小组之间及师生之间提问及讨论。
① 汽车空调的分类依据和类别有哪些?
② 汽车空调的使用注意事项是哪些?
③ 汽车空调常规检查的主要内容是什么?
④ 汽车空调常规检查的方法是哪些?

# 实践技能导训和学生实训

## 一、实践技能导训

### (一)空调系统主要部件的拆卸、安装和检测

**1. 注意事项**

① 首先应检查发动机的冷却系统、燃油供给系统和电气系统。它们必须处于正常工况,再检修空调系统。

② 在车上修理并拆卸制冷系统零部件时,操作者必须戴手套及防护眼镜,以免制冷剂造成人体暴露部位的冻伤。

③ 因制冷剂是无色无嗅的气体,且比空气密度大,会在通风条件差的场所造成窒息危险。因此,应将制冷剂排放到远离工作场所的地方,最好收集到密封的容器中。

④ 制冷剂排放前,切勿锡焊、气焊制冷系统零部件,避免制冷剂遇热分解成对人体健康不利的物质。正式装配前,系统各部件的密封塞不得拆除,以免蒸气或异物进入而影响系统正常工作。

**2. 压缩机的检修**

(1) 压缩机的拆卸
① 拔下蓄电池插头。
② 排放制冷剂。
③ 拆卸高、低压管,封闭管口,防止异物侵入。
④ 拆卸电磁离合器导线。
⑤ 拆卸压缩机固定螺栓,取下压缩机。

(2) 压缩机的分解

压缩机和离合器的主要部件组成如图 9.65 和图 9.66 所示。压缩机的分解与组装可参照进行。

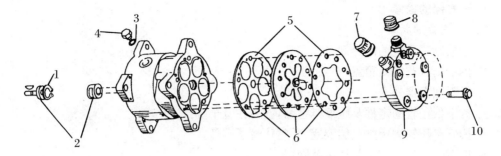

**图 9.65 压缩机的主要部件**

1.孔用弹性挡圈;2.毡圈密封组件;3.加油塞O形密封圈;4.加油塞;5.阀板组件和气缸垫;6.阀板;7.气口护帽;8.排气口护帽;9.缸盖;10.缸盖螺栓

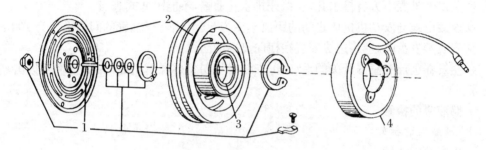

**图 9.66 离合器主要附件**

1.附件(螺母、键、垫片、挡圈、挡圈导线压板);2.吸盘组件和带轮;3.轴承;4.线圈

(3) 压缩机的安装

安装步骤与拆卸步骤相反,但应注意以下几点:

① 安装压缩机时,必须使离合器带轮、发动机带轮的带槽对称面处在同一平面内,并保持传动带适当的张紧度。

② 以规定力矩拧紧固定螺栓。

③ 冷凝器与风扇之间应保持一定间隙,一般不少 20 mm,压缩机及其托架和软管之间的间隙为 15 mm。

④ 应更换高、低压管密封垫圈,检查发动机供油系统及冷却系统,防止渗漏。

### 3. 冷凝器的检修

(1) 冷凝器的拆卸

① 排放制冷系统的制冷剂。

② 拆下散热器。

③ 拆下冷凝器进口管和出口管。

④ 拧下固定螺栓,拆下冷凝器。

(2) 冷凝器的安装

① 安装前应充分清洗冷凝器,确保有足够的空气流经冷凝器盘管,使其充分散热。

② 安装时注意冷凝器下部的正确位置,上端与发动机罩的间隙不得小于 5 mm。

**4. 蒸发器的检修**

(1) 蒸发器的拆卸

① 排放制冷系统的制冷剂。
② 拆下新鲜空气风箱盖。
③ 拆下蒸发器外壳。
④ 拆下低压管固定件及压缩机管路,并封住管子端部。
⑤ 拆下高压管固定件及储液罐,并封住管子端部。
⑥ 拆下仪表板右侧下部挡板及网罩。
⑦ 拆下蒸发器口的感应管。
⑧ 拆下蒸发盘,取出蒸发器。

(2) 蒸发器的安装

① 蒸发器外壳下方有排水孔,应保证排水孔通畅,不能阻塞或遮挡。
② 连接电线与发动机机体之间的距离至少为 50 mm,和燃油管的间隙最少为 100 mm。
③ 安装蒸发盘时,应将边缘安置在横向盘网的凸缘上。
④ 蒸发器上插有感温开关的毛细管,安装时切勿将感温管扭曲,为防止将其拔出,应将其夹紧。

**5. 储液罐的检修**

(1) 储液罐的拆卸

① 拔下蓄电池插头。
② 排放制冷系统内的制冷剂。
③ 拆下管路接头,封住管子端部。
④ 拆下储液罐。

(2) 储液罐的安装

① 储液罐应垂直安装,冷凝器的出口接储液罐入口。
② 在抽真空之前方可将导管接至储液罐入口。

**6. 空调系统主要部件拧紧力矩**

空调系统主要部件拧紧力矩如表 9.4 所示。

表 9.4 空调系统主要部件拧紧力矩

| 项 目 | 规 格 | 拧紧力矩(N·m) |
| --- | --- | --- |
| 高压开关 | | 27 |
| 低压开关 | | 18 |
| 压紧螺母 | | 45 |
| 压缩锁紧螺母 | | 33～41 |
| 压缩机缸盖螺钉 | | 29～33 |
| 压缩机放油塞 | | 8～12 |
| 压缩机吸气软管接头 | | 19.6～24.5 |

续表

| 项 目 | 规 格 | 拧紧力矩(N·m) |
|---|---|---|
| 压缩机排气软管接头 | | 29.4~34.3 |
| 离合器导线夹紧螺钉 | | 3~10 |
| 过渡接头和螺母 | 8 mm 管子 | 12~15 |
| | $\frac{3}{4}$ 管子 | 20~25 |
| | $\frac{7}{8}$ 管子 | 30~35 |
| 其他螺栓和螺母 | M6×1.0 | 8~12 |
| | M8×1.25 | 20~30 |
| | M10×1.25 | 40~55 |
| | M10×1.25 | 37~52 |
| | M12×1.25 | 75~105 |
| | M12×1.5 | 70~90 |

**7. 制冷系统管路的检修**

(1) 制冷系统管路的常见故障

制冷系统管路出现阻塞或泄漏而使系统制冷不足或不制冷,常见的故障有:

① 管子弯折变形而使制冷剂流通不畅或完全阻塞。

② 管子接头处有损伤或松动而导致泄漏。

(2) 制冷系统管路的拆卸

拆卸管路时应注意:

① 拧松时,要用两把扳手进行操作,以免损伤管件。

② 拆下的管子应立即用布等堵塞或将管接头封住,以避免管子内部受污染。

(3) 制冷系统管路的检修

制冷系统管路的检修主要内容有:

① 检查管路接头处有无松动和泄漏,若有松动,予以拧紧;若按规定的拧紧力矩拧紧后还有泄漏,则必须更换管子。

② 检查管路有无凹陷、弯曲变形、破裂、管接头处螺纹损伤等;若有,更换该管子。

③ 检查管路是否脏污,若是,可用无水酒精冲洗,待充分晾干后再安装。

注意:不要用吹压缩空气的方法来清洁管子。

(4) 制冷系统管路的安装

安装制冷系统管路时同样要用两把扳手,按规定的拧紧力矩拧紧。过松容易造成管路密封不严,过紧则容易损坏管子接头螺纹。

安装时还应注意:

① 要用与之相配的 O 形密封圈,并不要让 O 形圈掉落和碰伤。

② 安装时,将 O 形密封圈涂上少许制冷剂油。

③ 连接金属管与软管以前,在管接头处涂上一些制冷剂油。

④ 安装后的管路,应检查管路的布置是否正确、有无其他零部件与其有刮碰的可能。

安装完毕要确认无泄漏,抽真空,并加注制冷剂和检测空调系统的性能。

**8. 空调暖风系统的检修**

(1) 暖风系统壳体总成

暖风系统壳体内安装有暖风热交换器,可能出现的故障是壳体破裂、紧固件松动等而造成漏气。当出现暖风量过小等故障时,需检查暖风系统壳体总成。

(2) 通风管道

通风管道可能出现的故障是破裂、紧固件松动等而造成漏气。当出现暖风量过小等故障时,需检查通风管路。

(3) 暖风热交换器与冷却液管

暖风热交换器可能出现的故障是堵塞和表面脏污,冷却液管可能出现的故障是管子破裂和堵塞等。当出现暖风温度过低时,需检查热交换器和冷却液管路。

(4) 暖风及通风控制开关总成

可能出现的故障是拉线断脱、开关损坏等。

**9. 空调控制系统的检修**

(1) 冷却液温度控制器的检修

冷却液温度控制器的常见故障是其内部电路的电子元件有短路、断路或因潮湿而漏电等导致失去正常的控制功能,因此,将冷却液温度控制器用电吹风吹干后再进行检测,如果功能不能恢复,则更换冷却液温度控制器。

① 检测冷却液温度控制器各端子电压。用万用表直流电压挡测量各端子对地电压,通过对冷却液温度控制器各端子电压的检测,判断与温度控制器连接的部件及其线路是否有故障。

② 检测冷却液温度控制器各端子电阻。通过对冷却液温度控制器各端子电阻的检测,判断与温度控制器连接的部件及其线路是否有故障。在点火开关断开时,拔开冷却液温度控制器插接器的连接,用万用表欧姆挡测量冷却液温度控制器插头(线束侧)有关端子的电阻。如果使用4109T故障检测盒,则拔开连接线线束4109T与冷却液温度控制器插座的连接后,测量相应检测孔即可。

(2) 空调调节控制器的检修

空调调节控制器的常见故障是内部电路有断路或短路等而造成制冷压缩机不工作或压缩机工作控制不正常。

① 检测空调调节控制器各端子的电压或电阻。拔开空调调节控制器插接器,检测其插头(线束侧)各端子的电压或电阻。

② 检测空调调节控制器功能。检测方法如下:

a. 重新接上空调调节控制器插接器。

b. 断开蒸发器温度传感器,空调调节控制器的1号与2号端子之间用一可变电阻替代。

c. 接通点火开关和空调制冷开关。

d. 调节可变电阻值,测量空调调节控制器5号端子对地电压,应为:

• 电阻值为14 Ω左右时,空调调节控制器5号端子对地电压在12 V左右(压缩机电磁离合器为通电状态)。

• 电阻值为150 kΩ左右时,空调调节控制器5号端子对地电压约为0 V(压缩机电磁离合器处于断电状态)。

如果检测结果为不正常,则更换空调调节控制器。

**10. 鼓风机电动机及控制模块的检修**

鼓风机电动机及控制模块的常见故障是电动机损坏、电动机与控制模块之间接触不良及控制模块本身故障,鼓风机开关不良而造成鼓风机不转或不能高速旋转。

(1) 检测鼓风机电动机

方法如下:

① 拆卸并分解鼓风机。

② 鼓风机电动机两端直接施加蓄电池电压,看鼓风机是否高速旋转。

如果鼓风机不转或转速很低,则说明鼓风机电动机有故障,需更换;如果鼓风机能高速运转,则说明鼓风机的电动机正常。

(2) 检查鼓风机电动机与控制模块之间的连接

如果接触不良,予以修理;如果接触良好,则检查鼓风机开关及线路,若均良好而鼓风机不转,则需更换鼓风机控制模块。

**11. 空调系统的检测**

(1) 制冷系统的泄露检测

由于汽车空调制冷系统各部件及管道均为可拆式联结,压缩机也是开式结构的,而制冷剂的渗透能力很强,因此制冷系统的泄露是不可避免的。据统计 70%~80% 汽车空调故障都是由制冷剂泄露引起的,因此检漏作业在汽车空调作业中是十分重要的一个环节。目前常用的检漏方法主要有以下几种。

① 检漏仪器检漏:检漏仪器检漏是汽车空调检漏作业中最常用、最主要的检漏手段,即用卤素检漏灯或电子卤素检漏仪对制冷系统各部件或连接管路进行检漏。采用检漏仪检漏的前提是制冷系统管路内必须有一定的压力(98~294 kPa)的制冷剂,因此在进行检漏作业前,应适量加入一定量的制冷剂(对于轿车空调来说,在抽真空作业进行完成后,从高压侧注入 200 g 左右的液态制冷剂即可),或不放出系统内的原有的制冷剂以备检漏之用。

需要重点检漏的部位主要有:

a. 拆修过的制冷系统部件及各联结部位。

b. 压缩机轴封、前后端盖密封垫、检修阀和过热保护器。

c. 冷凝器散热片及制冷剂进出联结管口。

d. 制冷系统各管路及联结部位。

② 肥皂泡沫法检漏:当没有检漏设备时,可利用肥皂水对可能产生泄漏的部位进行直接检查,方法是通过歧管压力计给系统内充入 784~1172 kPa 的干燥氮气,然后把肥皂水或其他起泡剂涂在需要检查的部位,如各联结头焊缝处等,若发现有排气声或吹出肥皂泡,则说明该处有泄露。如果没有氮气瓶,也可以充入一定压力制冷剂进行检漏,但这会造成制冷剂的浪费。这种方法简单、实用、安全,尤其适用检漏灯不宜接近的部位,但灵敏度差,操作完毕后应清除干净。

③ 油迹法:制冷剂与冷冻油能互溶,如因密封不良而使制冷剂泄露时,便会带出少量的冷冻油,使泄露处形成油斑,粘上尘土便形成油泥。根据这种现象就能找到泄露部位,不过只有在泄露量较大时,这种现象才明显。

④ 着色法:将某种颜色的染料加入制冷剂中并随着制冷剂一起在管路中循环流动,当系统管路或部件发生泄露时,加入的染料也随之渗漏出来并粘在泄露部位使之变色,通过观察制冷系统管路和部件的颜色,就能很容易地发现泄露部位。

⑤ 真空保压法:在抽真空作业完成之后,不要急于加注制冷剂,而是保持系统真空状态一定时间(一般数十分至数小时)后,观察歧管压力计的低压表真空度是否发生变化。如真空指示没有发生变化,则说明系统无泄露;如真空指示回升,则说明系统有泄露。这种方法只能判断系统有无泄露,而无法具体指示泄露部位,因此只用于加注制冷剂前的初步检查。

(2) 空调系统的压力检测

在环境气温为 20~300 ℃条件下,启动发动机,按下 A/C 开关,风量开关置于最高挡,温度开关置于最低温度位置,打开车门,使发动机在 2 000 r/min 左右运转 15~20 min 后,用高低压表组检测,其高低压力应符合规定的范围内。压力表组的指示压力随环境温度变化,例如在环境温度为 300 ℃时,压力表的指示为:

高压侧压力值:1.176~1.47 MPa。

低压侧压力值:0.196~0.294 MPa。

中央出风口的温度也应在规定的范围内。例如蒸发器入口温度为240 ℃,中央出风口温度应为 120 ℃。

若制冷不佳,可透过储液干燥器的观察窗检查制冷剂的量,并拧紧各管的接头处。

必须指出,由于每一种车型所用的压缩机不同、冷凝器的布置位置不同等因素的影响,高低压力值可能相差很大,并且由于系统中的蒸发器、冷凝器的匹配参数不同,每种车型出风口温度也相差很大。

(二) 汽车空调系统的故障诊断方法

空调系统的人工经验检测法是利用看(查看各部件的表面情况)、摸(用手触摸零件的温度)、听(主要听机械运转声音)、测(借助压力表测量系统高、低压侧压力值)等方法进行系统检测,并分析故障原因,最终确定故障部位。

**1. 听**

听有两方面的含义:一是听取驾驶员对故障的描述,二是监听空调系统有无不正常噪声。如倾听电磁离合器,若有刺耳噪声可能是电磁线圈吸力不足导致电磁离合器打滑而产生噪声,也可能是离合器片因磨损间隙过大打滑产生噪声;倾听压缩机,若有液击声,可能是系统制冷剂过多或膨胀阀开度过大,导致制冷剂在未被完全汽化的情况下吸入压缩机。当接通空调开关,压缩机开始工作时,发动机声音稍微增大,可视为正常。

**2. 看**

看即目测整个空调系统。

① 观察仪表盘上的压力、水温、油压等指示灯的工作状况。

② 观察压缩机安装是否牢固、驱动皮带是否歪斜或过松,用两个手指压皮带中间部位,压下 7~10 mm 为正常。

③ 检查冷凝器、蒸发器表面是否脏污、变形。

④ 检查制冷系统管路、接头及组件表面有无油迹、渗漏。

⑤ 通过储液干燥器观察窗口查看制冷剂是否适量。

**3. 摸**

开启空调开关,使压缩机运转 15~20 min,在触摸系统高压区域时,应特别小心,避免烫伤。

① 利用手感比较车厢冷气栅格吹出的冷风凉度及风量大小。

② 用手触摸压缩机的进、排气管,两者应有明显的温差。前者发凉,后者发烫。

③ 利用手感比较冷凝器的进管和出管两者温度,后者温度低于前者为正常,且冷凝器上部应比下部温度高;若两者温度相差不大,甚至相同,说明冷凝器有故障。

④ 用手触摸储液干燥器前后管道,两者温度一致为正常,否则说明干燥过滤器堵塞。

⑤ 膨胀阀前面的管道与出口应有很大的温差,否则说明膨胀阀有故障。

**4．测**

通过看、听、摸这些过程,只能发现不正常的表象,对于一些较为复杂的故障,还要借助于仪器进行检测。

① 用检漏仪检查系统有无泄漏。

② 用万用表检查电气控制系统。

③ 用温度计检查冷凝器、蒸发器、储液干燥器。正常情况下,冷凝器的入口温度为 70 ℃,出口温度为 50 ℃左右;蒸发器表面温度在不结霜的情况下越低越好;储液干燥器的温度为 50 ℃左右,若其上下温度不一致,说明干燥器堵塞。

(4) 用压力表组检测高低压侧的压力值。

**(三) 空调系统的人工故障诊断**

空调系统的故障包括暖风系统的故障、制冷系统的故障、通风系统的故障等,其中暖风和通风系统的故障主要表现为无暖风或暖风不足,检查时只需检查风道是否堵塞,暖风水路是否正常,风道中各种风门工作是否正常即可,故障部位比较直观,此处不再赘述。制冷系统的故障较为复杂,故障的表现主要是不制冷或制冷不足,故障的原因可以分为制冷循环系统故障和电气控制系统故障,下面分别介绍制冷系统的不制冷、制冷不足或异响等其他故障。

**1．系统不制冷**

(1) 故障现象

启动发动机并稳定在 1500 r/min 左右运行 2 分钟,打开空调开关及鼓风机开关,冷气口无冷风吹出。

(2) 故障原因

① 熔断器熔断,电路短路。

② 鼓风机开关、鼓风机或其他电器元件损坏。

③ 压缩机驱动皮带过松、断裂、密封性差或其电磁离合器损坏。

④ 制冷剂过少或无制冷剂。

⑤ 贮液干燥器(或积累器)、膨胀阀滤网(或膨胀管)、管路或软管堵塞。

⑥ 膨胀阀感温包损坏。

(3) 故障诊断

系统不制冷故障的诊断程序如图 9.67 所示。

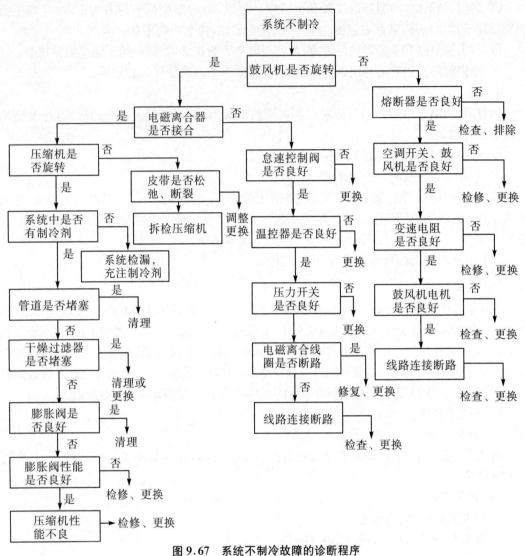

图 9.67 系统不制冷故障的诊断程序

### 2. 系统制冷不足

(1) 故障现象

空调系统长时间运行,车厢内温度能够下降,但吹风口吹出的风不冷,没有清凉舒适的感觉。

(2) 故障原因

当外界温度为 34 ℃左右时,出风口温度为 0~5 ℃,此时车厢内温度应降到 20~25 ℃。若达不到此温度,说明空调系统有问题。其故障主要原因可能是:制冷剂注入量太多,引起高压侧散热能力下降,导致制冷效能不良;制冷剂和冷冻机油脏污,使贮液干燥器膨胀阀发生堵塞,导致通向膨胀阀的制冷剂流量下降,引起制冷不足;制冷剂和冷冻机油中水分过多,导致膨胀阀节流孔出现冰堵,制冷能力下降;系统中含空气过多,使冷凝器散热能力下降;由于压缩机密封不良漏气、驱动皮带松弛打滑、电磁离合器打滑等导致压缩机排气温度和压力降低,出现制冷不足;冷凝器表面积污太多、冷凝器变形等,导致冷凝器散热能力降低;膨胀阀开度调整过大,蒸发器表面结霜,膨胀阀感温包包扎不紧或外面的隔热胶带松脱,造成开启度过大,导致系统制冷不足。另外,膨胀阀开度过小,使流入蒸发器制冷剂量减少,也会引起制冷不足;送风管堵塞或损坏;温控器性能不良,使蒸发器表面结霜,冷风通过量减少,引起制冷不足;鼓风机开关、变速电阻、鼓风机电机、继电器、线路等工作不良,导致冷风量减少。

（3）故障诊断

系统制冷不足故障诊断程序如图 9.68 所示。

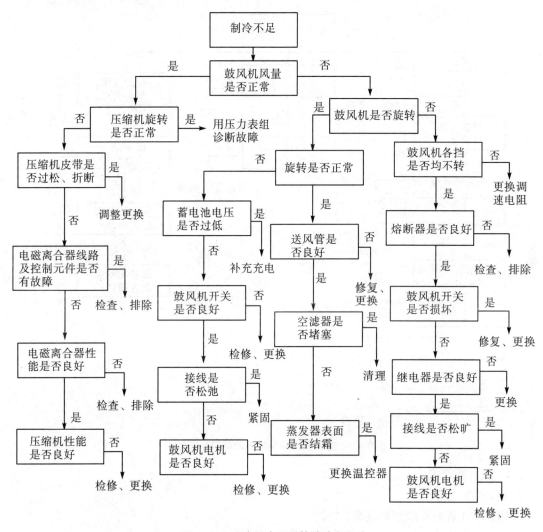

图 9.68 系统制冷不足故障诊断程序

### 3. 空调系统异响或振动

（1）故障现象

空调系统进行工作时,发出异常的声响或出现振动。

（2）故障原因

① 压缩机驱动皮带松动、磨损过度,皮带轮偏斜,皮带张紧轮轴承损坏等。

② 压缩机安装支架松动或压缩机损坏。

③ 冷冻机油过少,使配合副出现干摩擦或接近干摩擦。

④ 由于间隙不当、磨损过度、配合表面油污、蓄电池电压低等原因造成电磁离合器打滑。

⑤ 电磁离合器轴承损坏，线圈安装不当。
⑥ 鼓风机电机磨损过度或损坏。
⑦ 系统制冷剂过多，工作时产生噪音。

（3）故障诊断

空调系统异响或振动故障的诊断程序如图9.69所示。

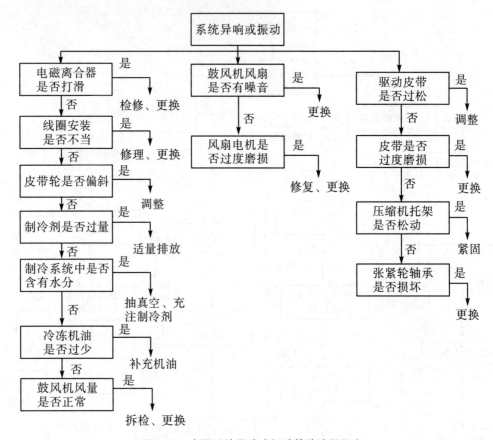

图9.69　空调系统异响或振动故障诊断程序

**4．蒸发器结霜**

（1）故障现象

蒸发器外表面有结霜的现象。

（2）故障原因

① 温控开关或感温头故障。

② 膨胀阀阻滞。

③ 长时间使用内循环。

（3）故障排除方法

① 更换温控开关或感温头。

② 更换膨胀阀。

③ 在条件允许时，使用外循环。

### 5．高、低压管压力低

(1) 故障现象

① 低压管压力低。

② 高压管压力低。

(2) 故障原因

① 制冷剂不足。

② 膨胀阀堵塞。

(3) 故障排除方法

① 抽真空、检查和充注制冷剂。

② 更换膨胀阀。

### 6．低压管压力高，高压管压力低

(1) 故障现象

① 低压管压力高。

② 高压管压力低。

(2) 故障原因

① 压缩机内部泄漏。

② 压缩机缸盖密封不良。

③ 压缩机传动带打滑。

(3) 故障排除方法

① 检修或更换压缩机。

② 更换缸盖密封垫。

③ 调整传动带张紧力。

### 7．低压管和高压管压力都高

(1) 故障现象

① 低压管压力高。

② 高压管压力高。

(2) 故障原因

① 冷凝器翅片堵塞。

② 膨胀阀损坏。

③ 风扇传动带松旷或磨损。

④ 系统中有空气。

⑤ 制冷剂充注过量。

(3) 故障排除方法

① 清洁冷凝器翅片。

② 更换膨胀阀。

③ 调整或更换风扇皮带。

④ 更换干燥剂、抽真空、检漏并充注制冷剂。

⑤ 排出一部分制冷剂。

**8. 低压管压力低,高压管压力高**

(1) 故障现象

① 低压管压力低。

② 高压管压力高。

(2) 故障原因

① 膨胀阀损坏。

② 储液干燥器堵塞。

③ 冷凝器堵塞。

(3) 故障排除方法

① 更换膨胀阀。

② 更换储液干燥器。

③ 更换冷凝器。

### (四) 自动空调故障诊断

**1. 自动空调故障诊断的特点和基本方法**

自动空调系统电器线路较传统车型复杂了许多,给检修和维护带来了一定的困难,但它具有自我诊断和失效保护功能。工作时 ECU 不断检测系统工作情况是否有潜在的故障,并把系统状况与程序参量相比较,如果某状况超出了这些极限,ECU 则认为探测到一项故障,于是设置一故障码指出系统的故障部位。所以在维修自动空调系统时先用自我诊断功能来获取汽车空调系统故障的第一手资料,如读取故障码、测试元器件动作等,根据获取的信息进行检查和维修。只要我们能够对上述工作原理有详细的了解,按照正确的方法和程序进行检修,是可以收到事半功倍的效果的。

其检修的基本方法如下:

(1) 就车提取故障码

大多数自动空调系统都能把存储器中的故障码在电子仪表板上显示出来。对不同的车型而言,提取故障码所用的方法不尽相同,维修时必须参阅维修手册中正确的操作规程。根据系统设计,一般计算机可以把代码存储很长一段时间,但当点火开关关闭时,会丢失一些故障码。对于点火开关关闭时不能保持故障码的系统,则需要让汽车故障重现。一旦计算机探测到故障,必须在再次关闭点火开关之前提取故障码。

要注意的是,故障码未必会直接指明故障部件,一般只指出系统不正常的电路范围。例如:当显示出的代码表示空调系统制冷剂高压侧温度传感器有问题时,这并不意味着该传感器已经损坏了,可能是与其相关的导线、连接点、传感器等有问题,查找故障时一定要以维修手册的诊断操作规程为准。

(2) 使用故障诊断仪

现代轿车都应用了许多计算机模块,它们通过一个多路系统 C2D 与 ECU 共享信息,使用故障诊断仪,将其连接到诊断接口,就可以读出大部分故障码,按照检修程序手册,便能迅速地找到故障点。例如,通用的 OBDⅡ 诊断系统,它们都配备了较丰富的车型适配器与程序存储卡。以 OBDⅡ 为例,进入 ECU 诊断程序的步骤如下:

① 利用部件结构图找出诊断插接器。

② 将正确的程序存储卡插入 OBDⅡ 诊断仪。

③ 点火开关转到 RUN 挡。当完成发动程序后,显示屏将出现一个多层选择菜单。

④ 下拉菜单进入 ECU 诊断程序,读出故障代码。

⑤ 按照手册中的检修程序,查找故障部位并排除。

(3) 使用普通仪表检修

由于 ECU 系统软件是预先写入且固化好的,很少会出现问题,因此,故障大多出现在传感器信号输入和输出控制部分。在不具备专业检测设备或无法读出故障码的时候,只要掌握了 ECU 工作原理和检修规律,使用普通仪表(如万用表),也可以排除故障,其基本方法如下:

① 首先要判断 ECU 系统主模块的工况。一般情况下,状态指示灯能正常点亮,系统控制部件有一部分能工作,计算机就不会有大的故障存在。此时检查熔断器和相应的接线端子,有无磨损、短路、断路。

② 检查对执行器的控制情况(如对风机、电动机、压缩机、电磁离合器的控制),这个信号通常是开关数字信号。当指令不同时,输入到执行器的电压决定了输出的工作状态,这个数值可以用万用表测量。这是与普通轿车控制信号的明显不同之处。

③ 当输入正常时,可进一步测量继电器、电动机的状态,判断其好坏,进行检修与更换。如果输入正常而没有输出,则很可能是 ECU 输出单元损坏。此时可采用应急处理方法,临时接入机械开关手动控制。

**2. 自动空调系统检修注意事项**

由于自动空调系统实际上是一个计算机控制的电子电路,因此不能按照传统方法检修,以免造成人为故障或器件的损坏,应遵守下列注意事项:

① 禁止采用"试火"的方法让任何被控制电路搭铁或对其施加电压,且切勿使用试灯。

② 只能用高阻抗的万用表(如数字万用表)检测电路,特别是对各种传感器的检测应尤为小心。

③ 更改接线,分开任何到传感器或执行器件的电气连接之前,应首先关掉点火开关。

④ 接触 ECU 芯片时,应将手指摸在良好的搭铁处。更换元件时,应戴好防静电金属护腕,防止静电损坏电路元件。

⑤ 拆下蓄电池时,应该遵守维修手册的程序,防止停电时间过长,使 ECU 内部数据丢失。

## 二、学生实操训练

(一) 训前准备

**1. 学生分组**

学生按照 3~4 人一组进行分组,每组内按照实训进行分工,主要有测量、工具准备、故障分析推导等工作。

**2. 记忆强化**

通过教师提问、小组讨论、相关视频播放等形式,进一步强化拆装方法、检测方法。

问题:

① 简述汽车空调压缩机、冷凝器、蒸发器和储液罐的拆卸步骤。

② 简述汽车空调压缩机、冷凝器、蒸发器和储液罐的安装步骤。

③ 如何进行空调的泄露和压力检测?

④ 如何对汽车空调主要部件进行检修?

⑤ 对空调系统不制冷的主要原因进行分析。

⑥ 请对空调系统制冷不足的主要原因进行分析。

⑦ 请对空调系统的异响或振动的主要原因进行分析。
⑧ 简述汽车空调系统的组成和作用。
⑨ 简述暖风系统、制冷系统、通风系统、空气净化系统、控制电路等的作用、基本设备识别、使用注意事项。
⑩ 简述暖风系统、制冷系统、通风系统、空气净化系统、控制电路等好坏的检测与更换；简述空调系统故障的检测与基本设备更换。

**3. 实训场地及工具**

① 在汽车整车实训室按照分组准备好实训场地。
② 准备好江淮和悦轿车 1 台,举升机 1 台,汽车空调检测仪 1 台。
③ 故障设置:教师事前设置汽车空调不制冷故障,其他系统正常。
④ 准备相关工具、量具:百分表及座、台虎钳、组合工具、数字万用表、扭力扳手、钳子、螺丝刀、砂纸、润滑脂、转向盘护套、变速杆手柄套、座位套、脚垫、翼子板和前格栅磁力护套。

## （二）汽车空调不制冷故障实训

通过典型故障案例训练学生故障诊断能力。

故障现象:打开开关时,汽车空调不制冷。

按照已经分好的小组,让学生制订维修计划,计划包括:资讯、查阅维修手册进行原因分析(诊断方案)、故障点确认(实施诊断方案)、故障排除等。

**1. 资讯**

资讯见表 9.5。

表 9.5 维修车辆登记表

| 基本信息 | 车主 | | 电话 | |
| --- | --- | --- | --- | --- |
| | 性别 | | 检修日期 | |
| | 车型 | | 保养次数 | |
| | 底盘号 | | 行驶里程 | |
| 使用状况 | 道路 | | | |
| | 载荷 | | | |
| 故障日期 | | | | |
| 用户对故障描述 | | | | |
| 故障现象确认 | | | | |
| 故障原因分析 | | | | |

**2. 故障分析**

查阅维修手册和图 9.67 进行原因分析。

**3. 故障点确认**

按照表 9.6 进行故障点确认。

表 9.6　故障点确认

| 序号 | 检查项目 | 正常与否 |
|---|---|---|
|  |  |  |
|  |  |  |
|  |  |  |
|  |  |  |
|  |  |  |

**4．故障排除**

按照表 9.7 进行故障排除。

表 9.7　故障排除

| 序号 | 故障部位或零部件 | 故障原因 | 修复方法 |
|---|---|---|---|
|  |  |  |  |
|  |  |  |  |
|  |  |  |  |
|  |  |  |  |
|  |  |  |  |

**5．废料和废品处理**

对实验过程中产生的废料和废品进行处理。

**（三）学生撰写实训报告**

学生在实训完成后，撰写实训报告。

**（四）实训结果评价**

对实训后的结果进行评价。

 拓展提升

结合所学汽车空调内容，通过问题法引导同学们扩展知识、展开想象，提升创新能力。

**1．问题**

① 汽车空调和家用空调有什么区别？

② 汽车空调控制新技术有哪些？

③ 汽车空调生产厂家、产品及使用注意事项有哪些？

**2．阅读导航**

① 百度上相关资料。

② 江淮和悦轿车维修手册。

# 项目反馈

请将评价反馈填入表9.8。

表9.8 项目前评价反馈表

| 项目名称 | | | | | | | |
|---|---|---|---|---|---|---|---|
| 学生基本信息 | 姓名 | | 学号 | | 班级 | | |
| | 组别 | | 时间 | | 成绩 | | |
| 考核能力 | 考核项目 | 评分标准 | 分数 | 学生自评 | 小组互评 | 教师评价 | 平均分小计 |
| 专业能力 | 理论知识 | 是否正确 | 25 | | | | |
| | 实践知识 | 是否正确 | 20 | | | | |
| | 实践操作 | 是否正确 | 25 | | | | |
| 社会能力 | 团队合作 | 是否和谐 | 5 | | | | |
| | 劳动纪律 | 是否严格遵守 | 5 | | | | |
| | 沟通讨论 | 是否积极 | 5 | | | | |
| 方法能力 | 制订计划 | 是否合理 | 5 | | | | |
| | 学习新技术能力 | 是否具备 | 5 | | | | |
| | 总结能力 | 能否正确总结 | 5 | | | | |

# 汽车总线路的综合分析及检修

## 项目描述

随着汽车工业的发展,现代汽车电器设备日益增多,汽车电路也日趋复杂,要修好汽车电器设备必须读懂和掌握汽车电路图。下面通过典型案例介绍一下汽车电器故障诊断的基本方法与技能。通过本项目学习达到下列学习目标。

## 学习目标

**1. 专业能力要求**

(1) 理论知识

汽车电路图识读及电路分析方法。

(2) 实践知识

典型汽车电器系统故障分析方法。

(3) 实践技能

典型汽车电路故障检修方法。

**2. 社会能力要求**

利用汽车电器故障分析进行分组、分工、协调检测等培养学生社会能力。

**3. 方法能力要求**

通过检测方法研讨、总结、查询网上相关信息等培养学生整车检修的能力。

**4. 重点和难点**

汽车电器故障检修的一般方法与步骤。

## 项目实施

## 任务一　迈腾车起动机不工作故障分析

 任务引入

2019款迈腾B8车型,起动机无法运转,车辆无法起动,相关现象如下:
① 按遥控解锁,中控锁及双闪控制无异常;
② 按E378,转向柱解锁,ON仪表无异常;
③ 踩刹车按E378,不着车,起动机无动作声;
④ 读取故障码发现诊断仪无法通信。

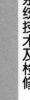 诊断与检修过程

### 一、相关电路

查阅迈腾车电路图,绘制J533-U31连接电路,如图10.1所示。

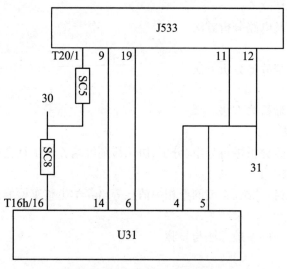

图10.1　J533-U31连接电路

### 二、通过故障码诊断

读取迈腾车故障码,诊断故障。

## （一）可能原因

① 按遥控中控锁和双闪控制无异常，说明舒适总线无异常；
② 打开点火开关，仪表无异常，说明网关、动力总线及底盘总线等信息通信无异常；
③ 诊断仪无法与车辆进行通信，可能原因为诊断总线及相关部位。

## （二）诊断与分析过程

步骤如下：

(1) 测试对象

诊断接口(U31)总线 T16h/6 与 T16h/14 分别对地波形。

(2) 测试条件

ON 挡。

(3) 使用工具或设备

示波器。

(4) 测试结果

使用示波器，诊断接口(U31)总线 T16h/6 与 T16h/14 分别对地波形标准描述、测试结果、测试结论见表 10.1。

表 10.1　诊断接口(U31)总线 T16h/6 与 T16h/14 对地波形

| 测试参数 | 标准描述 | 测试结果 | 测试结论 |
| --- | --- | --- | --- |
| ON 挡，T16h/6 与 T16h/14 对地波形 |  |  | 异常 |

(5) 分析

测得诊断接口(U31)总线波形异常，CAN-H 与 CAN-L 均为 2.5 V 直线，分析可能 CAN-H 与 CAN-L 短接，踩刹车仪表有指示灯（挂挡仪表有指示等信息分析网关）状态无异常。申请拔网关测量诊断接口总线线路。故障排除。

## 三、起动机不工作

### （一）功能检查，确认故障现象，推断故障范围

**1. 实施功能检查**

① 踩刹车按 E378，不着车，起动机无动作声（同上），确认故障是否依然存在；
② 读取故障码，诊断仪可以通信，显示故障码 01(J623)03BB9 起动机继电器 1 断路、01(J623)03BBD 起动机继电器 2 断路。

**2. 相关电路**

查阅迈腾车电路图，绘制 J906-J907-J623 连接电路，如图 10.2 示。

**3. 确认故障现象**

起动时仪表无异常，端子控制无异常，无亏电征兆，蓄电池无异常，起动机无动作声。

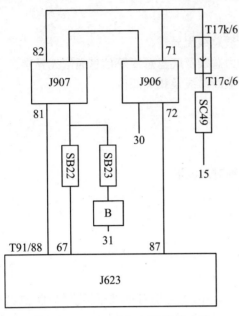

图 10.2　J906-J907-J623 连接电路

(二) 可能原因

起动继电器及相关电路。

(三) 主要诊断点

起动机反馈信号。

(四) 诊断与分析过程

步骤 1 如下：

(1) 测试对象

起动机反馈信号相关数据组。

(2) 测试条件

OFF 挡至 ST 挡。

(3) 使用工具或设备

万用表。

(4) 测试结果

通过使用万用表,测量起动机反馈信号相关数据组,见表 10.2。

表 10.2　起动机反馈信号相关数据组

| 测试参数 | 标准描述 | 测试结果 | 测试结论 |
| --- | --- | --- | --- |
| (J623)T91/87 接地电压 | OFF-ST/+B−0 V | OFF-ST/0 V−0 V | 异常 |
| (J623)T91/88 接地电压 | OFF-ST/+B−0 V | OFF-ST/0 V−0 V | 异常 |

(5) 分析

起动时,J623 向起动继电器 1 和起动继电器 2 发送触发信号,正常情况下三极管导通,15#电通过 SC49 保险丝和两个继电器导通,(J623)T91/87 和(J623)T91/88 将由触发前的 12 V 变为触发后的 0 V；由于(J623)T91/87 和(J623)T91/88 触发前后的接地电位都是 0 V,无任何电压变化,进一步测量上游过渡插头。

步骤 2 如下：

(1) 测试对象

过渡插头 T17k/6 端接地电压。

(2) 测试条件

OFF 挡至 ST 挡。

(3) 使用工具或设备

万用表。

(4) 测试结果

通过使用万用表,测量过渡插头 T17k/6 端接地电压相关数据组,见表 10.3。

表 10.3　过渡插头 T17k/6 端接地电压

| 测试参数 | 标准描述 | 测试结果 | 测试结论 |
| --- | --- | --- | --- |
| T17k/6 接地电压 | OFF-ST/0 V−+B | OFF-ST/0 V−0 V | 异常 |

(5)分析

因过渡插头 T17k/6 端接地电压无异常,请求拆装 T17k(T17c)过渡插头,进一步测量过渡插头 T17c/6 端接地电压。

步骤 3 如下:

(1)测试对象

过渡插头 T17c/6 端接地电压。

(2)测试条件

OFF 挡至 ST 挡。

(3)使用工具或设备

万用表。

(4)测试结果

通过使用万用表,测量过渡插头 T17c/6 端接地电压相关数据组,见表 10.4。

表 10.4 过渡插头 T17c/6 端接地电压

| 测试参数 | 标准描述 | 测试结果 | 测试结论 |
| --- | --- | --- | --- |
| T17c/6 接地电压 | OFF-ST/0 V—+B | OFF-ST/0 V—0 V | 异常 |

(5)分析

因测得过渡插头两端接地电压都是 0 V,需进一步测量上游供电保险 SC49。

步骤 4 如下:

(1)测试对象

SC49 两端接地电压。

(2)测试条件

OFF 挡至 ST 挡。

(3)使用工具或设备

万用表。

(4)测试结果

通过使用万用表,测量 SC49 两端接地电压相关数据组,见表 10.5。

表 10.5 SC49 两端接地电压相关数据组

| 测试参数 | 标准描述 | 测试结果 | 测试结论 |
| --- | --- | --- | --- |
| SC49 一端接地电压 | OFF-ST/0 V—+B | OFF-ST/0 V—0 V | 异常 |
| SC49 另一端接地电压 | OFF-ST/0 V—+B | OFF-ST/0 V—+B | 无异常 |

(5)分析

根据测得数值,判断 SC49 断路,申请拔下 SB49,测量保险内电阻为断路。申请更换保险。故障排除。

## 四、迈腾车起动机工作异常

### (一) 功能检查,确认故障现象,推断故障范围

**1. 实施功能检查**

① 踩刹车按 E378,不着车,但起动机有动作声,确认故障是否依然存在;
② 读取故障码,诊断仪可以通信,无相关故障码。

**2. 相关电路**

查阅迈腾车电路图,绘制 J519-J623-J743 连接电路,如图 10.3 所示。

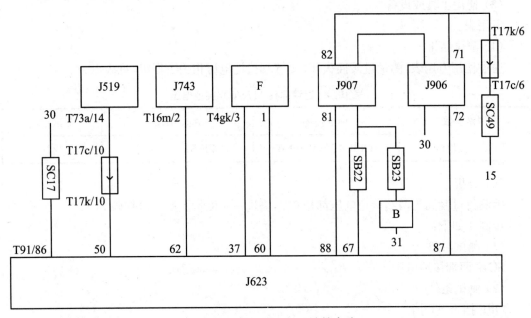

图 10.3  J519-J623-J743 连接电路

**3. 确认故障现象**

起动时仪表无异常,端子控制无异常,无亏电征兆,蓄电池无异常,起动机有动作声。

### (二) 可能原因

① J623 控制单元故障;
② 起动信号控制相关电路故障。

### (三) 主要诊断点

起动控制信号。

### (四) 诊断与分析过程

步骤 1 如下:

(1) 测试对象

01(J623)起动控制相关数据组。

(2) 测试条件

OFF 挡至 ST 挡。

(3) 使用工具或设备

诊断仪。

(4) 测试结果

通过使用诊断仪,读取 01(J623)起动控制相关数据组,见表 10.6。

表 10.6　01(J623)起动控制相关数据组

| 测试参数 | 标准描述 | 测试结果 | 测试结论 |
| --- | --- | --- | --- |
| 起动机控制继电器 1 | OFF-ST/0－1 | OFF-ST/0－0 | 异常 |
| 起动机控制继电器 2 | OFF-ST/0－1 | OFF-ST/0－0 | 异常 |
| 起动机起动,端子 50 返回信息 | OFF-ST/0－1 | OFF-ST/1－1 | 异常 |
| 起动器控制,互锁或 P/N 信号 | OFF-ST/0－1 | OFF-ST/0－1 | 无异常 |

(5) 分析

起动条件已满足,但 J623 不能控制起动继电器长时间吸合。可能故障为 J623 自身、供电、搭铁,进一步读取 J623 供电相关数据组。

步骤 2 如下:

(1) 测试对象

J623 的 30♯、15♯供电数据组数据流。

(2) 测试条件

OFF 挡至 ST 挡。

(3) 使用工具或设备

诊断仪。

(4) 测试结果

通过使用诊断仪,读取 J623 的 30♯、15♯数据组数据流,见表 10.7。

表 10.7　J623 的 30♯、15♯数据组数据流

| 测试参数 | 标准描述 | 测试结果 | 测试结论 |
| --- | --- | --- | --- |
| J623 的 30♯供电 | ＋B | ＋B | 无异常 |
| J623 的 15♯供电 | OFF-ST/0 V－＋B | OFF-ST/0 V－5.5 V | 异常 |

(5) 分析

通过诊断仪,读取 J623 的 15♯电位小于＋B,进一步测 J623 的 T91/50 端接地电压。

步骤 3 如下:

(1) 测试对象

J623 的 T91/50 端接地电压。

(2) 测试条件

OFF 挡至 ST 挡。

(3) 使用工具或设备

万用表。

(4) 测试结果

通过使用万用表,测量 J623 的 T91/50 端接地电压相关数据组,见表 10.8。

表 10.8　J623 的 T91/50 端接地电压相关数据组

| 测试参数 | 标准描述 | 测试结果 | 测试结论 |
|---|---|---|---|
| (J623)T91/50 接地电压 | OFF-ST/0 V—+B | OFF-ST/0 V—5.5 V | 异常 |

(5) 分析

因 J623 的 T91/50 端接地电压为 5.5 V,进一步测量上游过渡插头。

步骤 4 如下:

(1) 测试对象

过渡插头 T17c/10 端接地电压。

(2) 测试条件

OFF 挡至 ST 挡。

(3) 使用工具或设备

万用表。

(4) 测试结果

通过使用万用表,测量过渡插头 T17c/10 端接地电压相关数据组,见表 10.9。

表 10.9　过渡插头 T17c/10 端接地电压

| 测试参数 | 标准描述 | 测试结果 | 测试结论 |
|---|---|---|---|
| T17c/10 接地电压 | OFF-ST/0 V—+B | OFF-ST/0 V—+B | 无异常 |

(5) 分析

因过渡插头 T17c/10 端接地电压无异常,请求拆装 T17c(T17k)过渡插头,进一步测量过渡插头 T17k/10 端接地电压。

步骤 5 如下:

(1) 测试对象

过渡插头 T17k/10 端接地电压。

(2) 测试条件

OFF 挡至 ST 挡。

(3) 使用工具或设备

万用表。

(4) 测试结果

通过使用万用表,测量过渡插头 T17k/10 端接地电压相关数据组,见表 10.10。

表 10.10　过渡插头 T17k/10 端接地电压

| 测试参数 | 标准描述 | 测试结果 | 测试结论 |
|---|---|---|---|
| T17k/10 接地电压 | OFF-ST/0 V—+B | OFF-ST/0 V—+B | 无异常 |

(5) 分析

因测得过渡插头处电位无异常,而 J623 的 T91/50 端与过渡插头间有 7 V 左右压降;且插头连接良好,分析为过渡插头 T17k/10 到 T91/50(15♯)线路之间虚接电阻。申请拔 J623 与过渡插头测量 T17k/10 到 T91/50 线间电阻。故障排除。

## 五、结论

① 因诊断总线短接,导致诊断仪无法通信;

② 因 SC49 断路,15♯电不能通过两个继电器与 J623 实现通路,检测电压异常,起动机不工作;

③ 由于 J623 的 T91/50 端上游供电线路(15♯)虚接电阻;起动机转时大负荷供电不足导致起动机继电器不能正常吸合,起动机不转。

任务反馈

请将任务一评价反馈填入表 10.11。

表 10.11 任务评价反馈表

| 项目名称 | | | | | | | |
|---|---|---|---|---|---|---|---|
| 学生基本信息 | | 姓名 | | 学号 | | 班级 | |
| | | 组别 | | 时间 | | 成绩 | |
| 考核能力 | 考核项目 | 评分标准 | 分数 | 学生自评 | 小组互评 | 教师评价 | 平均分小计 |
| 专业能力 | 理论知识 | 是否正确 | 25 | | | | |
| | 实践知识 | 是否正确 | 20 | | | | |
| | 实践操作 | 是否正确 | 25 | | | | |
| 社会能力 | 团队合作 | 是否和谐 | 5 | | | | |
| | 劳动纪律 | 是否严格遵守 | 5 | | | | |
| | 沟通讨论 | 是否积极 | 5 | | | | |
| 方法能力 | 制订计划 | 是否合理 | 5 | | | | |
| | 学习新技术能力 | 是否具备 | 5 | | | | |
| | 总结能力 | 能否正确总结 | 5 | | | | |

# 任务二　迈腾车制动灯故障分析

2019 款迈腾 B8 制动灯存在故障,与制动灯相关现象如下。
① 按 E378,无 ON 挡,直接启动着车;
② 右侧(车身上)制动信号灯不亮,其他制动灯长亮。

## 一、相关电路

查阅迈腾车电路图,绘制如图 10.4 所示。

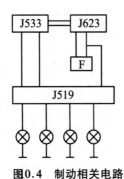

图 0.4　制动相关电路

## 二、制动灯长亮故障诊断

（一）可能原因

制动灯长亮可能原因:
① 因为打开点火开关时才亮,该灯异常短路;
② J519 中制动开关信息控制制动灯应急点亮。

（二）诊断与分析过程

步骤 1 如下:
(1) 测试对象
(J519)制动信号灯开关数据组。
(2) 测试条件
ST 挡,踩下制动踏板。

(3) 使用工具或设备

诊断仪。

(4) 测试结果

通过使用诊断仪,(J519)制动信号灯开关数据组标准描述、测试结果、测试结论见表10.12。

表 10.12 (J519)制动信号灯开关数据组

| 测试参数 | 通过硬件的制动灯信号 | 通过CAN的制动灯信号 |
| --- | --- | --- |
| 标准描述 | 未接通-接通 | 未接通-接通 |
| 测试结果 | 接通不变 | 不可信-接通 |
| 测试结论 | 异常 | 异常 |

(5) 分析

因为J519中制动数据组异常,且通过CAN的制动灯信息"不可信",进一步读J623制动相关数据组。

步骤2如下:

(1) 测试对象

01(J623)制动相关数据组。

(2) 测试条件

ST挡,踩下制动踏板。

(3) 使用工具或设备

诊断仪。

(4) 测试结果

通过使用诊断仪,01(J623)制动相关数据组标准描述、测试结果、测试结论见表10.13。

表 10.13 01(J623)制动相关数据组

| 测试参数 | 制动测试开关状态 | 制动信号灯开关状态 |
| --- | --- | --- |
| 标准描述 | 未开动-已按下/0-1 | 未开动-已按下/0-1 |
| 测试结果 | 未开动-已按下/0-1 | 已按下-已按下/1-1 |
| 测试结论 | 未见异常 | 异常 |

(5) 分析

J623中数据组"制动信号灯开关的状态"表示T91/37的信息,现T91/37数据组异常,可能原因F-J623-J519之间信息传递异常,进一步测量J519端制动信号线电位。F-J623-J519连接电路如图10.5所示。

步骤3如下:

(1) 测试对象

J519端制动信号线T73c/58电位。

(2) 测试条件

ST挡,踩下制动踏板。

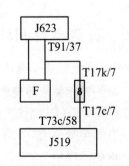

图 10.5 F-J623-J519 连接电路

(3) 使用工具或设备

万用表。

(4) 测试结果

通过使用万用表,J519 端制动信号线 T73c/58 电位见表 10.14。

表 10.14　J519 端制动信号线 T73c/58 电位

| 测试参数 | T73c/58 对地电位 |
|---|---|
| 标准描述 | 0 V—+B |
| 测试结果 | +B 不变 |
| 测试结论 | 异常 |

(5) 分析

实测电位为+B 异常,分析可能原因:J519 或线路对正极短路;拔下过渡插头进行测量。

步骤 4 如下:

(1) 测试对象

制动信号线 T17c/7 电位(J519 端)。

(2) 测试条件

拔下过渡插头。

(3) 使用工具或设备

万用表。

(4) 测试结果

通过使用万用表,J519 端制动信号线 T17c/7 对地电位见表 10.15。

表 10.15　J519 端制动信号线 T17c/7 对地电位

| 测试参数 | T17c/7 对地电位 |
|---|---|
| 标准描述 | 0 V |
| 测试结果 | +B 不变 |
| 测试结论 | 异常 |

(5) 分析

断开过渡插头测得 T73c/58 电位仍为+B,正常 T73c/58 对地电位应为 0 V,分析故障为 J519 内部对正或 J519 端到过渡插头之间对正短路。对 J519 进一步测量,制动灯长亮故障恢复。

## 三、右侧车身制动灯仍不亮

### (一) 功能检查,确认故障现象,推断故障范围

**1. 与制动相关故障现象**

① 按 E378,ON 挡仪表提示"请检查右侧制动灯";

② 右侧车身制动灯仍不亮。

**2. 读取故障码**

09B12C315 制动灯灯泡右侧,断路/对正极短路。

## 3. 相关电路

查阅迈腾车电路图,绘制 J519 与右侧指示灯 M10,连接,如图 10.6 所示。

## (二) 可能原因

① J519 到制动灯之间的线路异常;
② 灯损坏。

## (三) 主要诊断点

测 J519 端制动信号灯电位。

## (四) 诊断与分析过程

步骤 1 如下:

(1) 测试对象

J519 端制动信号灯 T73c/8 电位。

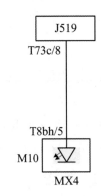

图 10.6　J519-M10 连接电路

(2) 测试条件

ON 挡,踩刹车。

(3) 使用工具或设备

万用表。

(4) 测试结果

通过使用万用表,J519 端制动信号线 T73c/8 对地电位见表 10.16。

表 10.16　J519 端制动信号线 T73c/8 对地电位

| 测试参数 | T73c/8 对地电位 | | |
|---|---|---|---|
| 标准描述 | 0 V－＋B | | |
| 测试结果 | 0 V－13 V | | |
| 测试结论 | 无异常 | | |

(5) 分析

进一步测制动灯插头端电位。

步骤 2 如下:

(1) 测试对象

制动灯插头端 T8bh/5。

(2) 测试条件

ON 挡,踩刹车。

(3) 使用工具或设备

万用表。

(4) 测试结果

通过使用万用表,J519 端制动信号线 T8bh/5 对地电位见表 10.17。

表 10.17　J519 端制动信号线 T8bh/5 对地电位

| 测试参数 | T8bh/5 对地电位 |
|---|---|
| 标准描述 | 0 V－＋B |
| 测试结果 | 0 V 不变 |
| 测试结论 | 异常 |

(5) 分析

测得 J519 端供电无异常,制动灯开关端电位为 0 V,分析为 T73c/8 到 T8bh/5 之间线路断路,申请拔 J519 测量线路电阻,故障恢复。

## 四、结论

① J519 的 T73c/58 端制动信号通过下拉电阻接地控制 0 V,踩刹车时会变为 12 V,因该信号对正极短路造成 J519 进入应急控制,制动灯常亮;

② 因 J519 的 T73c/8 到灯的 T8bh/5 之间断路,造成相应制动灯不亮。

任务反馈

请将任务二评价反馈填入表 10.18。

表 10.18　任务评价反馈表

| 项目名称 | | | | | | | |
|---|---|---|---|---|---|---|---|
| 学生基本信息 | 姓名 | | 学号 | | 班级 | | |
| | 组别 | | 时间 | | 成绩 | | |
| 考核能力 | 考核项目 | 评分标准 | 分数 | 学生自评 | 小组互评 | 教师评价 | 平均分小计 |
| 专业能力 | 理论知识 | 是否正确 | 25 | | | | |
| | 实践知识 | 是否正确 | 20 | | | | |
| | 实践操作 | 是否正确 | 25 | | | | |
| 社会能力 | 团队合作 | 是否和谐 | 5 | | | | |
| | 劳动纪律 | 是否严格遵守 | 5 | | | | |
| | 沟通讨论 | 是否积极 | 5 | | | | |
| 方法能力 | 制订计划 | 是否合理 | 5 | | | | |
| | 学习新技术能力 | 是否具备 | 5 | | | | |
| | 总结能力 | 能否正确总结 | 5 | | | | |

# 任务三　迈腾 B8 后视镜故障分析

迈腾 B8 后视镜存在故障，相关现象如下：
1. 当驾驶员调节后视镜时发现左右两个后视镜水平和垂直方向均不可调节；
2. 操作后视镜折叠开关时，左右两个后视镜均无法折叠。

## 一、相关知识及电路

### （一）迈腾 B8 后视镜系统

迈腾 B8 电动后视镜如图 10.7 所示，系统由控制单元、电动开关、电机等组成。驾驶员通过调节后视镜开关，如图 10.8 所示，可以实现后视镜水平/垂直调节、后视镜折叠/展开、后视镜加热等功能。

图 10.7　迈腾 B8 轿车后视镜

图 10.8　迈腾 B8 轿车后视镜控制开关

迈腾 B8 轿车后视镜系统的框图如图 10.9 所示。整个系统包含遥控钥匙、车载电网控制单元(J519)、数据诊断接口(J533)、进入及启动许可接口(J965)、两个车门控制单元（左前车门控制单元 J386、右前门控制单元 J387）、后视镜开关 EX11(EX11 开关又包括后视镜调节开关 E43、后视镜内折开关 E263、后视镜转换开关 E48、车外后视镜加热按钮 E231)、左前后视镜电机（水平调节电机 V17、垂直调节电机 V149、后视镜折叠/展开电机 V121)、右前后视镜电机（水平调节电机 V25、垂直调节电机 V150、后视镜折叠/展开电机 V122)。

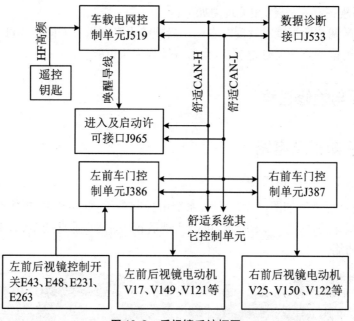

图 10.9 后视镜系统框图

迈腾 B8 后视镜控制开关是分压电阻和触点结合的输出方式,用两根信号线输出对应的信号,结合信号线上的电压组合判断后视镜的调节意图。操作后视镜相关开关的按键,开关触点和内部电阻分压后的电压信号将传送给 J386,J386 将信号电压与控制单元内部预先存储的后视镜控制相关数据电压对比,确认下步执行动作,J386 随即接通后视镜相关驱动电路,对应电机等开始工作完成操作指令。同时 J386 将这一信息通过舒适 CAN 总线发送给右前车门控制单元 J387,J387 将接收到后视镜相关动作信号用于控制后视镜相关驱动电路完成指令。

（二）电路

迈腾 B8 轿车后视镜控制开关如图 10.10 所示,迈腾 B8 轿车后视镜驱动电路如图 10.11 所示。

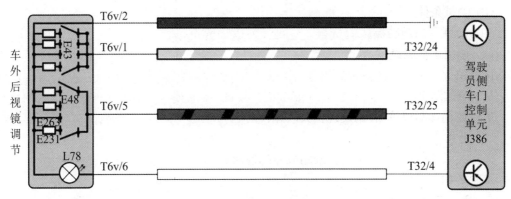

图 10.10 后视镜开关控制电路

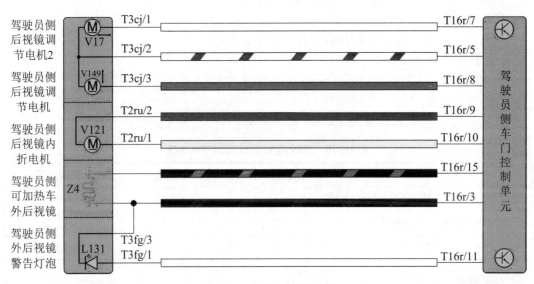

图 10.11 后视镜驱动电路

## 二、后视镜故障

### （一）可能原因

发现迈腾 B8 左、右两个后视镜水平和垂直方向均不可调节；操作后视镜折叠开关时，左、右两个后视镜均无法折叠。根据上述现象，结合电路图及故障发生的概率综合分析，认为出现上述问题的主要原因可能如下：

① E48 开关自身异常；

② E48 至 J386 之间线路异常；

③ J386 自身异常；

④ 后视镜开关搭铁异常。

### （二）诊断与分析过程

步骤 1 如下：

(1) 测试对象

J386 车门控制单元数据组。

(2) 测试条件

ST 挡,踩下制动踏板。

(3) 使用工具或设备

诊断仪。

(4) 测试结果

通过使用诊断仪诊断,未发现相关故障代码。

(5) 分析

无相关故障代码,接下来进行线路故障的检测。

步骤 2 如下:

(1) 测试对象

测量 J386 的 T32/25 端对搭铁电压。

(2) 测试条件

打开点火开关至 ON 挡,操作后视镜转换开关 E48。

(3) 使用工具或设备

万用表。

(4) 测试结果

通过使用万用表,控制单元 T32/25 端对搭铁电压测试数据见表 10.19。

表 10.19  J386 的 T32/25 端对搭铁电压

| 测量状态 | 标准值 | 测量值 | 测试结果 |
| --- | --- | --- | --- |
| 当开关 E48 置于 L 位 | 0.39 V | 4.5 V | 不正常 |
| 当开关 E48 无操作 | 4.5 V | 4.5 V | 不正常 |
| 当开关 E48 置于 R 位 | 0.9 V | 4.5 V | 不正常 |

(5) 分析

打开点火开关至 ON 挡,操作后视镜转换开关 E48 分别至 L 和 R 挡,用万用表测试所得电压均在 4.5 V 左右,说明开关和搭铁电路可能存在故障或者开关 E48 自身故障,需要进一步检查。

步骤 3 如下:

(1) 测试对象

测量 E48 的 T6v/5 端对搭铁电压。

(2) 测试条件

打开点火开关至 ON 挡,操作后视镜转换开关 E48。

(3) 使用工具或设备

万用表。

(4) 测试结果

通过使用万用表,测量 E48 的 T6v/5 端对搭铁电压见表 10.20。

表 10.20　J386 的 T32/25 端对搭铁电压

| 测量状态 | 测量值 | 测试结果 |
| --- | --- | --- |
| 当开关 E48 置于 L 位 | 0 V | 不正常 |
| 当开关 E48 无操作 | 0 V | 不正常 |
| 当开关 E48 置于 R 位 | 0 V | 不正常 |

(5) 分析

打开点火开关至 ON 挡,操作后视镜转换开关 E48,无论开关进行如何操作,用万用表测试所得电压均在 0 V 左右,说明 J386 和 E48 之间线路断路、开关内部对搭铁短路信号线对搭铁短路,需要进一步检查,查电路导通性。

步骤 4 如下:

(1) 测试对象

J386 的 T32/25 端与开关 E48 的 T6v/5 之间线路的导通性。

(2) 测试条件

关闭点火开关,拔下 J386 插接器和后视镜调整开关 T6v 插接器。

(3) 使用工具或设备

万用表。

(4) 测试结果

通过使用万用表,J386 的 T32/25 端与开关 E48 的 T6v/5 之间线路的电阻见表 10.21。

表 10.21　T32/25 端与 T6v/5 之间线路电阻

| 测量状态 | 标准值 | 测量值 | 测试结果 |
| --- | --- | --- | --- |
| 关闭点火开关,拔下 J386 插接器和后视镜调整开关 T6v 插接器 | 几乎为 0 | 0.02 Ω | 正常 |

(5) 分析

通过使用万用表,J386 的 T32/25 端与开关 E48 的 T6v/5 之间线路的电阻为 0.02 Ω,说明此段连接线正常,故障为开关或搭铁故障,需进一步检测。

步骤 5 如下:

(1) 测试对象

开关 E48 导通性。

(2) 测试条件

关闭点火开关,拔下后视镜调整开关 T6v 插接器。

(3) 使用工具或设备

万用表。

(4) 测试结果

通过使用万用表,开关 T6v 插接器 T6v/5 插针与 T6v/2 插针之间电阻见表 10.22。

表 10.22　T6v/5 与 T6v/2 之间电阻

| 测量状态 | 标准值 | 测量值 | 测试结果 |
|---|---|---|---|
| 未操作 | ∞ | ∞ | 正常 |
| 当开关 E48 置于 L 位 | 100 Ω | 100.5 Ω | 正常 |
| 当开关 E48 置于 R 位 | 120 Ω | 119.3 Ω | 正常 |
| 操作折叠开关 | 几乎为 0 | 0.2 Ω | 正常 |
| 操作加热开关 | 140 Ω | 140.1 Ω | 正常 |

(5) 分析

通过使用万用表,测得在开关在不同的挡位功能时,开关 T6v 插接器 T6v/5 插针与 T6v/2 插针之间电阻的电阻值均是正常,需要进一步检查。

步骤 6 如下:

(1) 测试对象

开关 EX11 的 T6v/2 端对地电阻。

(2) 测试条件

关闭点火开关,拔下后视镜调整开关 T6v 插接器。

(3) 使用工具或设备

万用表。

(4) 测试结果

通过使用万用表,开关 EX11 的 T6v/2 端对地电阻见表 10.23。

表 10.23　EX11 的 T6v/2 端对地电阻

| 测量位置 | 标准值 | 测量值 | 测试结果 |
|---|---|---|---|
| 开关 EX11 的 T6v/2 端子对地电阻 | ∞ | 0.1 Ω | 不正常 |

(5) 分析

通过使用万用表,开关 EX11 的 T6v/2 端对地电阻为 0.1 Ω,说明电路对地短路。

## 四、结论

① 由于开关 EX11 的 T6v/2 端对地短路,结合控制电路图,后视镜各开关公用搭铁,搭铁线路出现对地短路问题各开关信号将出现异常,后视镜相关功能无法实现;

② 开关 EX11 的 T6v/2 端对地线路修复,故障排除。

请将任务三评价反馈填入表 10.24。

表 10.24 任务评价反馈表

| 项目名称 | | | | | | | |
|---|---|---|---|---|---|---|---|
| 学生基本信息 | | 姓名 | | 学号 | | 班级 | |
| | | 组别 | | 时间 | | 成绩 | |
| 考核能力 | 考核项目 | 评分标准 | 分数 | 学生自评 | 小组互评 | 教师评价 | 平均分小计 |
| 专业能力 | 理论知识 | 是否正确 | 25 | | | | |
| | 实践知识 | 是否正确 | 20 | | | | |
| | 实践操作 | 是否正确 | 25 | | | | |
| 社会能力 | 团队合作 | 是否和谐 | 5 | | | | |
| | 劳动纪律 | 是否严格遵守 | 5 | | | | |
| | 沟通讨论 | 是否积极 | 5 | | | | |
| 方法能力 | 制订计划 | 是否合理 | 5 | | | | |
| | 学习新技术能力 | 是否具备 | 5 | | | | |
| | 总结能力 | 能否正确总结 | 5 | | | | |

## 任务四　迈腾车空调制冷系统不工作故障分析

2019 款迈腾 B8 空调制冷系统不工作故障,相关现象如下:
① 踩刹车按 E378,按下 A/C 开关按钮,提示灯不亮;
② 旋拧风速调节按钮,提示灯不亮;
③ 空调出风口无冷风;
④ 鼓风机不运转,空调出风口无风速。

## 诊断与检修过程

### 一、相关电路

查阅迈腾车电路图,绘制 J32-J301-N25 连接电路,如图 10.12 所示。

### 二、空调制冷系统不工作

(一) 可能原因

① 供电线路故障;

② 控制系统故障;

③ 继电器故障、电磁离合器故障。

(二) 诊断与分析过程

步骤 1 如下:

(1) 测试对象

电磁离合器(N25)相关数据组。

(2) 测试条件

ST 挡,A/C 开关闭合。

(3) 使用工具或设备

万用表。

(4) 测试结果

使用万用表,电磁离合器(N25)相关数据组标准描述、测试结果、测试结论见表 10.25。

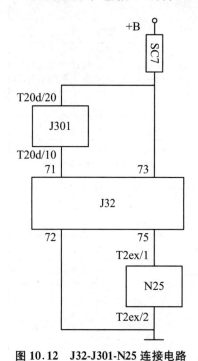

图 10.12　J32-J301-N25 连接电路

表 10.25　电磁离合器(N25)相关数据组

| 测试参数 | T2ex/1 接地电压 | |
|---|---|---|
| 标准描述 | +B | |
| 测试结果 | 0 V | |
| 测试结论 | 异常 | |

(5) 分析

测得电磁离合器线圈供电异常,需进一步测 J32 相关数据组。

步骤 2 如下:

(1) 测试对象

空调继电器(J32)相关数据组。

(2) 测试条件

ST 挡,A/C 开关闭合。

(3) 使用工具或设备

万用表。

(4)测试结果

使用万用表,空调继电器(J32)相关数据组标准描述、测试结果、测试结论见表10.26。

表10.26 空调继电器(J32)相关数据组

| 测试参数 | 71接地电压 | 73接地电压 |
| --- | --- | --- |
| 标准描述 | +B | +B |
| 测试结果 | 0 V | 0 V |
| 测试结论 | 异常 | 异常 |

(5)分析

测得空调继电器功能正常,71和73接地电压均异常。需进一步测J301和空调继电器上端供电线路相关数据组。

步骤3如下:

(1)测试对象

空调器控制单元(J301)相关数据组。

(2)测试条件

ST挡,A/C开关闭合。

(3)使用工具或设备

万用表。

(4)测试结果

通过使用万用表,空调器控制单元(J301)相关数据组标准描述、测试结果、测试结论见表10.27。

表10.27 空调器控制单元(J301)相关数据组

| 测试参数 | T20d/10接地电压 | T20d/20接地电压 |
| --- | --- | --- |
| 标准描述 | +B | +B |
| 测试结果 | 0 V | 0 V |
| 测试结论 | 异常 | 异常 |

(5)分析

测得空调器控制单元T20d/10和T20d/20接地电压均异常,结合空调继电器73端接地电压异常,需进一步测上端供电保险SC7。

步骤4如下:

(1)测试对象

SC7两端接地电压。

(2)测试条件

ST挡,A/C开关闭合。

(3)使用工具或设备

万用表。

(4) 测试结果

通过使用万用表,SC7 两端接地电压见表 10.28。

表 10.28  SC7 两端接地电压

| 测试参数 | SC7 一端 | SC7 另一端 | |
|---|---|---|---|
| 标准描述 | +B | +B | |
| 测试结果 | +B | 0 V | |
| 测试结论 | 无异常 | 异常 | |

(5) 分析

测得 SV7 两端有近 12 V 压降,分析为 SV7 断路。申请更换保险。故障排除。

## 三、空调制冷系统鼓风机工作异常

(一) 功能检查,确认故障现象,推断故障范围

**1. 空调制冷系统鼓风机工作异常故障现象**

① 踩刹车按 E378,按下 A/C 开关按钮,提示灯亮;

② 旋拧风速调节按钮,提示灯亮;

③ 空调出风口有冷风;

④ 鼓风机运转,空调出风口风速异常。

**2. 相关电路**

查阅迈腾车电路图,绘制 J126-J301 连接电路,如图 10.13 所示。

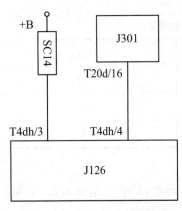

图 10.13  J126-J301 连接电路

(二) 可能原因

① 供电线路故障;

② 控制系统故障。

(三) 主要诊断点

出风口风速。

(四) 诊断与分析过程

步骤 1 如下:

(1) 测试对象

各出风口风速相关数据组。

(2) 测试条件

ON 挡,最大风速模式。

(3) 使用工具或设备

风速仪。

(4) 测试结果

通过使用风速仪,各出风口风速相关数据组见表 10.29。

表 10.29　各出风口风速相关数据组

| 测试参数 | 上出风口 | 中出风口 | 下出风口 |
| --- | --- | --- | --- |
| 标准描述 | 8~10 m/s | 5~7 m/s | 4~6 m/s |
| 测试结果 | 3.3 m/s | 2.4 m/s | 1.7 m/s |
| 测试结论 | 异常 | 异常 | 异常 |

(5) 分析

新鲜空气鼓风机运转，各出风口异常，可能故障为 J301 控制故障。进一步测 J301 端鼓风机控制信号线波形。

步骤 2 如下：

(1) 测试对象

J301 端鼓风机控制信号线 T20d/16 对地波形。

(2) 测试条件

ON 挡，最大风速模式。

(3) 使用工具或设备

示波器。

(4) 测试结果

通过使用示波器，J301 端鼓风机控制信号线 T20d/16 对地波形见表 10.30。

表 10.30　J301 端鼓风机信号线 T20d/16 对地波形

| 测试参数 | 标准描述 | 测试结果 | 测试结论 |
| --- | --- | --- | --- |
| ON 挡，T20d/16 对地波形 | 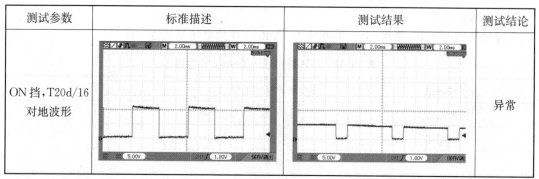 | | 异常 |

(5) 分析

测得 J301 端油泵信号线波形异常，占空比变大，幅值偏低，进一步测 J126 端信号线波形。

步骤 3 如下：

(1) 测试对象

J126 端信号线 T4dh/4 对地波形。

(2) 测试条件

ON 挡，最大风速模式。

(3) 使用工具或设备

示波器。

(4) 测试结果

通过使用万用表，测得 J126 端信号线 T4dh/4 对地波形(表 10.32)。

表 10.31　J126 端信号线 T4dh/4 对地波形

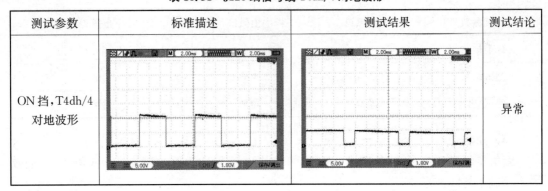

| 测试参数 | 标准描述 | 测试结果 | 测试结论 |
|---|---|---|---|
| ON 挡，T4dh/4 对地波形 | | | 异常 |

(5) 分析

J126 信号线波形由 J126 提供 12 V 参考电位，J301 占空比控制接地，带载测的波形幅值低于 12 V，重点检查 J126 供电。

步骤 4 如下：

(1) 测试对象

J126 供电端子 T4dh/3 接地电压。

(2) 测试条件

ON 挡，最大风速模式。

(3) 使用工具或设备

万用表。

(4) 测试结果

通过使用万用表，测得 J126 供电端子 T4dh/3 接地电压见表 10.32。

表 10.32　J126 供电端子 T4dh/3 接地电压

| 测试参数 | T4dh/3 接地电压 | |
|---|---|---|
| 标准描述 | +B | |
| 测试结果 | 5.5 V | |
| 测试结论 | 异常 | |

(5) 分析

因 J126 端的供电电位为 5.5 V，进一步测上端供电保险 SC14。

步骤 5 如下：

(1) 测试对象

SC14 两端分别接地电压。

(2) 测试条件

ON 挡，最大风速模式。

(3) 使用工具或设备

万用表。

(4) 测试结果

通过使用万用表，SC14 两端分别接地电压（表 10.33）。

表 10.33　SC14 两端接地电压

| 测试参数 | SC14 一端 | SC14 另一端 |
|---|---|---|
| 标准描述 | +B | +B |
| 测试结果 | +B | 7 V |
| 测试结论 | 无异常 | 异常 |

（5）分析

测得 SC14 两端有 7 V 压降，分析为 SC14 有虚接电阻，申请拔下 SC14 测量保险内电阻，测得 SC14 内虚接 100 Ω 电阻。申请更换保险。故障排除。

## 四、结论

① 因 SC7 断路使空调器控制单元(J301)和空调继电器(J32)无供电，鼓风机(V2)不工作，电磁离合器(N25)无法吸合，空调制冷系统不工作；

② 因 SC14 内虚接电阻使鼓风机控制器控制单元(J126)供电不足，鼓风机(V2)运转异常，导致进气压力不足，各出风口风速异常。

任务反馈

请将任务四评价反馈填入表 10.34。

表 10.34　任务评价反馈表

| 项目名称 | | | | | | | | |
|---|---|---|---|---|---|---|---|---|
| 学生基本信息 | 姓名 | | 学号 | | 班级 | | | |
| | 组别 | | 时间 | | 成绩 | | | |
| 考核能力 | 考核项目 | 评分标准 | 分数 | 学生自评 | 小组互评 | 教师评价 | 平均分小计 | |
| 专业能力 | 理论知识 | 是否正确 | 25 | | | | | |
| | 实践知识 | 是否正确 | 20 | | | | | |
| | 实践操作 | 是否正确 | 25 | | | | | |
| 社会能力 | 团队合作 | 是否和谐 | 5 | | | | | |
| | 劳动纪律 | 是否严格遵守 | 5 | | | | | |
| | 沟通讨论 | 是否积极 | 5 | | | | | |
| 方法能力 | 制订计划 | 是否合理 | 5 | | | | | |
| | 学习新技术能力 | 是否具备 | 5 | | | | | |
| | 总结能力 | 能否正确总结 | 5 | | | | | |

# 任务五　比亚迪 E5 灯光故障分析

2019 款比亚迪 E5 灯光存在故障，与灯光相关现象如下：
打开灯光开关，左右近光灯均不亮。

## 一、相关电路

查阅比亚迪 E5 车电路图，绘制远近光灯如图 10.14 所示。

## 二、近光灯不亮故障诊断

### （一）可能原因

近光灯不亮可能原因：
① 灯光故障；
② 保险丝损坏；
③ 保险丝搭铁故障；
④ 近光灯继电器故障；
⑤ 近光灯电源问题；
⑥ MCU 故障；
⑦ 近光灯开关及电源故障。

### （二）诊断与分析过程

步骤 1 如下：
（1）操作对象
远近光灯开关。
（2）观察现象
左右远光灯正常亮，而左右近光灯不亮。
（3）分析
因为左右远光灯正常亮，而左右近光灯不亮，根据电路图，说明近光灯开关及电源故障、远光灯电路及电源、MCU 正常，近光灯相关电路存在故障。
步骤 2 如下：
（1）测试对象
近光灯搭铁。

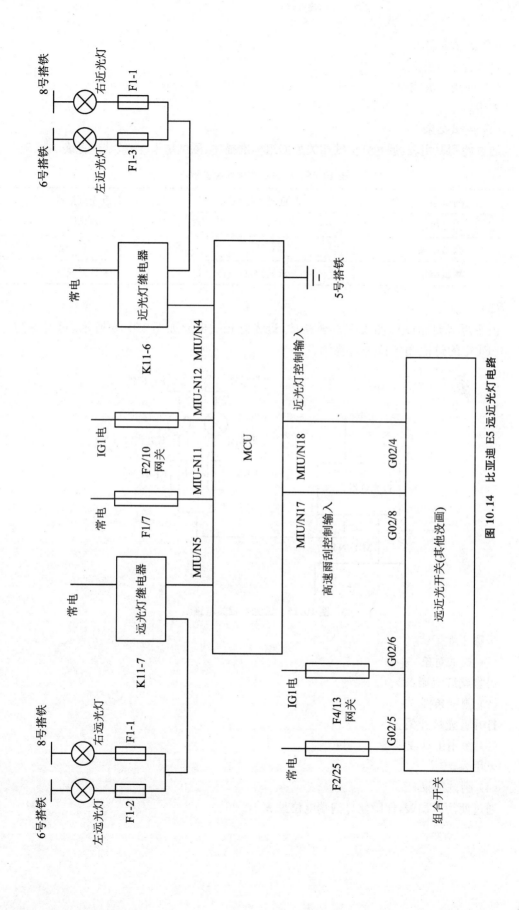

图 10.14 比亚迪 E5 远近光灯电路

(2) 测试条件

打开近光灯开关。

(3) 使用工具或设备

万用表。

(4) 测试结果

通过使用万用表,近光灯搭铁相关数据组标准描述、测试结果、测试结论见表 10.35。

表 10.35 近光灯搭铁相关数据组

| 测试参数 | 左近光灯搭铁 | 右近光灯搭铁 |
| --- | --- | --- |
| 标准描述 | 0 V | 0 V |
| 测试结果 | 0 V | 0 V |
| 测试结论 | 未见异常 | 未见异常 |

(5) 分析

由于近光灯搭铁检测没有发现异常,近光灯相关电路如图 10.15 所示,可对保险丝 F1-3、F1-4 的灯泡端电位进行检测。

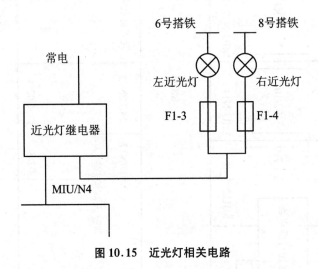

图 10.15 近光灯相关电路

步骤 3 如下:

(1) 测试对象

保险丝灯泡端。

(2) 测试条件

打开近光灯开关。

(3) 使用工具或设备

万用表。

(4) 测试结果

通过使用万用表,保险丝灯泡端电位见表 10.36。

表 10.36 保险丝灯泡端电位

| 测试参数 | F1-3 灯泡端 | F1-4 灯泡端 |
| --- | --- | --- |
| 标准描述 | 12 V | 12 V |
| 测试结果 | 0 V | 0 V |
| 测试结论 | 异常 | 异常 |

(5) 分析

实测电位为 0 V,异常,分析可能原因:保险丝及之前电路。

步骤 4 如下:

(1) 测试对象

保险丝继电器端。

(2) 测试条件

打开近光灯开关。

(3) 使用工具或设备

万用表。

(4) 测试结果

通过使用万用表,测得保险丝灯泡端对地电位(表 10.37)。

表 10.37 保险丝继电器端电位

| 测试参数 | F1-3 继电器端 | F1-4 继电器端 |
| --- | --- | --- |
| 标准描述 | 12 V | 12 V |
| 测试结果 | 0 V | 0 V |
| 测试结论 | 异常 | 异常 |

(5) 分析

实测电位为 0 V,异常,分析可能原因:保险丝之前电路。

步骤 5 如下:

(1) 测试对象

继电器电源端。

(2) 测试条件

打开近光灯开关。

(3) 使用工具或设备

万用表。

(4) 测试结果

通过使用万用表,测得继电器对地电位(表 10.38)。

表 10.38 继电器电源端电位

| 测试参数 | 继电器电源端 |
| --- | --- |
| 标准描述 | 12 V |
| 测试结果 | 12 V |
| 测试结论 | 正常 |

(5) 分析

实测继电器电源端电位为 12 V,正常,分析可能原因:继电器本身故障。

步骤 5 如下:

(1) 测试对象

继电器。

(2) 测试条件

关闭点火开关,拔下继电器。

(3) 使用工具或设备

万用表、电源。

(4) 测试结果

通过使用万用表,对继电器进行检测,发现继电器不能正常工作。

(5) 分析

因为继电器线圈损坏,不能吸合触头,导致不能工作。

## 四、结论

继电器线圈损坏,导致近光灯灯泡不能正常供电,从而近光灯不亮,更换继电器,故障排除。

任务反馈

请将任务五评价反馈填入表 10.39。

表 10.39 任务评价反馈表

| 项目名称 | | | | | | | |
|---|---|---|---|---|---|---|---|
| 学生基本信息 | 姓名 | | 学号 | | 班级 | | |
| | 组别 | | 时间 | | 成绩 | | |
| 考核能力 | 考核项目 | 评分标准 | 分数 | 学生自评 | 小组互评 | 教师评价 | 平均分小计 |
| 专业能力 | 理论知识 | 是否正确 | 25 | | | | |
| | 实践知识 | 是否正确 | 20 | | | | |
| | 实践操作 | 是否正确 | 25 | | | | |
| 社会能力 | 团队合作 | 是否和谐 | 5 | | | | |
| | 劳动纪律 | 是否严格遵守 | 5 | | | | |
| | 沟通讨论 | 是否积极 | 5 | | | | |
| 方法能力 | 制订计划 | 是否合理 | 5 | | | | |
| | 学习新技术能力 | 是否具备 | 5 | | | | |
| | 总结能力 | 能否正确总结 | 5 | | | | |

# 任务六　吉利帝豪EV450充电系统故障分析

吉利帝豪EV450纯电动汽车交流慢充时存在故障,相关的现象如下:
① 车辆能正常启动、行驶;
② 关闭点火开关,对车辆进行交流慢充时,仪表盘上充电连接指示灯亮,但是仪表盘无充电信息显示;
③ 充电口指示灯不变绿,无法充电。

## 一、相关知识及电路

### (一)充电知识

电动汽车充电系统是维持电动汽车运行的能源补给设施,是从供电电源提取能量对动力电池充电时使用的有特定功能的电力转换装置。主要包括交流(慢速)充电系统和直流(快速)充电系统。交流充电主要通过交流电充电桩、壁挂式充电盒和便携式充电器等连接电动汽车的车身交流电充电口,将220 V或者380 V的的交流电转化为高压直流电,来给电动汽车的动力电池包充电。直流充电系统主要由直流充电桩、直流充电接口、高压控制盒、高压线束和低压控制线束、动力电池等组成。直流充电桩主要安装在大型充电站内,以三相四线制的方式连接电网,能够提供充足的电力,输出的电压和电流调整范围大,俗称"快充"。与直流充电相比,交流充电一般充电效率较低,充电用时较长,所以又称"慢充"。交流充电连接图及交流充电枪如图10.16所示,交流充电车身充电接口如图10.17所示。

图10.16　交流充电连接图及交流充电枪

交流充电接口通过线束将 220 V 的交流电源接入至车载充电机(OBC),车载充电机(OBC)将 220 V 的交流电整流升压之后通过高压母线传送至车辆的动力电池组。交流充电接口为 7 孔式,其接口针脚布置方式如图 10.18 所示,其中 CC 信号为充电连接确认线,CP 为充电控制确认线,PE 为接地线,L 为交流电源火线,N 为交流电源零线,L2、L3 为三相交流充电预留。

图 10.17 交流充电车身充电接口

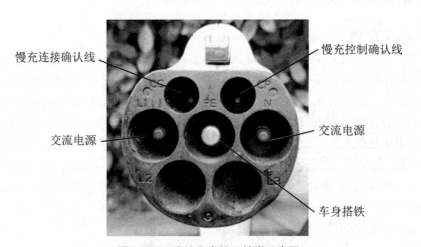

图 10.18 交流充电接口针脚示意图

部分车型的车载充电机(OBC)支持使用 380 V 的三相交流电进行充电,L1 和 L2、L3 一起完成电量传送。

直流充电接口为 9 孔式,其接口针脚布置方式如图 10.19 所示,各针脚功能定义见表 10.40。

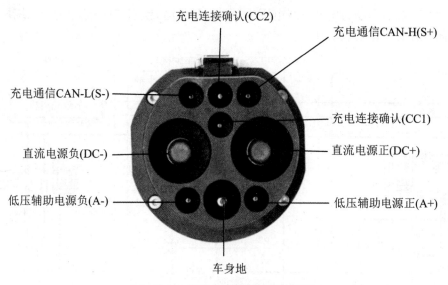

图 10.19　直流充电接口针脚示意图

表 10.40　直流充电接口针脚功能定义

| 触头编号/标识 | 功能定义 |
| --- | --- |
| 直流电源正(DC+) | 直流电源正,连接直流电源正与电池正极 |
| 直流电源负(DC-) | 直流电源负,连接直流电源负与电池负极 |
| 车身地 | 保护接地(PE),连接供电设备地线和车辆底盘地线 |
| 充电通信 CAN-H(S+) | 充电通信 CAN_H,连接非车载充电机与电动汽车的通信线 |
| 充电通信 CAN-L(S-) | 充电通信 CAN_L,连接非车载充电机与电动汽车的通信线 |
| 充电连接确认(CC1) | 充电连接确认1 |
| 充电连接确认(CC2) | 充电连接确认2 |
| 低压辅助电源正(A+) | 低压辅助电源正,连接非车载充电机为电动汽车提供的低压辅助电源 |
| 低压辅助电源负(A-) | 低压辅助电源负,连接非车载充电机为电动汽车提供的低压辅助电源 |

依据交流充电电路原理图(图 20.20),当电动汽车与供电设备建立电气连接之后,车载充电机(OBC)通过检测点 3 与 PE 之间的电阻或电压值判断当下充电连接装置的容量和连接状态。车载充电机(OBC)输出一个高电位到充电枪接连确认信号 CC 上。车辆控制装置可以通过计算车辆 CC 与 PE 之间的电阻值判断充电枪连接状态。充电枪确认连接好之后,充电设备输出 12 V 的电压到 CP 线路上,之后被车载充电机(OBC)内部电路装置将电压拉低至 9 V。车载充电机(OBC)中充电导引装置在 CC 和 CP 信号检测中,两信号都必须正常,车载充电机(OBC)才确认充电设备、充电枪和车辆完全连接,才可启动充电功能。如果 CC 信号异常,车载充电机(OBC)无法被激活,也无法判定充电设备容量和连接状态,于是不启动充电,也不发送充电连接指示灯点亮信息,仪表盘上充电连接指示灯不亮;如果 CP 信号异常,车载充电机(OBC)和充电设备无法判定连接状态,无法控制充电过程。当 CC 和 CP 信号完全正常后,车载充电机(OBC)启动充电模式,并将此信息发送至整车控制器、电池管理系统、驱动电机控制器、组合仪表灯。在对应模块完成自检之后,电池管理系统首先控制主负继电器闭合,并对充电电路中如主正继电器粘连等进行检测,若检测成功,闭合预充电继电

器,进入预充状态,当动力电池母线电压达到90%以上时,预充结束,电池管理系统控制主正继电器闭合开始工作,完成充电。

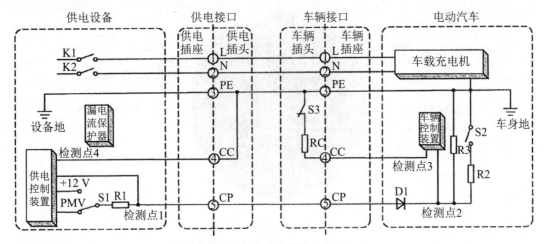

图 10.20　交流充电电路原理图

（二）电路

吉利帝豪 EV450 充电系统电路图如图 10.21 所示。

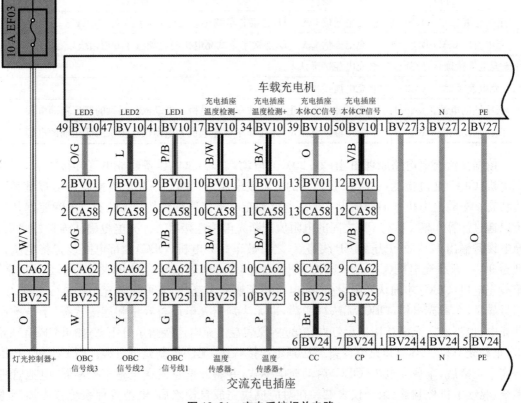

图 10.21　充电系统相关电路

## 二、慢充无法充电故障诊断

（一）可能原因

仪表盘上显示充电连接线指示灯正常,但是充电指示灯并未点亮,说明车辆系统可以检测到车载充电机（OBC）上已经连接了充电枪；结合充电口绿色充电状态指示灯未亮,说明系统并未进入充电的状态。车辆可以正常启动、行驶,说明车辆高压系统即整车控制器、电池管理系统、驱动电机控制系统、车载充电机、高压互锁、高压绝缘等均正常,而且车辆低压和通信系统也正常。故障可能发生在交流慢充系统当中。

当充电枪连接车载充电机（OBC）后检测到 CC 信号电压拉低,将充电连接信号通过 P-CAN 线发送至整车控制系统,整车控制系统将收到的充电枪连接信号通过 V-CAN 发送至组合仪表,组合仪表将充电连接指示灯点亮。结合故障现象中充电连接指示灯点亮,所以可以确定 CC 信号以及 OBC 通信线路正常。

连接充电枪之后,OBC 根据 CP 信号的电压变化,通过 CAN 网络将正在充电的信号发送至整车控制系统,整车控制系统将收到的正在充电的信号通过 V-CAN 发送至组合仪表,组合仪表收到信号后点亮充电指示灯及充电电流等指示灯。结合故障现象仪表盘上无法显示充电指示灯等,说明故障可能是：

① CP 信号相关线路；

② 充电枪 CP 线路；

③ OBC 元件。

（二）安全防护

由于吉利 EV450 维修涉及高压电,在进行诊断和测试之前必须做好高压防护措施,防护用具有：绝缘手套、护目镜、绝缘安全帽、绝缘鞋等（图 10.22）。维修人员需按照要点检查对防护用具进行检查。

图 10.22 高压防护用品

**1. 绝缘手套**

橡胶材质的绝缘手套应能够承受 1000 V 以上的工作电压,且应具备抗酸碱性,防止进行高压部件或者线路操作时触电以及接触动力电池的氢氧化合物等腐蚀性化学物质给人体带来的伤害。在使用之前应该按照图10.23所示，对绝缘手套进行检查，且使用后应擦净、晾干，最好撒一些滑石粉以免粘连。

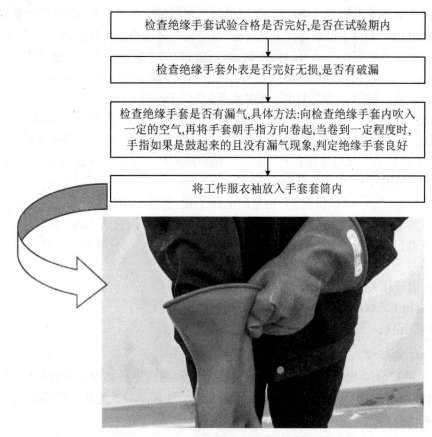

图10.23 绝缘手套的检查流程

### 2. 护目镜

适用于高压电动汽车维修的护目镜，除了具备正面防护眼睛之外，亦应具备侧面防护功能，可以防范电池液的飞溅及维修过程中产生的电火花对眼睛的伤害。在使用护目镜之前应检查其外观是否完好，是否有破损，如10.24所示。

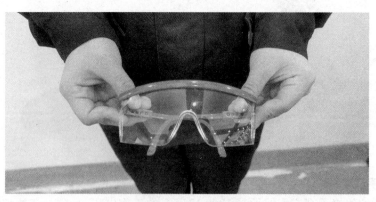

图10.24 护目镜的检查

### 3. 绝缘安全帽

绝缘安全帽可以保护维修人员的头部安全，在佩戴之前应检查安全帽外观是否有破损，固定装置是否正常，如图 10.25 所示。

图 10.25 绝缘安全帽

### 4. 绝缘鞋

绝缘鞋可以使人体与地面绝缘，防止电流通过人体与大地之间形成通路，对人体造成点击伤害。使用前应检查绝缘鞋试验合格证是否完好，是否在试验期内；检查绝缘鞋表面是否完好无破损，如有砂眼漏气等不可以使用。使用之后应将绝缘鞋擦拭干净，定位存放。

### 5. 非化纤工作服

维修高压电时，必须穿非化纤类面料的工作服。因为非化纤类的工作服容易产生静电，并且当发生火灾事故时，化纤会在高温环境下粘连人体皮肤，对维护人员产生二次伤害。

除维修人员佩戴好防护用具之后，操作工位也需规范布置方可进行操作。操作工位应为新能源汽车专用工位，拉隔离带并放置高压警示牌，以免无关人员入内。

### （三）诊断与分析过程

步骤 1 如下：

（1）测试对象

车载充电机（OBC）故障代码和数据流。

（2）测试条件

将汽车诊断仪的插头插到车辆对应的诊断接口处，打开点火开关到 ON 挡。

（3）使用工具或设备

诊断仪。

（4）测试结果

通过使用诊断仪，充电控制器（OBC）数据流相关测试结果见表 10.41。

表 10.41 充电控制器(OBC)相关数据

| 数据流名称 | 当前数据 | 单位 |
| --- | --- | --- |
| 引导电路电压 | 1.00 | V |
| 引导电路占空比 | 0 | % |
| 引导电路周期 | 1 000.00 | Hz |

(5) 分析

通过分析数据流发现引导电路 CP 的电压为 1 V,正常值应为 9 V,进一步从 CP 电压查找故障。

步骤 2 如下:

(1) 测试对象

BV10 端子电压相关数据。

(2) 测试条件

将点火开关置于 OFF 挡,连接交流充电枪,测量 BV10 端电压。

(3) 使用工具或设备

万用表。

(4) 测试结果

通过使用万用表,BV10 端子电压相关数据相关数据组标测试结果、测试结论见表 10.42。

表 10.42 BV10 端子电压相关数据

| 测量位置 | 测试值 | 诊断结果 |
| --- | --- | --- |
| BV10-50/接地 | 0 | 不正常 |

(5) 分析

实测车载充电机端子 BV10/50 对地电压为 0,测试结果不正常,下一步需测量 BV10 端子电阻数据确定故障点。

步骤 3 如下:

(1) 测试对象

慢充连接 CP 信号线路端对端导通性,即 BV10/50 与 BV24/7 端子之间线路导通性测试。

(2) 测试条件

将点火开关置于 OFF 挡,拔下交流充电枪,断开蓄电池负极,测量交流充电插座端子 BV24/7 与车载充电机端子 BV10/50 之间的电阻。

(3) 使用工具或设备

万用表。

(4) 测试结果

通过使用万用表,BV10 端子电压相关数据相关数据组标测试结果、测试结论见表 10.43。

表 10.43　BV10 端子电阻相关数据

| 测量位置 | 测试值 | 诊断结果 |
| --- | --- | --- |
| BV10-50/BV24-7 | 0 | 正常 |

(5) 分析

实测交流充电插座端子 BV24/7 与车载充电机端子 BV10/50 之间的电阻为 0,测试结果正常,下一步需 CP 信号对地电阻。

步骤 4 如下:

(1) 测试对象

慢充连接 CP 信号线路端对地电阻,即 BV10/50 与地之间电阻。

(2) 测试条件

将点火开关置于 OFF 挡,拔下交流充电枪,断开蓄电池负极,测量车载充电机端子 BV10/50 端子与地之间的电阻。

(3) 使用工具或设备

万用表。

(4) 测试结果

通过使用万用表,BV10 端子电压相关数据相关数据组标测试结果、测试结论见表 10.44。

表 10.44　BV10 端子电阻相关数据组

| 测量位置 | 测试值 | 诊断结果 |
| --- | --- | --- |
| BV10-50/接地 GND | ∞ | 正常 |

(5) 分析

实测车载充电机端子 BV10/50 对地之间的电阻为无穷大,测试结果正常,下一步需检测充电枪是否正常。

步骤 5 如下:

(1) 测试对象

充电枪端子。

(2) 测试条件

连接交流充电枪电源插接器。

(3) 使用工具或设备

万用表。

(4) 测试结果

通过使用万用表,测量充电枪 CP-PE 之间电阻,见表 10.45。

表 10.45　充电枪端子测试数据

| 测量位置 | 测试值 | 诊断结果 |
| --- | --- | --- |
| 充电枪 CP/PE | 0 | 不正常 |

(5) 分析

实测充电枪 CP/PE 之间电阻为 0,测试结果不正常,为短路。

## 三、结论

① 交流充电枪内部 CP 线路与 PE 线路短路,即 CP 信号故障,导致无法确认车辆与充电设备连接完好,导致系统无法完成充电引导,充电口指示灯等无法点亮,车辆不能正常完成充电动作。

② 更换交流充电线,并对车辆进行交流充电,车辆可以正常充电。

任务反馈

请将任务六评价反馈填入表 10.46。

**表 10.46 任务评价反馈表**

| 项目名称 | | | | | | | | |
|---|---|---|---|---|---|---|---|---|
| 学生基本信息 | | 姓名 | | 学号 | | 班级 | | |
| | | 组别 | | 时间 | | 成绩 | | |
| 考核能力 | 考核项目 | 评分标准 | 分数 | 学生自评 | 小组互评 | 教师评价 | 平均分小计 | |
| 专业能力 | 理论知识 | 是否正确 | 25 | | | | | |
| | 实践知识 | 是否正确 | 20 | | | | | |
| | 实践操作 | 是否正确 | 25 | | | | | |
| 社会能力 | 团队合作 | 是否和谐 | 5 | | | | | |
| | 劳动纪律 | 是否严格遵守 | 5 | | | | | |
| | 沟通讨论 | 是否积极 | 5 | | | | | |
| 方法能力 | 制订计划 | 是否合理 | 5 | | | | | |
| | 学习新技术能力 | 是否具备 | 5 | | | | | |
| | 总结能力 | 能否正确总结 | 5 | | | | | |